未成年人法律制度研究丛书之三

总主编／童建明　宋英辉

《未成年人保护法》《预防未成年人犯罪法》修订草案专家建议稿与论证

宋英辉　苑宁宁　等著

中国检察出版社

图书在版编目（CIP）数据

《未成年人保护法》《预防未成年人犯罪法》修订草案专家建议稿与论证／宋英辉等著．—北京：中国检察出版社，2020.12

ISBN 978－7－5102－2530－7

Ⅰ.①未…　Ⅱ.①宋…　Ⅲ.①未成年人保护法—研究—中国②未成年人保护法—预防犯罪—研究—中国　Ⅳ.①D922.74

中国版本图书馆 CIP 数据核字（2020）第 259519 号

《未成年人保护法》《预防未成年人犯罪法》修订草案专家建议稿与论证

宋英辉　苑宁宁　等著

出版发行：中国检察出版社
社　　址：北京市石景山区香山南路 109 号（100144）
网　　址：中国检察出版社（www.zgjccbs.com）
编辑电话：(010)86423704
发行电话：(010)86423726　86423727　86423728
(010)86423730　86423732
经　　销：新华书店
印　　刷：北京玺诚印务有限公司
开　　本：710mm×960mm　16 开
印　　张：21.75
字　　数：363 千字
版　　次：2020 年 12 月第一版　2020 年 12 月第一次印刷
书　　号：ISBN 978－7－5102－2530－7
定　　价：66.00 元

总 序

未成年人是社会的一个特殊群体。这个特殊群体一方面承载着国家和社会的希望，是人类持续发展的后备力量；另一方面，这一特殊群体心智发育未臻健全，需要得到特殊的关怀与照顾。联合国《儿童权利宣言》写道："儿童因身心尚未成熟，在其出生以前和以后均需要特殊的保护和照料，包括法律上的适当保护。"因此，无论是在立法环节，还是在执法、司法实践中，均需要契合未成年人群体的特殊性，尊重未成年人的成长规律，实现对未成年人保护的综合化、未成年人利益的最大化。

我国是未成年人口大国，且处在社会转型期，工业化、城镇化进程不断加快，未成年人的监护、教育、身心健康以及权益保护等面临着一些新问题、新情况。未成年人保护和犯罪预防已成为影响社会和谐稳定的源头性、基础性问题之一，关系国家长久稳定、社会未来发展和民族伟大复兴，加强未成年人保护和犯罪预防，已成为刻不容缓的任务。我国未成年人法律制度建设起步较晚，理论研究薄弱，对未成年人保护和犯罪预防规律性的认识尚不够深入，导致未成年人保护的法律体系、司法体制、社会支持等方面难以完全适应我国未成年人保护和犯罪预防的现实需要。基于此，在中央有关部门和学校的大力支持下，北京师范大学设立未成年人检察研究中心，中国政法大学设立未成年人事务治理与法律研究基地。

北京师范大学未成年人检察研究中心是最高人民检察院确定的"未成年人检察研究基地"，被纳入北京师范大学省部级以上科研平台支持与管理，整合北京师范大学校内法学、心理学、教育学、社会工作、公共管理等学科中与未成年人相关的研究力量，并吸纳校外在未成年人法学和未成年人保护方面卓有建树的专家参与。目标是建成在国内具有领先地位和引领作用的、重点研究少年司法和未成年人法律保护并覆盖未成年人相关问题研究、具有跨学科、综合性和国际化特色的研究机构和在未成年人领域具有全国影响的高端智库机构。

中国政法大学未成年人事务治理与法律研究基地是中国政法大学与中央有关部门合作共建的未成年人方面的新型高端智库和法律研究平台。2020年6月，最高人民检察院与中国政法大学签署共建协议，并确定为最高人民检察院“未成年人检察研究基地”。基地聚焦未成年人事务治理研究，以未成年人立法、未成年人司法、未成年人福利、未成年人保护四大领域为核心，开展理论研究和咨政献策。目的在于加强理论与实践的结合，研究中国问题、构建中国理论、提出中国方案，共同推动未成年人事务治理现代化。

为推进未成年人法学研究，北京师范大学未成年人检察研究中心、中国政法大学未成年人事务治理与法律研究基地联合推出“未成年人法律制度研究丛书”，希望通过这种形式，逐步积累学术成果，繁荣、深化和开拓未成年人保护与犯罪预防领域的学术研究，促进学界和实务界的交流与合作，不断提高我国未成年人法学理论和实践水平，进而有力地促进未成年人事务治理现代化。

宋英辉

2020年4月15日

序：关于修改《未成年人保护法》《预防未成年人犯罪法》的几点思考

未成年人保护和犯罪预防，是社会治理中基础性、源头性、根本性的工作，关系国家未来和民族复兴。故此，《未成年人保护法》《预防未成年人犯罪法》的修改完善事关重大。修改好这两部法律，不仅可以为未成年人健康成长提供更好的法治保障，而且可以彰显我国未成年人法治的文明进步和良好大国形象。现就这两部法律的修改，谈三方面思考。

一、全面系统修改两部法律

第一，全面系统修改两部法律，是我国经济社会发展的需要。《未成年人保护法》制定于1991年，迄今将近30年时间，《预防未成年人犯罪法》制定于1999年，迄今也已20年时间。这期间，我国经济社会发生了巨大变化，出现了许多新情况、新问题（譬如留守流动儿童问题、网络游戏影响、犯罪低龄化、三股势力黑恶势力渗透等）。近几年，全国人大代表关于未成年人保护和犯罪预防的议案建议越来越多。只有对两部法律进行全面修改，才能解决实践中的突出问题，回应社会和代表关切，满足未成年人保护和犯罪预防的现实需要。

第二，全面系统修改两部法律，是总结我国丰富实践经验和巩固有益做法的需要。几十年来，在未成年人保护和犯罪预防方面，有关部门出台了许多政策和规范性文件，各地在实践中积极探索，积累了丰富的经验，建立了许多具有我国特色且行之有效的工作机制。总结、提炼这些有益做法，将其上升为法律制度，不仅有利于充分反映我国在未成年人保护和犯罪预防方面取得的显著成就，而且有利于实现未成年人事务治理法治化。如果只是个别条文的修改，很难达成这样的目的。

第三，全面系统修改两部法律，是完善我国未成年人法律制度和法律体系的需要。在我国法律体系中，未成年人法律相对薄弱，许多重要制度欠缺或者不完善。譬如家庭监护责任的落实、亲职教育制度、国家监护的具体实现、未达责任年龄未成年人实施危害行为的教育矫治体系等，都亟待完善。这些问题的解决，个别条文的修改显然是无法实现的。

第四，全面系统修改两部法律，是增强这两部法律刚性、可操作性的需要。我国现行《未成年人保护法》《预防未成年人犯罪法》的一个突出问题是刚性不足、可操作性不强。为此，需要对相关制度予以完善或者细化，尤其要增加可操作性规范和法律责任。而增强法律的可操作性，是一个系统工程，涉及方方面面，因此需要进行全面修改，才能助推未成年人保护和犯罪预防落到实处。

二、统筹修改两部法律

第一，未成年人的保护和犯罪预防是同一问题的两个方面，同样受到社会关切，在社会普遍关注如何应对未成年人违法犯罪的背景下，两部法律应统筹修改。条件成熟的话，建议同时提请审议，做到同步修改。如果客观原因不能同时修改，应在修改《未成年人保护法》提请审议的说明中讲清楚《预防未成年人犯罪法》随后也将修改以及修改的重点。这样，保护和管教双管齐下，可以避免负面舆情，使修法获得广泛的社会支持。

第二，两部法律统筹修改，可以更好地协调两法的关系，在整体上考虑我国未成年人法律体系的基本构架，避免法律规范之间的矛盾、不协调和不必要的交叉重叠，也可以更好地处理《未成年人保护法》《预防未成年人犯罪法》与其他相关法律的关系。

三、重点解决六个问题

第一，从党领导未成年人工作入法的高度，加强统筹协调。从近些年的实践来看，党高度重视未成年人工作，中央机关和多个部门以及群团组织涉及未成年人保护和犯罪预防工作，分工负责、各司其职，国家在未成年人工作上投入的人、财、物并不少。但是，由于责权部分脱节，统筹协调力度不够，整体性、协同性、综合性仍有不足，存在薄弱环节、短板、盲区，一定程度上影响了党和国家法律政策的贯彻落实效果。修改这两部法律，应从推进党对未成年人工作领导制度化、法治化的高度，坚持一类事项原则上由一个部门统筹的原则，在考虑整合现有未成年人工作协调机构和机制、有效使用现有编制和资源的基础上，规定中央层面统筹协调的机构，负责未成年人工作的总体布局、整体推进，促进社会治理中未成年人工作的法治化。

第二，构架家庭监护为主、国家监护兜底的监护制度。监护制度是未成年人保护与犯罪预防的基础，关系着家庭稳定、社会和谐以及国家的长治久安。针对近些年来实践中失学失管、未成年人违法犯罪、遭受侵害等问题，应当进一步完善法律，明确家庭监护的具体职责，明晰政府职责，确立家庭教育辅导制度，建立家庭监护的监督、支持和替代机制，对于独居未成年人、事实孤儿等群体建立国家临时安置、长期监护制度，保障幼有所育。

第三，加强专门学校和专门教育工作的法治化建设。多年的实践证明，专门学校在教育矫治违法犯罪的未成年人方面效果显著。根据我们对近二十所专门学校的调查，经专门学校教育的未成年人回归社会情况良好，转化率达95%，有些高达98%。近些年来，专门学校的发展遇到一些困难，比如学校定位不清、入学程序异化、师资配备无法满足现实需要等，根源在于法律保障不足。因此，应当从立法上肯定专门教育的价值和存在的必要性，将专门教育作为国家教育体系的重要组成部分，纳入国家教育改革和发展规划纲要，保障发展所需的人员和经费。同时，根据法治原则，明确公安机关和司法机关决定送专门学校的条件和程序，在保障未成年人合法权益的基础上增强专门教育的刚性。

第四，坚持正确的方向，激活、完善收容教养（强制教养）制度。当前，低龄未成年人实施严重危害行为的案件受到社会广泛关注。虽然刑法规定了必要时收容教养，但由于决定主体、适用情形、具体程序不明确，缺乏执行场所和执行的管理制度，实践中难以适用。从现实需要来看，有时候确有必要对部分未成年人收容教养，而且域外也有类似的收容措施。因此，应当通过修改、完善法律，激活收容教养制度。激活、完善收容教养应当坚持正确方向：一方面，收容教养适用对象都是危害行为较为严重的未成年人，属于限制人身自由的矫治措施，按照联合国有关准则和域外做法，应当坚持司法审查原则，由人民法院决定；另一方面，收容教养的目的是教育矫治，除心理干预和行为矫治以外，未成年人只有学习一定知识和技能，才能顺利回归社会。因此，执行收容教养的机构，原则上应当是一种特殊的教育机构。

第五，全面加强未成年被害人保护。被调研对象普遍反映，应当加强对未成年被害人的保护。既要有一般性规定，又要明确综合保护、性侵未成年人信息查询、性侵未成年人民事请求权、从业禁止等内容。

第六，促进未成年人法学理论研究。当前，我国法学界研究未成年人问题的力量非常薄弱。这在某种程度上影响着我国相关法律制度的进步。为推动实践经验转换为理论成果，促进理论研究更好地服务于立法与司法，应当加强未成年人法学理论的研究。

良法是善治之前提。唯有统筹、全面、系统修订《未成年人保护法》和《预防未成年人犯罪法》，解决好重点问题，才能为继续推动我国未成年人保护和犯罪预防工作一体化、系统化、现代化提供更加坚实的法治保障。

宋英辉

2020 年 5 月 20 日

前　言

全国人民代表大会社会建设委员会分别于2018年4月20日、2018年12月28日致函北京师范大学，委托刑科院少年司法与法治教育研究中心宋英辉教授为课题负责人，起草《未成年人保护法》（修订专家建议稿）、《预防未成年人犯罪法》（修订专家建议稿）。接受委托后，宋英辉教授专家团队在广泛调研的基础上完成了《未成年人保护法》（修订专家建议稿）、《预防未成年人犯罪法》（修订专家建议稿），并分别于2018年6月30日、2019年4月21日提交全国人大社会建设委员会。建议稿得到了社会建设委员会的高度肯定，对推动法律修订草案的形成发挥了重要作用。在建议稿形成过程中，研究团队广泛听取中央及地方实务部门有关领域专家和高等院校、研究机构学者的意见，多次论证，反复修改，几易其稿，最终《未成年人保护法》（修订专家建议稿）完成九稿，《预防未成年人犯罪法》（修订专家建议稿）完成八稿。可以说，建议稿凝结了我国众多专家学者和实务工作者的辛勤付出与无私奉献。为呈现大家的真知灼见，记录立法修改进程，现将建议稿编辑出版，并将起草的原则和思路说明如下。

一、关于修订两法应当坚持的原则

法律是治国之重器，良法是善治之前提。要进一步完善我国未成年人法律体系，必须抓住《未成年人保护法》《预防未成年人犯罪法》这两部专门法律（以下简称“两法”），坚持立改废释并举。基于此，起草建议稿的过程中坚持了以下几个原则：

第一，实用性原则。法律的生命力在于实施。要保障法律能有用、有效，必须立足解决问题和回应现实需要。完善“两法”，一方面，要从解决未成年人保护与犯罪预防面临的突出问题出发，细化有关规定，增强可操作性，保障权利义务责任相一致、实体与程序相匹配。另一方面，要及时总结实践经验，将一些地方探索的可复制、可推广的做法及时上升为立法条文。

第二，全面性原则。未成年人保护和犯罪预防工作具有很强的综合性，涉及家庭、社区、学校、政府、司法机关以及社会等多个方面，涵盖教育、医疗卫生、食药安全、社会治安、劳动就业等多个领域。如果其中一个环节存在短板，彼此衔接不畅，或者存在漏洞，未成年人保护和犯罪预防的整体水平就会大受限制，出现“木桶效应”。完善“两法”需要针对性地查漏补缺，消除法律盲区，填补制度空白，保障未成年人保护法律制度的完整性。

第三，协调一致原则。域外的立法实践表明，仅制定一两部未成年人专门立法，不足以解决所有问题。针对未成年人的专门立法，不能穷尽所有事项，有些规定需要其他部门法予以补充和完善。对此，应当明确专门立法和其他部门法的定位及其关系，调整、修订部门法中的有关规定，对相关部门法中涉及未成年人条文的解释与适用，应当坚持遵循“两法”所确立的法律原则，逐步完善以专门立法为主、以部门法相关规定为辅，彼此配合、协调一致的法律体系。

第四，统筹兼顾原则。立法应当立足我国的国情，充分考虑经济社会发展阶段，特别是我国特有的实践问题。同时，域外在未成年人法律制度方面积累了大量的经验，要善于总结其中规律性、普遍性的制度与做法，作为借鉴与参考。此外，20 世纪 90 年代，我国成为联合国《儿童权利公约》的签约国和批准国，履行和落实公约的内容是我国义不容辞的国际义务。因此，修改完善“两法”，应统筹兼顾公约规定、域外经验和现实国情，合理与创造性地吸收有关内容，缩小差距、补足短板。

二、关于修订《未成年人保护法》应当坚持的思路

《未成年人保护法》是一部关于未成年人权利的保障法，在中国特色社会主义法律体系下未成年人法律子体系中处于核心地位，在促进未成年人保护工作一体化，推动未成年人事务治理能力和治理体系现代化方面发挥着统领性、基础性的作用：

从本质内容上看，《未成年人保护法》是一部围绕保障未成年人权利展开的法律，核心内容就是各方如何保障实现未成年人应当享有的权利。因此，法律的名字具体是"未成年人保护法"还是"未成年人权益保障法"，并不是最重要的问题，关键是要把立法的理念坚持好、贯彻好。

从体系上看，《未成年人保护法》是未成年人法律体系的核心和基础。我国已经形成以宪法为核心的中国特色社会主义法律体系，并不断发展完善。客观来说，在这一法律体系中，未成年人的相关立法建设处于相对滞后的状况，也是相对薄弱的环节，主要表现为：法律规定的宣示性强，但可操作性不强；现有未成年人的法律法规形成了一个基本的框架雏形，但某些条文相互存在冲突，很多法律有待继续完善和制定出台。要完善我国的法律体系，就需要建设和完善未成年人法律子体系，进行科学规划和合理布局。建设与完善未成年人法律体系是一个日益推进的过程，不可能一蹴而就、一劳永逸，一次性解决所有问题，也不能脱离实际、推倒重来。因此，应当采取总体设计、分步实施的路径，即在总体设计的引领下，结合经济社会发展的需要，稳步推进与过渡，目标是从结构上形成以《宪法》为根本依据，以《未成年人保护法》为核心，《义务教育法》《预防未成年人犯罪法》等多部未成年人专门立法或单行法为支柱，部门法中未成年人的特殊章节或条款为重要来源，行政法规、部门规章、司法解释、地方性法规等规范性法律文件为细化配套规定的法律体系格局。为此，

要正确认识几种关系：一是在涉及未成年人相关事务上，《未成年人保护法》相较于以成人为主要适用对象的部门法，应优先适用；二是其他未成年人专门立法、单行立法在不与《未成年人保护法》相抵触的情形下优先适用；三是其他未成年人专门立法、单行立法彼此出现不一致或者冲突时，适用符合《未成年人保护法》规定的条文；四是制定和修改其他未成年人专门立法、单行立法以及部门规章、地方立法等不得与《未成年人保护法》相抵触。在厘清上述关系，找准《未成年人保护法》在法律体系中的定位后，修订《未成年人保护法》就要贯彻及时性、系统性、针对性、有效性的要求：及时回应现实需求，系统全面作出规定，针对性设计条文，有效解决实际问题。

从预期功能上看，《未成年人保护法》有助于推动未成年人事务治理一体化，实现治理体系和治理能力现代化。国家治理体系和治理能力现代化，包括经济、政治、文化、社会、生态文明和党的建设等各领域，涉及改革发展稳定、内政外交国防、治党治国治军等各个方面。其中，未成年人工作具有基础性、根本性，需要在责权“分”的基础上做好整体性的“统”。对此，首先在认识上要有所突破，将未成年人事务作为治国理政中一项整体性、独立性内容予以看待，即未成年人事务是指国家和社会为培养合格建设者与接班人，坚持未成年人利益最佳化，在文化、教育、医疗、司法等多环节、全方位促进和保障未成年人健康成长的一系列事务的总和。有了这一统领性的上位概念后，不同的主体在不同领域开展未成年人相关工作，就可以坚持一致的工作理念、工作原则、工作方法等。简言之，修订《未成年人保护法》，要立足推进未成年人事务治理体系和治理能力现代化，在工作机构、工作机制以及制度设计上予以充分体现。

根据以上思路，起草组认为现有《未成年人保护法》的基本框架具有合理性，故延用。同时，在章目安排及章目内部结构上有所调整，具体条文坚持删增改并举。

三、关于修订《预防未成年人犯罪法》应当坚持的思路

《预防未成年人犯罪法》是未成年人法律体系中一部专门性法律，是构建我国未成年人罪错行为分级处遇体系的重要组成部分。在犯罪学理论研究中，关于预防犯罪和预防未成年人犯罪较有影响的理论之一是三级预防。参照公共卫生机构的疾病预防模式，根据所解决的犯罪不同发展阶段的问题，预防未成年人犯罪可以分为三个层级：其一，鉴定出哪些生态环境和社会环境提供机会促使未成年人实施犯罪行为，然后采取措施改善这些环境，减少犯罪的机会。其二，对那些有潜在性犯罪的未成年人予以早期识别和心理分析，然后进行辅导，避免其发生犯罪行为。其三，司法体系应采取心理矫治和社区治疗，对那些已犯罪的未成年人进行心理教育，使其能成功复归社会而不再犯罪。以此为思路，建议稿的分级预防包括一般预防、临界预防和再犯预防三部分。

首先是一般预防。与《未成年人保护法》《义务教育法》等保持协调，避免重复，主要是规定家庭、学校、社区、政府、媒体等在未成年人犯罪一般预防中所承担的职责。

其次是临界预防。主要是构建对未成年人不良行为、严重不良行为的分级干预体系。一是增加社会化的教育矫治措施，包括训诫、责令管教、督促矫治等。世界法治发达国家立法均存在类似的制度，同时我国地方这些年来也一直在进行本土探索，效果良好。二是完善专门学校制度，进一步明确专门学校的法律地位、制度框架和适用程序。三是改革并激活收容教养（强制教养）制度，明确收容教养的适用条件、决定程序和执行场所。

最后是再犯预防。主要是与刑法、治安管理处罚法、刑事诉讼法、监狱法以及社区矫正法进行衔接，完善对未成年犯的教育矫治和跟踪帮教措施，包括完善和细化未成年人社区矫正制度、未成年犯管教所的定位及教育矫治措施以及其他替代性措施，构

建促进未成年人回归社会的跟踪帮教机制和体系。

在形成建议稿过程中，华东师范大学任海涛副教授、南京师范大学赵莉副教授、四川省社会科学研究院张雪梅研究员分别参与完成了《未成年人保护法》（修订草案专家建议稿）中的“学校保护”“家庭保护”和“社会保护”三章初稿。北京师范大学何挺教授撰写了《预防未成年人犯罪法》（修订草案专家建议稿）中“再犯预防”初稿。其后，由宋英辉（北京师范大学）、苑宁宁（中国政法大学）在两份建议稿初稿的基础上进一步修改完善编写而成。限于时间和能力，本书难免有疏漏之处，尚需读者海涵，并恳请不吝赐教。

在本书出版之际，我们铭记全国人大社会建设委员会工青妇室、全国人大常委会法工委社会法室、共青团中央权益部给予的帮助和支持，感谢每一位参与建议稿讨论的专家学者及实务工作者的无私奉献和真知灼见。

本书系“未成年人法律制度研究丛书”之三，由北京师范大学未成年人检察研究中心和中国政法大学未成年人事务治理与法律研究基地的研究团队共同完成。本书的出版，得到了中国检察出版社的大力支持，在此致以诚挚的谢意。

宋英辉　苑宁宁

2020年5月20日

目　录

《未成年人保护法》（修订草案专家建议稿）

《预防未成年人犯罪法》(修订草案专家建议稿)

《未成年人保护法》修订草案专家建议稿论证

《预防未成年人犯罪法》修订草案专家建议稿论证

《未成年人保护法》

（修订草案专家建议稿）

第一章　总　则

第一条　为了保护未成年人的身心健康，保障未成年人的合法权益，促进未成年人全面发展，培养社会主义建设者和接班人，根据宪法，制定本法。

第二条　未成年人是未满十八周岁的自然人。

第三条　保护未成年人是国家的一项长期战略任务。

国家促进未成年人健康、教育、福利、安全，优化未成年人成长的社会环境，完善未成年人法律保护，满足未成年人的发展需要，实现幼有所育、学有所教。

第四条　国家尊重和保障未成年人的权利。

未成年人享有生存权、发展权、受保护权、参与权等权利。

未成年人平等地享有各项权利，不因本人、父母或者其他监护人的性别、民族、种族、户籍、职业、家庭状况、宗教信仰、教育程度、身心状况等受到歧视或者不公平待遇。

第五条　国家根据未成年人身心成长特点和接受能力对他们进行教育，包括理想教育、道德教育、文化教育、纪律和法治教育、国家安全教育、国防和民族团结、爱国主义、集体主义和中国特色社会主义的教育。

国家帮助和引导未成年人遵守宪法法律、公共秩序，维护自己的合法权益，增强自我保护意识和能力，增强社会责任感，爱祖国、爱人民、爱劳动、爱科学、爱社会主义的公德，反对和抵制资本主义、封建主义和恐怖主义、分裂主义、极端主义等腐朽思想的侵蚀。

第六条　国家未成年人工作委员会负责未成年人保护的顶层设计、总体布局、统筹协调、整体推进、督促落实，职责包括：

（一）贯彻落实未成年人保护的国家战略、方针政策，制定未成年人保护工作规划；

（二）组织、协调、指导、督促有关部门做好未成年人保护工作；

（三）调查研究、收集监测未成年人保护工作的情况，推动制定和出台相关政策措施；

（四）行使与未成年人保护有关的其他职责。

国家未成年人工作委员会办公室负责日常工作。

第七条 保护未成年人，应当坚持最有利于未成年人的原则。处理涉及未成年人的事项，应当符合下列要求：

（一）给予未成年人特殊、优先保护；

（二）尊重未成年人的人格尊严；

（三）保护未成年人的隐私和个人信息；

（四）适应未成年人身心发展的规律和特点；

（五）听取未成年人的意见；

（六）保护与教育相结合。

制定、解释、适用有关法律法规中涉及未成年人的条款，应当遵守前款的规定。

第八条 保护未成年人是全社会的共同责任。

国家机关、武装力量、政党、社会组织、企业事业组织、城乡基层群众性自治组织、所有公民都应当树立和践行保护未成年人的理念，了解、尊重、关心、服务未成年人。

第九条 父母是抚养、教育和保护未成年人的第一责任主体。

第十条 国家是未成年人的最终监护人。

中央和地方各级国家机关应当在各自的职责范围内做好未成年人保护工作。

第十一条 共产主义青年团、妇女联合会、残疾人联合会、工会等群众性团体组织协助各级国家机关做好未成年人保护工作，联系和动员群众维护未成年人的合法权益。

第十二条 任何组织和个人发现不利于未成年人身心健康的情况或者侵犯未成年人合法权益的情形，都有权劝阻、制止，及时向公安机关或者向有关部门报告。

国家工作人员以及密切接触未成年人行业从业人员在工作中发现未成年人身心受到侵害或者面临其他危险的情形，应当立即向公安机关或者其他有关部门报告。

有关部门接到报告的，应当依法及时处理，并告知相关人员处理结果。

第十三条 国家支持建设相关学科、设置相关专业，开展与未成年人相关的科学研究，培养相关的人才队伍，加强国际交流与合作。

第十四条 国家对积极参与未成年人保护工作的公司和企业等组织，施行税收优惠制度。

国家对积极保护或者参与保护未成年人的组织和个人，及时给予表彰和奖励。

第十五条 每年6月1日国际儿童节所在周为国家未成年人保护宣传周。

第十六条 人民检察院对未成年人保护工作实行法律监督。

第二章　家庭保护

第十七条　父母或者其他监护人应当创造良好、和睦的家庭环境，依法履行对未成年人的监护职责和抚养义务。

父母或者其他监护人应当履行以下职责：

（一）与未成年人共同生活，提供衣食住行、医疗保健等方面的照顾；

（二）关注未成年人的生理、心理状况和行为习惯，尊重未成年人的人格，给予未成年人情感上的抚慰；

（三）对未成年人进行安全教育，提供必要的安全保障设施，预防、避免伤害和侵害的发生，当伤害、侵害发生时应当及时救治；

（四）尊重未成年人受教育的权利，使适龄未成年人依法入学接受并完成义务教育；

（五）保障未成年人休息和娱乐时间；

（六）以健康的思想、品行和适当的方法教育、引导未成年人；

（七）引导未成年人进行有益身心健康的活动，预防和劝止未成年人的不良行为，并进行适当的管教；

（八）妥善管理未成年人的财产；

（九）对于相关事项，依法代表未成年人作出决定，进行民事行为的代理、追认及诉讼行为的代理等；

（十）其他应当履行的职责。

第十八条　父母或者其他监护人不得实施以下行为：

（一）遗弃或者出卖未成年人；

（二）性侵害未成年人；

（三）对未成年人实施暴力或者以饥饿、侮辱性语言和其他虐待方式惩罚未成年人；

（四）因性别或者残疾等歧视未成年人；

（五）放任或者迫使接受义务教育的未成年人辍学；

（六）放任或者唆使未成年人吸烟、酗酒、赌博、流浪、乞讨、盗窃、吸毒、卖淫等；

（七）放任未成年人过度使用网络产品或网络服务，放任或者唆使未成年人接触不适宜的网络信息、音像制品、电子出版物和读物，进入法律法规禁止未成年人出入的场所；

（八）放任或者唆使未成年人参与迷信活动或者接受极端宗教思想等教育；

（九）允许或者迫使未成年人结婚或者与异性同居，或者为未成年人订立婚约；

（十）违法处分、侵吞代管的未成年人的财产；

（十一）其他严重侵害未成年人身心健康和财产权益的行为。

第十九条 父母应当自己抚养未成年子女。

父母或者其他监护人不得使未满八周岁或者需要特别照护的未成年人单独行为或者独处，或者交由无民事行为能力、限制民事行为能力或者患有法定传染性疾病等不适当的人员代为照护。

父母或者其他监护人不得使未满十六周岁的未成年人脱离监护人监护单独生活。

父母或者其他监护人为未成年人聘请照护人员或者家庭教师的，应当查看受聘人员提供的无犯罪记录证明，不得聘用具有性侵害等违法犯罪记录的人员，并对照护、辅导活动进行监督。

第二十条 父母或者其他监护人应当学习家庭教育知识，接受家庭教育指导，树立正确的家庭教育观念，掌握科学的家庭教育方法，提高科学教育子女的能力，抚育未成年人健康成长。

第二十一条 父母或者其他监护人应当在新生儿出生后一个月以内办理新生儿的户口登记。

第二十二条 父母或者其他监护人应当根据未成年人的年龄和智力发展状况，在作出与未成年人权益有关的决定时告知其本人，并听取他们的意见。

第二十三条 父母以外的监护人代管未成年人的财产时，应当尽到妥善管理的义务，并在代管开始时清点未成年人的财产、建立财产账册并向民政部门备案。

父母及其他监护人处分未成年人的不动产的，应当向人民法院申请获得准许。

第二十四条 父母或者其他监护人以及其他成年人携未满四周岁的未成年人乘坐家庭用车的，应当配备并正确使用儿童安全座椅；携未满十二周岁未成年人乘坐家庭用车的，应当安排在后排座位就坐。

第二十五条 父母处理离婚事务时，应当妥善协商涉及未成年子女的抚养、财产、受教育、探望等事宜，避免对未成年子女生活、学习和心理健康造成不利影响。

父母在离婚过程中，任何一方不得在未成年子女未遭受侵害或者面临侵害的现实危险时擅自将未成年子女带离住所或者藏匿。

父母离婚后，不直接抚养未成年子女的一方应当探望未成年子女，但被人民法院裁判中止探望权的除外。

第二十六条 父母因外出务工或者其他原因不能履行对未成年人监护职责的，应当委托有监护能力的其他成年人代为照护。

委托照护应当充分考虑受委托照护人的家庭环境、经济状况、道德品质、与未成年人在生活、情感上的联系等情况。不得委托下列人员代为照护：

（一）曾经严重侵害未成年人的；

（二）曾拒不履行监护责任的；

（三）有吸毒、酗酒、赌博等严重不良习性或多次违法行为的；

（四）被禁止从事密切接触未成年人行业的；

（五）有其他不适宜情形的。

委托亲属以外的人照护的，应当就未成年子女的居住、教育、经济抚养等方面签订委托照护协议。未签订书面协议但实际委托的，可以认定形成事实委托照护关系。

父母委托照护的，应当将委托照护情况书面告知未成年子女所在学校、户籍所在地或者居住地的村民委员会、居民委员会，并与子女和接受委托的人保持联系与交流，了解子女生活、学习情况，并给予相应的指导。

第二十七条 父母委托照护的，在收到接受委托的照护人、村民委员会、居民委员会、学校等机构或者人员关于未成年人心理行为异常的通知时，应当及时采取有效措施。

第三章　学校保护

第二十八条　中小学、幼儿园等对未成年学生依法负有教育、管理、保护的职责。

第二十九条　中小校应当全面贯彻国家的教育方针，实施素质教育，提高教育质量，坚持以学生为中心，注重培养未成年学生独立思考能力、创新能力和实践能力，促进未成年学生全面发展。

第三十条　幼儿园应当科学开展保育、教育工作，遵循幼儿身心发展规律，面向全体幼儿，关注个体差异，坚持以游戏为基本活动，保教结合，寓教于乐，促进幼儿在体质、智力、品德等方面和谐发展。

第三十一条　学校、幼儿园教职员工应当尊重未成年人的人格尊严，不得对未成年人实施体罚、变相体罚或者其他侮辱人格尊严的行为。

第三十二条　学校应当尊重未成年学生受教育的权利，关心、爱护学生，对家境贫困、残疾、品行有缺点、学习有困难的学生，应当耐心教育、帮助，不得歧视，不得违反法律和国家规定开除未成年学生，或者限制未成年学生在校接受教育。

学校应当建立和完善辍学学生劝返复学、登记与书面报告制度，加强家校联系，配合政府有关部门做好辍学学生劝返复学工作。

第三十三条　学校应当按照国家课程标准和地方课程设置要求，根据学生群体和年龄特点，开展生命教育、生存教育、生活教育、安全教育、健康教育、青春期教育、思想道德教育、法治教育，进行社会生活指导、心理健康辅导。

第三十四条　结合区域内教育实际，普通初中可以配备一定数量的专兼职职业技术教师、开设职业技术课程，或者组织普通初中学生到当地中等职业学校选修职业教育专业课程，提供多种成才渠道。

第三十五条　学校应当与未成年学生的父母或者其他监护人互相配合，

保证未成年学生的睡眠、娱乐和体育锻炼时间，不得加重其学习负担。

学校应当在教育行政部门的指导下对不同季节中小学、幼儿园早晨上课时间做出合理安排，保证未成年学生充足的睡眠时间。

第三十六条 中小学校要按照国家课程方案和课程标准设置体育课程，严禁削减、挤占体育课时间。有条件的地方可以在中小学增加体育课时。

幼儿园要遵循幼儿年龄特点和身心发展规律，开展丰富多彩的体育活动。

第三十七条 具备条件的中小学校应当结合实际建立健全课后服务制度。

中小学校开展课后服务工作的，要事先充分征求家长意见，主动向家长告知服务方式、服务内容、安全保障措施等。中小学生是否参加课后服务，由学生家长自愿选择。

课后服务工作要遵循教育规律和学生成长规律，安排学生做作业、自主阅读、体育、艺术、科普活动，以及娱乐游戏、拓展训练、开展社团及兴趣小组活动、观看适宜儿童的影片等。具体课后服务时间由各地根据实际自行确定。

中小学不得与校外培训机构合作，为未成年人提供有偿课程辅导。

第三十八条 小学、幼儿园原则上不得安排寄宿。确有必要的，在住宿、生活、交通、安全等有保障的前提下可适当安排小学四至六年级学生寄宿，具体由县级人民政府根据当地实际确定。

第三十九条 学校、幼儿园建立各项安全管理制度和安全应急机制，承担校内安全管理的主体责任，保障学生在校期间的人身、财产安全。

学校、幼儿园不得在危及未成年人人身安全、健康的校舍和其他设施、场所中进行教育教学活动。

学校、幼儿园安排未成年人参加集会、文化娱乐、社会实践等集体活动，应当有利于未成年人的健康成长，防止发生人身安全事故。

第四十条 学校、幼儿园应当健全校园内安全工作领导机构，实行校园安全校长或者园长负责制，落实对学生的教育和管理责任，加强校园日常安全管理。

第四十一条 学生在校期间，学校、幼儿园对校园实行封闭化管理，并根据条件在校园门口设置防冲撞设施，阻止人员、车辆等非法进入校园。

第四十二条 学校、幼儿园应当根据实际和需要配备安全保卫力量。

除学生人数较少的学校、幼儿园外，每所学校、幼儿园应当配备专职安全保卫人员或者受过专门培训的安全管理人员；寄宿制学校应当配备宿舍安全管理人员。

第四十三条 学校、幼儿园应当建设安全技术防范系统，在校园主要区域要安装视频图像采集装置；具备条件的，应当安装周界报警装置和一键报警系统。

第四十四条 学校、幼儿园应当建立健全校园食品安全管理制度，明确食品安全管理人员和每个岗位的安全职责；具备条件的，可以在厨房、配餐间等安装监控摄像装置，实现食品制作实时监控，公开食品加工制作过程，接受学生及监护人监督。

学校、幼儿园应当建立饮用水卫生安全管理制度，确保为学生提供合格的安全饮用水；通过自备水源、二次供水设施、直饮水提供的学生生活饮用水应经当地卫生部门水质检测合格后方可使用。

第四十五条 学校、幼儿园应当施行晨检、因病缺勤病因追查与登记制度，保障传染病疫情早发现、早报告、早处置。

学校、幼儿园发生食物中毒、传染病流行等突发公共卫生事件，应当及时向市场监督管理部门和卫生健康管理部门报告，并在其指导下做好应急处置，最大限度地降低突发事件对师生的危害。

第四十六条 学校、幼儿园对于关系学生安全的设施设备、教学仪器、建筑材料、体育器械等用品，应当严格按照国家有关产品和质量标准选购，或者按照国家强制性产品认证和自愿性产品认证规定做好相关认证工作；没有国家标准和行业标准的，应当要求供应商提供第三方专业机构的安全检测及评估报告。

学校、幼儿园应当保障学生的监护人可以获取上述相关材料，了解相关情况。

第四十七条 学校、幼儿园应当建立学校体育运动伤害风险防范机制，根据体育器材设施及场地的安全风险进行分类管理，定期开展检查，有安全风险的应当设立明显警示标志和安全提示。

第四十八条 配备校车的学校、幼儿园和校车服务提供者应当建立校车安全管理制度，配备安全管理人员，加强校车的安全维护，定期对校车驾驶人进行安全教育，组织校车驾驶人学习道路交通安全法律法规以及安全防范、应急处置和应急救援知识，保障学生乘坐校车安全。

第四十九条 学校、幼儿园应当建立防溺水制度，及时发出风险提示和预警，与监护人联系并强化监护人在放学后、周末和节假日对学生安全监管的第一责任。

第五十条 学校、幼儿园应当制定安全事故、突发事件处置预案，配备相应设施并定期组织应对地震、火灾等情况的应急疏散演练，建立安全事故、突发事件的报告、处置和协调机制。

在校内及校外教育教学活动中发生人身伤害事故的，学校、幼儿园应当及时组织教职工参与抢险、救助和防护，保障学生身体健康和人身安全。

第五十一条 学校、幼儿园应当购买校方责任险，建立事故风险分担机制；具备条件的，建立校园人身伤害保险制度，为学生购买校园意外伤害保险。

学校、幼儿园可以引导家长自愿参加与学生利益密切相关的食品安全、校外实习、体育运动伤害等责任保险。

严禁以学校、幼儿园名义指定学生购买或者向学生直接推销保险产品。

第五十二条 学校、幼儿园应当制定欺凌防治工作制度，明确规定防治学生欺凌的机构、人员，设立学生求助电话和联系人，规定处理学生欺凌事件的程序，对教师、其他服务人员、学生进行防治学生欺凌的培训和教育。

第五十三条 学校、幼儿园对学生欺凌行为应当立即制止，通知实施欺凌和被欺凌未成年学生的父母或者其他监护人参与欺凌行为的认定和处理；对实施欺凌行为的学生，适用预防未成年人犯罪法规定的有关措施，依法进行教育矫治；对被欺凌的学生，予以必要的心理辅导，帮助他们恢复正常的生活和学习。

第五十四条 婴幼儿照护服务机构、校外教育培训机构、校外托管机构等应当参照本章有关规定，做好未成年人保护工作。

第四章　社会保护

第五十五条　全社会应当树立尊重、保护、教育未成年人的良好风尚，关心、爱护未成年人。

国家鼓励、支持和引导社会组织、企业事业组织等组织和个人，开展多种形式的、有利于未成年人健康成长的社会活动和服务。

任何组织和个人不得以身份、身高等标准来限制或者剥夺未成年人应当享有的照顾或者优惠。

第五十六条　教育基地、图书馆、青少年宫、儿童活动中心应当对未成年人免费开放；博物馆、纪念馆、科技馆、展览馆、美术馆、文化馆以及影剧院、体育场馆、动物园、公园、社区公益性互联网服务设施等场所，应当按照有关规定对未成年人免费或者优惠开放。

第五十七条　向未成年人开放的活动场所应当符合国家和行业安全标准。

未成年人集中活动的公共场所，应当采取相应安全保护措施。对可能危及未成年人人身安全的设施，应当在显著位置设置安全警示标志，标明适应年龄范围或注意事项；必要时，应当设置人员看守。

公共场所应当建立公共安全图像信息系统和图像信息管理制度，发现涉及未成年人安全的可疑信息时，及时向公安机关报告。

大型的商场、超市、医院、图书馆、博物馆、科技馆等有条件的场所应当设置搜寻走失儿童的安全警报系统；警报系统警示后应当立即进行搜寻，搜寻无果的，应当立即报警。

第五十八条　公共媒体及有关单位和个人应当加强对未成年人保护工作的宣传，创作或者提供有利于未成年人健康成长或者专门以未成年人为对象的健康的文化作品。

任何单位和个人创作或者提供文化产品时，对不适宜未成年人阅读、收听、观看的，应当作出警示说明；在以未成年人为主要对象的活动场所，不得刊登、播放、展示和张贴有损未成年人身心健康的广告或者不适宜未成年人的文化产品。

任何单位和个人不得向未成年人提供危害国家安全、破坏民族团结以及淫秽、暴力、恐怖、赌博、邪教、迷信等危害未成年人身心健康的信息和内容。

第五十九条 生产、销售用于未成年人的食品、药品、玩具、用具和游乐设施等，应当符合国家标准或者行业标准，不得有害于未成年人的安全和健康；需要标明注意事项的，应当在显著位置标明。

第六十条 中小学校园周边二百米范围内不得设置营业性歌舞娱乐场所、游艺娱乐场所、酒吧、互联网上网服务营业场所等不适宜未成年人活动的场所。

不适宜未成年人活动的场所，不得允许未成年人进入，经营者应当在显著位置设置未成年人禁入、限入标志，进入场所时应当要求出示身份证件。

除国家法定节假日外，游艺娱乐场所设置的电子游戏机不得向未成年人提供。

第六十一条 酒店、旅馆等住宿服务场所在接待没有成年人陪同的未成年人住宿时，应当查验未成年人有效身份证件。

对于未满十六周岁的，应当联系其监护人，并核实有关情况；无法联系到其监护人或者无法核实的，应当立即报告所在地派出所，由派出所核实有关情况。

没有经未成年人父母或者其他监护人同意，房屋出租者不得向不满十六周岁的未成年人出租房屋。

第六十二条 禁止向未成年人出售烟酒。任何人不得让未成年人为其购买烟酒。彩票销售机构和彩票代销者不得向未成年人销售彩票和兑付奖金。烟酒经营和彩票销售机构、彩票代销者应当在显著位置设置不向未成年人出售烟酒和彩票的标志；对难以判明是否已成年的，应当要求其出示身份证件。

任何人不得在学校、校外教育培训机构、婴幼儿照护服务机构的教室、寝室、活动室和其他未成年人集中活动的场所吸烟、饮酒。

第六十三条 禁止向未成年人提供或者销售仿真玩具枪以及其他可能致人严重伤害的器具、器械和物品。对难以判明是否已成年的，经营者应当要求其出示身份证件。

第六十四条 网络购物平台和网络服务供应商应当对网络购物、网络支付进行实名认证，对未成年人网络购物、网络支付的，应当根据金额、物品等设定通知监护人或者征得监护人同意的程序。

未经监护人同意，任何组织和个人不得向未成年人提供网络代购服务。

第六十五条 任何组织或者个人不得招用未满十六周岁的未成年人，国家另有规定的除外。

任何组织或者个人按照国家有关规定招用已满十六周岁未满十八周岁的未成年人的，应当执行国家在工种、劳动时间、劳动强度和保护措施等方面的规定，不得安排其从事过重、有毒、有害等危害未成年人身心健康的劳动或者危险作业。

招用已满十六周岁未满十八周岁的未成年人的，应当进行安全防护意识和安全操作技能的岗前培训。

第六十六条 招用密切接触未成年人行业的从业人员时，用工单位应当依法审查拟招用人员的征信记录，查询是否具有性侵害、虐待等侵害人身权利违法犯罪记录。

对具有前款规定违法犯罪记录的人员，用工单位不得录用。

第六十七条 任何组织或者个人不得披露未成年人的个人隐私。

对未成年人的信件、日记、电子邮件，任何组织或者个人不得隐匿、毁弃；除因追查犯罪的需要，由公安机关或者人民检察院依法进行检查，或者对无行为能力的未成年人的信件、日记、电子邮件由其父母或者其他监护人代为开拆、查阅外，任何组织或者个人不得开拆、查阅。

新闻媒体采访报道涉及未成年人事件时，安排熟悉未成年人身心特点的从业人员，并且应当客观、真实、审慎、适度，不得侵犯未成年人的名誉、隐私和其他合法权益。

第六十八条 发生突发事件时，应当优先救护未成年人。

第六十九条 禁止拐卖、绑架、虐待、非法收养未成年人，禁止对未成年人实施性侵害、性骚扰和性引诱。

禁止胁迫、诱骗、教唆、拉拢未成年人参加黑社会性质组织或者从事其他违法犯罪活动。

禁止胁迫、诱骗、利用未成年人乞讨或者组织未成年人进行危害其身心健康的表演等活动。

第七十条 居民委员会、村民委员会应当协助、配合基层人民政府开展未成年人保护工作，对经济贫困、监护缺失、家庭暴力、教育失当等未成年人重点予以保护。

居民委员会、村民委员会应当协助有关部门教育和挽救违法犯罪的未成年人，预防和制止侵害未成年人合法权益的违法犯罪行为。

第七十一条 符合条件的组织和个人可以依法兴办哺乳室、婴幼儿照护服务机构、幼儿园以及适合未成年人文化需要的活动场所和设施。

符合条件的组织和个人可以依法提供家庭教育支持服务，参与校园安全建设和未成年人社会服务，开展未成年人心理疏导、法律援助、情感沟通、社区矫正、康复救助等社会工作和社会服务。

科研机构和科技团体可以对未成年人开展科学知识普及教育活动。

第七十二条 符合条件的组织和个人可以依法通过为政府提供服务等方式参与制定与未成年人保护和救助相关的服务清单、工作规程、服务标准等，参与未成年人保护服务平台、服务热线、服务站点，为未成年人提供咨询、帮助，及时受理、转介侵害未成年人合法权益的投诉、举报。

第五章　网络保护

第七十三条　国家保障未成年人平等、充分、健康、安全地使用网络，保护未成年人合法的网络活动。

第七十四条　国家建立未成年人及其监护人的网络素养提升制度。

未成年人的监护人应当提高自身网络素养，规范自身使用网络的行为，教育、引导、监督未成年人正确、健康地使用网络；为未成年人提供智能终端产品时，应当安装未成年人网络保护软件、选择适合未成年人的服务模式和管理功能，合理安排未成年人使用网络的时间。

中小学校应当合理使用网络开展教学活动，将安全和合理使用网络纳入课程，对未成年学生进行网络安全和网络文明教育，帮助学生养成良好的使用网络的习惯；禁止未成年人学生将手机等智能终端产品带入课堂，发现的应当统一保管。

国家鼓励和支持中小学、社会团体、企事业单位、村民委员会、居民委员会、社会组织等通过开设校外课堂等多种方式指导未成年学生及其监护人学习有关知识，帮助未成年学生养成良好的使用网络的习惯、提高网络素养。

第七十五条　国家鼓励和支持有利于未成年人健康成长的网络产品的创作与传播，鼓励和支持专门以未成年人为服务对象、适应未成年人身心发展规律和特点的网站建设以及智能终端设备、应用程序、网络技术的研发和推广。

第七十六条　网络产品的提供者和服务者应当遵守法律、行政法规，尊重社会公德，恪守商业道德，履行未成年人网络保护义务，加强行业自律，接受政府和社会的监督，承担社会责任。

第七十七条　禁止制作、发布、传播危害未成年人身心健康的信息。

任何组织和个人发现网络产品、服务含有危害未成年人身心健康的信息，有权通知网络产品和服务提供者采取删除、屏蔽等措施，也可以直接向网信部门、公安机关等部门投诉、举报。

网络服务提供者应当加强对用户发布信息的管理，发现危害未成年人身心健康的信息，应当立即停止传输相关信息，采取删除、屏蔽等处置措施，保存有关记录，并向网信部门、公安机关等部门报告。

第七十八条 国家根据未成年人网络保护的需要，结合未成年人的不同年龄段，确定不适宜未成年人接触的信息的范围和判断标准。

任何组织和个人在网络空间制作、发布、传播前款规定的信息时，应当以显著方式提示。

网络服务提供者应当对其所发布、登载的信息进行审查；发现第一款规定的信息的，应当采取措施以显著方式进行浏览前提示。

第七十九条 学校、图书馆、文化馆、青少年宫等公益性场所为未成年人提供的上网设施，应当安装未成年人上网保护软件，避免未成年人接触网络违法信息和不适宜未成年人接触的信息。

第八十条 智能终端产品制造商或者进口商应当在产品出厂或者销售前安装未成年人上网保护软件，或者为安装未成年人上网保护软件提供便利，采用显著方式告知用户安装渠道和方法。

第八十一条 家庭、学校应当预防和干预未成年人沉迷网络；对于有沉迷网络倾向的未成年学生，学校应当指导其监护人开展家庭教育，配合家庭、社区及其他机构或者专业人员进行教育和引导。

任何组织和个人不得以侵犯未成年人合法权益的方式干预网络沉迷行为。

第八十二条 国家实行统一的网络游戏产品年龄认证和识别制度。网络游戏服务提供者应当根据国家有关规定和标准使用网络游戏产品年龄认证和识别系统，网络游戏用户应当提供真实身份信息予以注册。

网络游戏产品年龄认证和识别系统应当设置有效措施，妥善保存用户注册信息。

第八十三条 网络游戏服务提供者应当建立预防未成年人沉迷网络游戏制度，采取技术措施禁止未成年人接触不适宜的网络游戏或者网络游戏功能，限制未成年人网络游戏支付的数额、连续使用网络游戏的时间和单日累计使用网络游戏的时间，禁止未成年人在特定时间内使用网络游戏。

第八十四条 未成年人注册拟进行直播的，网络直播服务提供者应当征得其监护人的书面同意；未成年人拟发布短视频的，短视频服务提供者应当审查，进行风险提示，必要时可以要求未成年人提供监护人同意的书面材料。

网络直播服务提供者、网络短视频平台应当建立未成年人保护机制，采用技术手段对未成年人在线时间予以限制，防止未成年人沉迷。

第八十五条 任何组织和个人通过网络收集、使用未成年人个人信息的，应当遵循合法、正当、必要的原则，明示收集、使用信息的目的、方式和范围，并经未成年人及其监护人同意。

通过网络收集、使用未成年人个人信息的，应当制定专门的收集、使用规则，加强对未成年人网上个人信息的保护。

第八十六条 未成年人或者其监护人要求网络运营者删除、屏蔽网络空间中的未成年人个人信息的，网络运营者应当采取必要措施予以删除、屏蔽。

第八十七条 网络运营者应当建立便捷的举报渠道，通过显著方式公示举报途径和举报方法，配备与服务规模相适应的专职人员，及时受理、处置对本单位网络信息服务活动中违反本章规定行为的举报。

第八十八条 相关行业组织应当积极参与未成年人网络保护工作，制定关于未成年人网络保护的行业自律规范，引导行业组织成员加强对未成年人的网络保护。

国家建立未成年人网络保护信用档案和失信黑名单制度，纳入网络违法违规行为台账管理机制和严重违规失信联合惩戒机制，并予以公示。

第六章　政府保护

第八十九条　国务院和地方各级人民政府领导有关部门做好未成年人保护工作；将未成年人保护工作纳入国民经济和社会发展规划、年度工作计划以及政府绩效考核范围，相关经费列入本级政府预算，并支持和鼓励社会各方面投入，使未成年人保护工作与经济社会协调发展。

第九十条　县级以上人民政府有关部门应当遵循权责一致的原则，设置专门的内设机构、指定专人或者明确主责的内设机构，负责本部门承担的未成年人保护工作。

县级以上人民政府有关部门应当向社会公示所承担的未成年人保护职责，并接受社会监督。

第九十一条　乡镇人民政府、街道办事处应当建立与县级人民政府及有关部门的常态联系机制，并依托有关部门在乡镇、街道的办事机构或者派出机构，及时办理与未成年人相关的事务。

乡镇人民政府、街道办事处可以设立未成年人保护工作站，专门负责未成年人相关事务。

第九十二条　县级以上人民政府及有关部门应当出台政策，支持、指导村民委员会或者居民委员会设立未成年人保护督导员，负责未成年人保护的法律政策宣传和日常工作，及时掌握未成年人家庭、监护、就学等基本情况，督促家庭依法履行抚养义务和监护职责，向乡镇人民政府、街道办事处报告情况。

第九十三条　县级人民政府承担未成年人保护方面的主体责任，建立有关工作制度和工作机制。

有关工作制度和工作机制的建设标准和实施规范，由国务院和省级人民政府制定。

第九十四条　国务院和县级以上地方人民政府建立统一的未成年人信息

数据库，包括未成年人的出生信息、身体情况、家庭情况、就学信息等数据，实现信息共享、动态管理。

第九十五条 县级以上人民政府及有关部门应当建立亲职教育推进普及制度，在高等教育、继续教育课程中安排学习相关内容，在公民登记结婚、产前检查等环节安排学习相关知识，鼓励和支持社会组织、企事业组织等对公民开展相关知识的普及与培训。

第九十六条 县级以上人民政府及有关部门应当将家庭教育指导服务纳入城乡公共服务体系，建立各级家庭教育指导机构，推进家庭监护支持、监督制度建设，为有需要的家庭提供必要的指导、帮助。

第九十七条 县级以上人民政府及有关部门应当保障未成年人受教育的权利，并采取措施保障家庭经济困难的、残疾的和流动人口中的未成年人等接受义务教育。

县级以上地方人民政府应当建立控辍保学工作机制、行政督促复学机制，发挥多部门各自的作用。

第九十八条 县级以上人民政府及卫生健康部门应当支持和促进婴幼儿照护服务的发展，加强对婴幼儿照护服务的监督管理，建立婴幼儿照护服务机构备案登记制度、信息公示制度和质量评估制度，实行从业人员职业资格准入制度。

县级人民政府及教育部门应当构建覆盖城乡的学前教育公共服务体系，大力发展公办幼儿园，支持社会组织和个人依法兴办幼儿园，建立学前教育资助制度，资助家庭经济困难未成年人、孤儿和残疾未成年人接受学前教育。

县级以上人民政府及有关部门应当采取多种形式，培养和训练婴幼儿照护服务人员、幼儿园教师，提高其职业道德素质和业务能力。

第九十九条 各级人民政府及有关部门应当采取措施发展和普及高中阶段教育，统筹普通高中和中等职业教育协调发展。

各级人民政府及其有关部门大力发展职业教育，采取措施保障完成义务教育不再升学的未成年人有机会接受职业技能培训，鼓励具备条件的地区推行中等职业教育免费的政策。

第一百条 县级人民政府应当领导有关部门加强校园周边综合治理，推行学生安全区域制度，明确相应要求。

在学生安全区域内，公安机关依法维护校园周边的治安和交通秩序，施行日常巡逻防控制度，优先布设视频监控系统，完善交通管理设施。

第一百零一条 县级以上人民政府及有关部门应当加强妇幼卫生服务体系建设，加强儿童保健服务和管理，逐步扩展国家基本公共卫生服务项目中的儿童保健服务内容，完善出生缺陷防治体系。

卫生健康部门应当加强对学校卫生防疫和卫生保健工作的监督指导，做好对儿童的预防接种工作，国家免疫规划项目的预防接种实行免费；积极防治儿童常见病、多发病，加强对传染病防治工作的监督管理，加强对幼儿园卫生保健的业务指导和监督检查。

第一百零二条 县级以上人民政府及有关部门应当逐步提高儿童医疗保障水平，减轻患病儿童家庭医疗费用负担；推行贫困家庭儿童医疗救助制度，全面实施贫困地区新生儿疾病筛查项目，加大对大病儿童和贫困家庭儿童的医疗救助。

第一百零三条 县级以上人民政府及有关部门应当建立和改善适合未成年人需要的活动场所和设施，将相关设施和场所建设纳入经济社会发展规划，在城镇规划、社区规划、公共场所规划中配备合理数量的场所和设施，鼓励社会力量兴办适合未成年人的活动场所，并加强管理。

县级以上人民政府及有关部门应当采取措施，鼓励和支持中小学校在节假日期间将文化体育设施对未成年人免费或者优惠开放。

第一百零四条 县级以上人民政府及有关部门应当结合当地经济社会发展水平，发展未成年人福利，做好未成年人群体分类保障工作，综合运用各类政策措施，满足他们生活、教育、医疗康复、住房等方面的基本需要，提高面向未成年人的公共服务供给能力和水平。

第一百零五条 对于符合法定情形的未成年人，由国家负责监护。民政部门是国家监护的主责部门，其他有关部门予以配合。

县级以上人民政府及民政部门应当根据需要设立机构，负责收留、抚育需要国家监护的未成年人。

收留、抚育机构及其工作人员应当依法履行职责，不得虐待、歧视未成年人；不得在办理收留抚养工作中牟取利益。

第一百零六条 具有以下情形之一的，由国家进行临时监护：

（一）遭受监护人严重侵害需要被紧急带离的；

（二）暂时查找不到父母等监护人或者监护状态无法确定的；

（三）家庭遭遇突然变故、暂时无人抚养的；

（四）监护人故意不履行监护职责经公安机关教育仍拒绝履行职责的；

（五）依法被限制或剥夺人身自由的公民的未成年人子女处于无人监护状态，且尚未委托监护或者不同意委托监护的；

（六）其他需要临时监护的紧急情形。

临时监护的期限为一年。临时监护期间，第一款规定的情形消失的，临时监护终止。

第一百零七条 具有以下情形之一的，由国家进行长期监护：

（一）认定为孤儿的；

（二）依法撤销监护人监护资格而没有其他人担任监护人的；

（三）临时监护超过法定期限需要由国家继续监护的。

第一百零八条 国家监护应当优先考虑家属抚养、家庭寄养等安置方式，不具备条件或者不合适的由相关的机构养育。国家监护期间，经评估符合收养条件的，可以依法送养。

国家监护的方式应当听取和尊重未成年人的意见。

第一百零九条 县级人民政府应当开通全国统一的未成年人保护热线，施行未成年人保护报告线索一门受理、协同办理的机制，明确应急处置、调查评估、跟踪帮扶、监护干预、责任追究等工作流程。

第一百一十条 国家建立性侵害、虐待等侵害人身权利违法犯罪记录系统，由县级人民政府有关部门向密切接触未成年人行业提供查询服务。

第一百一十一条 各级人民政府应当加大公共财政购入，采取政府购买服务等方式，孵化、引导和规范社会组织参与未成年人保护工作，建立常态化的未成年人保护专业服务机制。

第一百一十二条 县级人民政府应当每一年度向社会发布未成年人保护的工作情况，接受社会监督。对公民提出的批评和建议，应当及时受理和答复。

第七章　司法保护

第一百一十三条　公安机关、人民检察院、人民法院以及司法行政部门，应当依法履行职责，在司法活动中保护未成年人的合法权益。

第一百一十四条　公安机关、人民检察院、人民法院、司法行政机关应当设立专门机构或者指定专门人员办理涉及未成年人的案件，采用独立的评价体系。

办案人员以及司法行政机关相关工作人员应当经过专门培训，熟悉未成年人身心特点。

最高人民法院、最高人民检察院、公安部、司法部应当制定专门机构、专门人员的资格、评价及培训等规范，并将执行情况作为考评的内容。

第一百一十五条　公安机关、人民检察院、人民法院办理涉及未成年人的案件，应当考虑未成年人心理水平、心理状态和社会认知能力，使用未成年人能够理解的语言和表达方式，充分听取未成年人及其监护人的意见。

第一百一十六条　公安机关、人民检察院、人民法院、司法行政部门、诉讼参与人以及其他组织和个人，除法律有规定外，不得公开涉案未成年人和未成年被害人的姓名、影像、住所、就读学校以及其他可能识别出其身份的信息。

对于正在办理的涉及未成年人的案件，除依法通报或者批准的以外，任何组织和个人不得公开案件的证据材料和案件情况，不得恶意炒作或者发表歪曲、误导性的评论。

第一百一十七条　办案人员需要到未成年人的住所、学校、工作单位或者未成年人及其法定代理人提出的地点时，不得着制服、驾驶警车或者采取其他可能对未成年人带来不利影响的方式。

第一百一十八条　公安机关、人民检察院、人民法院办理涉及未成年人的案件，发现未成年人没有辩护人或者诉讼代理人的，应当告知本人及其法定代理人有权委托辩护人或者诉讼代理人，或者通知法律援助机构指派律师提供辩护或者诉讼代理。

法律援助机构应当指派具有相应经验的、熟悉未成年人身心特点的律师，且尽量保障不同诉讼阶段指派同一名律师为未成年人提供法律援助。

第一百一十九条 未成年人合法权益受到侵害后，有权代为提起诉讼或者行使相关诉讼权利的组织或者个人放弃权利或者在合理时限内怠于行使权利的，人民检察院可以依职权代为行使诉讼权利，维护未成年人合法权益。

对于侵犯未成年人合法权益，涉及公共利益的，人民检察院可以提起公益诉讼。

第一百二十条 未成年人与其唯一的法定代理人之间发生民事纠纷的，由人民法院根据最有利于未成年人原则指定诉讼代理人。

第一百二十一条 人民法院审理继承案件，应当依法保护未成年人的继承权和受遗赠权；法定继承时根据情况予以适当照顾，遗嘱继承时保障必要的遗产份额。

第一百二十二条 人民法院审理离婚案件，涉及未成年子女抚养问题的，应当听取有表达意愿能力的未成年子女的意见，根据保障子女权益的原则和双方具体情况依法处理；对于涉及未成年子女抚养权和抚养费的离婚调解协议，符合未成年人利益的，人民法院应当在调解书中予以确认。

人民法院审理离婚案件，不得将抚养权判归患有无法履行监护权的疾病、有不良习性或者家庭暴力行为、遗弃未成年子女或者拒不履行抚养义务，以及在未成年子女未遭受侵害时擅自将未成年子女带离住所或者藏匿的一方。

双方都有前款规定情形的，人民法院应当通知民政部门依法采取有关措施。

第一百二十三条 父母或者其他监护人具有下列情形之一的，人民法院可以根据有关人员或者有关单位的申请，撤销其监护人的资格，依法另行指定监护人或者由国家监护：

（一）性侵害、出卖、遗弃、虐待、暴力伤害等严重损害未成年人身心健康的；

（二）将未成年人置于无人监管和照看的状态，导致未成年人面临死亡或者严重伤害危险，经教育拒不改正的；

（三）拒不履行监护职责，导致未成年人流离失所或者生活无着，经教育拒不改正的；

（四）无法履行监护职责并且拒绝将监护职责部分或者全部委托给他人，致使未成年人处于困境或者危险状态的；

（五）胁迫、诱骗、利用未成年人乞讨，经教育拒不改正的；

（六）教唆、利用未成年人实施违法犯罪行为，情节恶劣的；

（七）有其他严重侵害未成年人合法权益行为的。

被撤销监护资格的父母应当依法继续负担抚养费用。

第一百二十四条 未成年人的父母被人民法院撤销监护人资格一年内，除具有下列情形的外，确有悔改表现的，经其申请，人民法院可以在尊重被监护人真实意愿的前提下，视情况恢复其监护人资格：

（一）对未成年人实施故意犯罪，情节恶劣的；

（二）已经依法被收养的；

（三）有其他严重不利于未成年人身心健康行为的。

第一百二十五条 人民法院审理涉及未成年人的离婚、抚养、收养、监护等民事案件，可以委托人民调解员或者社会工作人员等开展社会调查、心理辅导等工作，保护未成年人的合法权益。

第一百二十六条 询问未成年被害人、证人，讯问未成年犯罪嫌疑人，应当保护未成年人的隐私和名誉，根据其心理状态、情绪变化等情况采取适当方式，在适合其身心特点的场所进行。

询问、讯问未成年人，应当全程同步录音录像，不得对未成年人诱供、训斥、讥讽或者威胁。

询问未成年被害人、证人，必要时可以借助玩偶、图画等辅助工具，聘请熟悉未成年人身心特点的专业人员陪同和协助。

第一百二十七条 公安机关、人民检察院、人民法院在办案中应当避免对未成年被害人造成二次伤害。

对遭受性侵害或者其他严重暴力行为伤害的未成年被害人，询问遵循一次性原则，确有必要进行二次询问的，应当针对新发现的事实或者需要进一步核实的事项；具备条件的，应当实行一站式取证和保护。

第一百二十八条 对遭受性侵或者其他严重暴力伤害的未成年被害人，公安机关、人民检察院、人民法院应当组织有关部门和相关领域专业人员进行会商，采取心理辅导、身体康复协助、家庭功能修复、监护支持、司法救助等措施。

第一百二十九条 未成年被害人因被告人的性侵害而遭受的精神损失，有权提起诉讼，人民法院应当受理。

第一百三十条 成年人性侵害未成年人的犯罪，不受刑法关于追诉时效规定的限制。

对于性侵害不满十四周岁的未成年人或者多次性侵害未成年人的被告人或者服刑人员，人民法院可以根据人民检察院的建议或者依照职权决定在刑罚执行期间和刑罚执行完毕后对其采取信息登记、强制心理治疗、电子监控、定期报告等措施。

第一百三十一条 对违法犯罪的未成年人，实行教育、感化、挽救的方针，坚持教育为主、惩罚为辅的原则。

对违法犯罪的未成年人，予以处罚时应当依法从轻、减轻或者免除。

第一百三十二条 对于涉嫌犯罪的未成年人，优先适用非羁押性强制措施；具备条件的，可以送观护基地观护。

除非具有现实危险性，对于未成年人不得使用戒具。

第一百三十三条 公安机关、人民检察院、人民法院对于没有固定住所、无法提供保证人的未成年人适用取保候审的，应当指定合适的成年人作为保证人。

第一百三十四条 公安机关、人民检察院、人民法院办理未成年人犯罪案件，应当委托有关机构对未成年犯罪嫌疑人、被告人性格特点、家庭情况、社会交往、成长经历、实施被指控的犯罪前后的表现等情况进行调查，必要时也可以自行调查。

对于未成年犯罪嫌疑人、被告人、被害人，可以进行心理测评。

第一百三十五条 对羁押、服刑的未成年人，应当与成年人分别关押、分别管理、分别教育。

第一百三十六条 公安机关、人民检察院、人民法院、司法行政机关发现有关单位未尽到未成年人教育、管理、救助、帮助等保护职责的，应当向该单位提出建议。收到建议的单位应当及时调查核实并予以回复。

第八章　法律责任

第一百三十七条　违反本法规定，侵害未成年人的合法权益，造成人身财产损失或者其他损害的，依法承担民事责任；构成违反治安管理行为的，或者其他法律、法规已规定行政处罚的，依法给予行政处罚；构成犯罪的，依法追究刑事责任。

第一百三十八条　本法规定的单位和个人未履行报告义务，由上级机关、主管部门或所在单位予以行业处分或行政处分；因未及时报告而造成严重后果的，同时追究主要负责人员、主管人员或者直接责任人员的责任。

第一百三十九条　父母或者其他监护人不履行监护职责，侵害未成年人合法权益的，其所在单位或者居民委员会、村民委员会予以劝诫、制止，公安机关根据情况可以决定适用以下一种或几种措施：

（一）训诫、责令改正；

（二）责令接受亲职教育；

（三）责令向代为履行监护职责的组织或个人支付相应的费用；

（四）责令接受戒酒、戒毒、戒赌、精神疾病治疗等措施；

（五）建议有关单位或个人申请撤销监护权。

人民检察院在办理案件时，发现父母或者其他监护人不履行监护职责，侵害未成年人合法权益的，可以对其适用第一款规定的措施。

人民法院对于父母或者其他监护人不履行监护职责，或者侵害未成年人合法权益的，除适用第一款规定的（一）至（四）项措施以外，还可以作出以下处置：

（一）颁布禁止令等令状；

（二）对于拒不履行民政部门有关监护的决定或者公安机关处罚决定的，予以强制执行；

（三）公布姓名或者列入失信人员名单。

第一百四十条 学校、婴幼儿照护服务机构、校外教育培训机构、校外托管机构违反本法规定，侵害未成年人合法权益的，由教育行政部门或者其他有关部门责令改正；情节严重的，对直接负责的主管人员和其他直接责任人员依法给予处分。

上述机构的教职员工或者工作人员对未成年人实施体罚、变相体罚、虐待或者侮辱人格行为的，由其所在单位或者上级机关责令改正；情节严重的，予以辞退。

第一百四十一条 有关单位和个人擅自以身高、身份等标准来剥夺未成年人应当依法享有的照顾或优惠的，由主管部门责令限期改正；拒不改正的，给予警告，并处一万元以上十万元以下罚款。

第一百四十二条 公共场馆和公共场所未按有关规定对未成年人免费、优惠开放的，有关单位或个人违规租赁、挪用专供未成年人活动的场地、设施、器械的，由主管部门责令限期改正；拒不改正的，给予警告，并处一万元以上十万元以下罚款。

第一百四十三条 未成年人集中活动的公共场馆和公共场所未采取符合标准的安全保护措施，对相关设施未标明适应年龄范围或注意事项、未设置提醒保护未成年人人身安全警示标志的，由主管部门责令限期改正；拒不改正的，给予警告，并处一万元以上十万元以下罚款；情节严重的，责令停产停业。

公共场馆和场所不按照规定建设公共安全图像信息系统，大型商场、超市、医院、图书馆、博物馆、科技馆等场所不按照规定设置搜寻走失儿童的安全警报系统或未及时履行搜索义务和报警义务的，由主管部门责令限期整改；拒不改正的，给予警告，并处一万元以上十万元以下罚款；情节严重的，责令停产停业。

第一百四十四条 制作或者向未成年人出售、出租或者以其他方式传播危害国家安全、破坏民族团结以及淫秽、色情、暴力、邪教、迷信、凶杀、恐怖、赌博等图书、报刊、影视节目、音像制品、电子出版物、声讯和网络信息等的，由主管部门责令改正，给予警告，并可处五万元以下罚款；情节严重或拒不改正的，处五万元以上五十万元以下罚款，并可责令停产停业、或者吊销执照或许可证。

第一百四十五条 生产、销售用于未成年人的食品、饮料、药品、玩具、用具和游乐设施不符合国家标准或者行业标准，或者没有在显著位置标明注意事项的，由主管部门责令改正，给予警告，并可处五万元以下罚款；情节严重或拒不改正的，处五万元以上五十万元以下罚款，并可责令停产停业、或者吊销执照或许可证。

第一百四十六条 违反本法规定设置营业性歌舞娱乐场所、游艺娱乐场所、酒吧、互联网上网服务营业场所等不适宜未成年人活动的场所的，由主管部门给予警告，责令歇业、限期搬迁；拒不歇业或搬迁，或者情节严重的，责令关闭，吊销执照或许可证，并处五万元以上五十万元以下罚款。

营业性歌舞娱乐场所、酒吧、互联网上网服务营业场所等不适宜未成年人活动的场所允许未成年人进入，或者没有在显著位置设置未成年人禁入、限入标志的，由主管部门责令限期改正，给予警告，并处五万元以下罚款；拒不改正、情节严重或者多次发现允许未成年人进入的，责令关闭，吊销执照或许可证，并处五万元以上五十万元以下罚款。

旅馆、宾馆、酒店等住宿接待场所未按相关要求对未成年人住宿进行查验和报告的，由主管部门给予警告，并处五万元以下罚款；情节严重、或多次违反查验报告义务的，吊销执照或许可证，并可处五万元以上五十万元以下罚款。

第一百四十七条 向未成年人出售烟酒、彩票或向未成年人提供和出售管制刀具、仿真玩具枪以及其他可能致人严重伤害的器具、器械和物品的，没有在显著位置设置不向未成年人出售烟酒、彩票标志的，或者未按照规定对难以判定是否为未成年人进行查验的，由主管部门责令改正，给予警告，并处五万元以下罚款；拒不改正、情节严重或者多次违反的，责令停产停业，吊销执照或许可证，并处五万元以上五十万元以下罚款。

在未成年人集中活动的场所吸烟、饮酒的，由主管部门责令改正，可处五百元以下罚款；拒不改正或情节严重的，给予警告，并可处五百元以上一千元以下罚款。

第一百四十八条 未经监护人同意向未成年人提供网络代购的个人、商家或组织，由主管部门责令改正，给予警告；拒不改正或情节严重的，暂扣或吊销执照、许可证，并处五千元以下罚款。

第一百四十九条 非法招用未满十六周岁的未成年人，或者招用已满十六周岁的未成年人从事过重、有毒、有害等危害未成年人身心健康的劳动或者危险作业的，由主管部门责令限期改正，给予警告，并处五万元以下罚款；拒不改正或情节严重的，责令停产停业，吊销执照、许可证，并处五万元以上五十万元以下罚款。

第一百五十条 招用密切接触未成年人行业的从业人员时，用工单位未按照规定查看被招用人的征信记录，或者未按照规定要求其提供公安机关提供的无犯罪记录证明，以及未查询是否具有性侵害未成年人等违法犯罪记录的，由主管部门责令改正，给予警告，并处五万元以下罚款；拒不改正或情节严重的，责令停产停业，吊销执照、许可证，并处五万元以上五十万元以下罚款。

违反相关义务，录用具有性侵害等严重侵害未成年人行为记录的人员从事密切接触未成年人行业的，由主管部门责令限期改正，给予警告，并处五万元以下罚款；拒不改正或情节严重的，责令停产停业，吊销执照、许可证，并处五万元以上五十万元以下罚款。

第一百五十一条 社会团体、企业事业组织、居民委员会、村民委员会及其他组织和个人不依法履行对未成年人的救助保护职责，或者虐待、歧视未成年人，或者在保护未成年人合法权益、预防未成年人犯罪过程中存在过失，侵害未成年人的合法权益的，由主管部门责令改正，并可给予警告、五千元以下罚款；相关行为构成违反治安管理行为的，由公安机关依法处理；构成犯罪的，依法追究刑事责任。

第一百五十二条 组织未成年人进行有害其身心健康的表演等活动的，由主管部门责令限期改正，给予警告，并处五万元以下罚款；拒不改正或情节严重的，责令停产停业，吊销执照、许可证，并处五万元以上五十万元以下罚款。

第一百五十三条 违反本法规定，制作、发布、传播不适宜未成年人接触的信息，未以显著方式进行浏览前提示的，由主管部门给予警告、责令限期改正、停止更新信息；情节严重的，并处三万元以上十万元以下罚款。

网络服务提供者违反本法规定，未对其所登载的不适宜未成年人接触的信息采取措施以显著方式进行浏览前提示的，由主管部门责令改正；拒不改正的，给予警告，并处三万元以上十万元以下罚款。

第一百五十四条 公益性场所违反本法规定，未安装未成年人上网保护软件的，由主管部门给予警告，可并处十万元以下罚款；情节严重的，责令停产停业。

第一百五十五条 智能终端设备制造商、进口商违反本法规定，未安装未成年人上网保护软件且未在出厂时或销售前为预装未成年人上网保护软件提供便利并以显著方式告知的，由主管部门给予警告，责令限期改正，并处十万元以上五十万元以下罚款。

第一百五十六条 网络游戏服务提供者违反本法规定，未使用网络游戏产品年龄认证和识别系统，未进行身份注册或者未采取防沉迷措施的，由主管部门给予警告，责令限期改正，没收违法所得，并处一百万元以下罚款；拒不改正的，并可责令暂停或停止网络游戏服务；情节严重的，吊销网络文化经营许可证。

第一百五十七条 直播服务提供者、短视频发布服务提供者违反本法规定，为未成年人提供直播或短视频发布服务的，由主管部门给予警告，责令限期改正，没收违法所得，并处一百万元以下罚款；拒不改正的，责令暂停或者停止提供直播或者短视频发布服务；情节严重的，吊销网络文化经营许可证。

第一百五十八条 违反本法规定，通过网络收集、使用未成年人个人信息，未在醒目位置标注警示标识并征得未成年人或其监护人同意的，或拒绝删除、屏蔽未成年人个人信息的，由主管部门给予警告，责令限期改正，没收违法所得，并处一百万元以下罚款；拒不改正的，责令暂停或停止相关服务；情节严重的，吊销网络文化经营许可证。

第一百五十九条 网络信息服务提供者违反本法规定，未建立举报制度或不及时受理、处置举报的，由主管部门给予警告，责令限期改正，没收违法所得，并处一百万元以下罚款；拒不改正的，责令暂停或停止相关服务；情节严重的，吊销网络文化经营许可证。

第一百六十条 国家机关及其工作人员不依法履行保护未成年人合法权益的责任，或者侵害未成年人合法权益，或者对提出批评、建议、报案、控告、检举的人进行打击报复的，由其所在单位或者上级机关责令改正，对直接负责的主管人员和其他直接责任人员依法给予行政处分；构成职务违法或职务犯罪的，移交监察委员会处理。

第一百六十一条 公安机关、人民检察院、人民法院、司法行政部门、诉讼参与人以及其他组织和个人违反本法规定，公开涉案未成年人和未成年被害人的姓名、影像、住所、就读学校以及其他可能识别出其身份的信息，公开案件的证据材料和案件情况，恶意炒作或者发表歪曲、误导性的评论的，由上级机关或者所在单位、主管部门责令改正，对直接负责的主管人员和其他直接责任人员依法给予相应处分。

第九章　附　则

第一百六十二条　本法中下列用语的含义：

（一）“未成年身心受到侵害或者面临其他危险的情形”，包括：未成年人脱离监护单独居住生活或失踪；未成年人的监护人丧失监护能力、拒不履行监护责任或者下落不明；未成年人疑似遭受家庭暴力、遗弃、意外伤害、拐卖、其他不法侵害；未成年人疑似适龄却辍学、流浪；未成年人因家庭贫困导致生活、就医、就学等存在困难；未成年人因自身残疾导致康复、照料、护理和社会融入等存在困难；其他威胁或侵害未成年人人身安全和心理健康的情形。

（二）“密切接触未成年人行业”，是指由相关职能部门或群团组织举办或承担监管职责的，对未成年人负有监护、教育、训练、救助、看护、医疗等特殊职责的单位、组织、机构等，包括：中小学校、幼儿园等教育机构及文化教育、职业技能等培训机构；文艺、体育等技能训练机构；福利院、儿童临时看护中心等儿童安置、救助机构；婴幼儿照护和儿童早期教育服务机构及晚托班、暑托班、夏令营等临时看护组织；为未成年人提供医疗服务的医疗机构。

（三）“密切接触未成年人行业的从业人员”，包括教师、培训师、教练、保育员、医生等直接对未成年人负有特殊职责的工作人员，以及密切接触未成年人行业的行政工作人员、保安、门卫、司机、厨师、保洁员以及招募的志愿者等具有密切接触未成年人工作便利的工作人员。

（四）“熟悉未成年人身心特点的专业人员”，是指具有专门知识或者经验，为未成年人及其家庭提供服务、支持的人员，包括高级社会工作师、社会工作师、助理社会工作师、心理治疗师、心理咨询师、心理辅导师以及医务人员等相关领域的人员。

第一百六十三条　本法自××××年×月×日起施行。

《预防未成年人犯罪法》

（修订草案专家建议稿）

第一章　总　则

第一条　为了保障未成年人身心健康，培养未成年人良好品行，有效地预防未成年人犯罪，促进家庭幸福安宁和社会安定有序，根据宪法，制定本法。

第二条　预防未成年人犯罪，是指根据未成年人成长发育规律，通过一般预防、临界预防和再犯预防，促进未成年人遵纪守法的一系列工作。

第三条　预防未成年人犯罪，应当从小抓起，防微杜渐，防治结合，坚持分级预防、综合施策、教育和保护并重的原则。

第四条　预防未成年人犯罪，是全社会的共同责任，实行综合治理。

家庭、学校、政府及有关部门、司法机关、有关社会组织和企事业单位、居民委员会、村民委员会等各负其责、相互配合，形成国家主导、社会协同和公众参与相结合，政府直接提供和购买服务并重的工作体系。

第五条　预防未成年人犯罪，应当结合未成年人不同年龄的生理、心理特点及其成长环境，尊重未成年人的人格尊严，保护未成年人的隐私和个人信息。

第六条　预防未成年人犯罪，由未成年人户籍所在地负责；未成年人居住地与户籍所在地不一致的，由居住地负责，户籍所在地开展预防工作更有利于未成年人的，可以由户籍所在地负责。

未成年人户籍所在地、居住地无法确定的，由其监护人居住地负责。未成年人户籍所在地、居住地以及监护人居住地均无法确定的，由该未成年人的发现地负责。

第七条　国家明确统筹协调预防未成年人犯罪工作的机构，履行以下职责：

（一）推动完善和宣传贯彻预防未成年人犯罪的法律法规；

（二）制定和组织实施预防未成年人犯罪工作规划；

（三）出台预防未成年人犯罪的政策措施；

（四）协调解决预防未成年人犯罪工作中存在的问题；

（五）检查和考核有关部门预防未成年人犯罪的工作；

（六）总结和推广预防未成年人犯罪的经验。

第八条 县级以上人民政府领导有关部门依法开展预防未成年人犯罪的工作，将预防未成年人犯罪工作纳入经济社会发展规划，经费列入财政预算，相关工作项目纳入政府购买服务指导性目录。

各级公安、教育、民政、文化旅游、市场监督管理、网信、司法行政、卫生健康、人力资源和社会保障、新闻出版、广播电影电视等部门应当明确预防未成年人犯罪的工作内容，向社会公布，受理相关线索举报，接受公众监督。

乡镇人民政府、街道办事处应当指定人员负责辖区内预防未成年人犯罪的工作，保障合理经费。

经费保障以及有关部门履行职责情况作为考核预防未成年人犯罪的重要指标。

第九条 公安机关、人民检察院、人民法院、司法行政机关建立多部门联动协调机制，结合未成年人违法犯罪案件的办理，向未成年人提供法治教育，帮助违法犯罪未成年人回归社会，开展预防未成年人犯罪工作。

具备条件的地区，可以设置未成年人法院、未成年人检察院。

第十条 专门教育是对未成年人开展针对性教育，矫治未成年人心理行为偏常，预防未成年人犯罪的重要制度。

专门教育是国家教育体系的重要组成部分，纳入国家教育改革和发展规划纲要，保障发展所需的人员和经费。

第十一条 专门学校是实施专门教育的主要机构。

县级以上人民政府及有关部门根据本地区预防未成年人犯罪的需要，可以设置专门学校，也可以参与建设辐射周边区域的专门学校，以保障所辖区域内符合法定条件的未成年人可以接受专门教育。具备条件的，探索专门学校与职业院校的合作机制，支持职业学校、技工学校等参与专门教育工作。

省级人民政府及有关部门指定辖区内一所或者两所具备条件的专门学校设立管教部、教养部。管教部派驻未成年犯管教所，负责教育矫治服刑人员。教养部实行独立配置，负责教育矫治被强制教养的未成年人。

国务院及有关部门应当按照科学设置、合理布局、形式多样的原则，制定专门学校的发展规划，出台关于专门学校办学标准、管理制度和考核评价等规范。

第十二条 未成年人社会工作服务机构和未成年人社会观护机构是预防未成年人犯罪的重要力量。

各级人民政府及有关部门、人民检察院、人民法院以及共产主义青年团、妇女联合会等群众团体组织，应当结合各自工作职能，培育和发展多种类型的未成年人社会工作服务机构和未成年人社会观护机构，鼓励、引导、规范和监督它们依法参与预防未成年人犯罪工作。

第十三条 对于积极开展和参与预防未成年人犯罪工作的组织和个人，各级人民政府和有关部门给予表彰和奖励。

第十四条 国家鼓励和支持开展预防未成年人犯罪的研究，设置和发展相关学科和专业，加强相关专业的人才培养。

国家支持预防未成年人犯罪的国际交流与合作。

第十五条 人民检察院对预防未成年人犯罪工作实行法律监督。

第二章　一般预防

第十六条　未成年人及其家庭、学校、政府、司法机关、社会等应当及时发现和消除导致未成年人违法犯罪的不良因素，改善未成年人生活和学习环境，引导未成年人养成良好品行。

第十七条　未成年人应当遵守法律、法规及社会公共道德规范，树立自尊、自律、自强意识，增强辨别是非和自我保护的能力，自觉抵制各种不良行为以及违法犯罪行为的引诱和侵害。

第十八条　父母或者其他监护人对预防未成年人犯罪负有直接责任。

发现未成年人出现或者疑似出现心理行为问题的，父母或者其他监护人应当及时提供帮助和指导，必要时引导、帮助未成年人接受专业辅导或者治疗。

未成年人主动提出接受辅导或者治疗意向的，父母或者其他监护人应当提供帮助。

第十九条　困境儿童或者农村留守儿童的家庭、流动人口家庭、残疾儿童家庭、服刑人员或其他人身自由受到限制人员的家庭等有需求时，应当主动联系并接受有关部门和组织提供的指导服务和支持，帮助未成年人正确应对生活、学习中的压力和问题。

第二十条　在预防未成年人犯罪、培养未成年人品行方面，实际照护人与未成年人的父母或者其他监护人负有同等职责。

第二十一条　学校对未成年人的法治教育负有主导责任。

教育行政部门、学校应当将法治教育纳入学校总体发展规划和年度工作计划，开设专门课程，组织主题教育；将预防犯罪教育作为法治教育的重要内容，结合常见多发的未成年人犯罪，根据不同年龄学生的认知特点进行有针对性教育，举办以预防未成年人犯罪的教育为主要内容的活动，使未成年人懂得违法犯罪行为对个人、家庭、社会造成的危害，违法犯罪行为应当承担的法律责任，树立遵纪守法和防范违法犯罪的意识。

第二十二条 学校应当聘任至少一名受过专业培养或者经过专门培训，能够胜任法治教育任务的专职教师。

学校根据条件可以聘请兼职法治教师、校外法治辅导员、法治教育志愿者。

第二十三条 学校应当从人民法院、人民检察院等国家机关中聘任法治副校长，协助学校制定法治教育计划，组织法治讲座和法治实践活动，开展法治教育，必要时配合学校对学生进行管教。

第二十四条 学校应当开设心理健康课程，开展心理健康专题教育，配备经过资格认定的专职或者兼职心理健康教育教师，建立心理辅导室和心理健康筛查机制，对于有心理困扰或问题的学生，开展科学有效的心理辅导。

第二十五条 学校发现学生有严重心理障碍或者心理疾病的，应当立即通知其父母或者其他监护人，引导和帮助转介至专业心理诊治机构。紧急情况下，学校可采取必要的看管措施。

第二十六条 学校应当定期开展防治学生欺凌和校园暴力的专题教育和培训，培养校长、教师、学生及家长等不同群体积极预防和自觉反对学生欺凌的意识，健全日常安全管理制度，及时排查可能导致学生欺凌和校园暴力事件发生的各种隐患。

第二十七条 学校根据需要可以聘任专职或者兼职的社会工作人员，长期或者定期巡回进驻学校，协助开展德育教育、法治教育和心理健康教育，参与处理学生欺凌和校园暴力事件，为有需求的学生提供服务。

寄宿制学校应当聘任专职社会工作人员，具备条件的可以设立社会工作服务站，配备相应的场所与设备。

第二十八条 学校在对学生进行法治教育、预防犯罪教育、防控学生欺凌和校园暴力等专题教育时，应当将教育计划告知未成年人的父母或者其他监护人，举办各种形式的讲座、座谈、培训等活动，指导未成年人的父母或者其他监护人结合学校的计划，针对具体情况进行教育，巩固教育效果。

第二十九条 教育行政部门应当将预防未成年人犯罪教育的综合情况纳入学校年度考核，制定科学、合理的工作效果考核评价指标体系，不得以在校学生违法犯罪数作为考核内容。

第三十条 县级以上人民政府及有关部门、人民法院、人民检察院应结合普法责任，深入学校、社区组织、举办、参与多种形式的预防未成年人犯罪的法治宣传活动，为学校、社区提供相应的法治教育资源和实践机会。

第三十一条 县级以上人民政府及有关部门、人民法院、人民检察院应当根据需要建设或者参与建设未成年人法治教育实践基地，为区域内中小学校以及其他需要的群体提供法治教育服务和支持。

第三十二条 县级以上人民政府及有关部门应当掌握辖区内未升学或者无就业等未成年人群体的基本情况，开展针对性的服务，为他们提供生活规划、职业教育、就业或者创业等方面的帮助和支持。

乡镇人民政府、街道办事处应当调动居民委员会、村民委员会、社区社会组织、志愿者等力量，向辖区内重点未成年人群体及其家庭宣传有关政策，提供就业、就学等信息，根据需要可以由社会工作人员或者志愿者提供服务和支持。

第三十三条 公安机关、人民检察院、人民法院、司法行政部门、刑罚执行以及强制医疗、强制隔离戒毒等部门，应当及时掌握人身自由受到限制人员未成年子女的情况，协助民政部门做好未成年人子女中无人照管人员的安置。根据需要，可以安排他们在寄宿制学校就读。

第三十四条 公安机关应当加强中小学校、幼儿园周围环境的治安管理，对发现的隐患和问题，及时通知学校，采取相应防范措施。

在治安情况复杂、问题较多的学校周边，公安机关可以设置警务室或治安岗亭，密切与学校的沟通协作，实现预防未成年人犯罪的预测预警和动态管理。

第三十五条 公安机关应当会同有关部门建立学校、家庭和社区的毒品预防教育衔接机制，采取措施加强对未成年人的毒品预防教育，提高未成年人自觉抵制毒品的能力。

第三十六条 公安、文化和旅游、市场监督管理、网信、新闻出版管理等部门建立专门的联合执法检查机制，开展以预防未成年人犯罪为内容的综合治理，检查有关场所和企事业单位，消除有可能导致未成年人违法犯罪的各种因素和隐患。

对于法律禁止未成年人出入的场所以及经营不得向未成年人出售商品的营业场所，有关部门应当建立实名认证的网络监督机制，发现违法线索的，依法予以处理。

公民对相关线索的举报，有关部门应当受理，根据情况核查处理或者移送其他有关部门。

第三十七条　居民委员会、村民委员会应当积极开展有针对性的预防未成年人犯罪的法治宣传活动，协助公安机关做好维护中小学校周围治安的工作，掌握本辖区内暂住人口中未成年人的就学、就业情况，积极培育为重点未成年人群体服务的社区社会组织，有条件的，可以吸纳社会工作者提供服务。

第三十八条　共产主义青年团、少年先锋队、妇女联合会、关心下一代工作委员会等群众性团体组织应当结合实际，组织、举办展览会、报告会、演讲会等多种形式的预防未成年人犯罪的法治宣传活动。

第三十九条　少年宫、青少年活动中心等校外活动场所应当把预防未成年人犯罪的教育作为一项重要的工作内容，开展多种形式的宣传教育活动。

第四十条　对于已满十六周岁不满十八周岁准备就业的未成年人，职业教育培训机构、用人单位等应当将法律知识和预防犯罪教育纳入职业培训的内容。

第四十一条　广播电台、电视台、报刊、互联网平台等应当宣传预防未成年人犯罪的法律、法规，播出或者刊登有关预防未成年人犯罪的公益广告，引导未成年人抵制违法犯罪行为和各种不良行为的诱惑。

第三章　临界预防

第一节　对不良行为的干预

第四十二条　本法所称“不良行为”，是指下列不利于未成年人身心健康成长，不予干预会日益严重的行为：

（一）吸烟、饮酒；

（二）多次旷课、逃学；

（三）无故夜不归宿、离家出走；

（四）沉迷网络，影响正常学习和生活；

（五）与社会上具有不良习性的人交往，组织或者参加具有不良行为的团伙；

（六）进入法律、法规规定禁止未成年人进入的场所；

（七）参与赌博或者变相赌博，或者参加封建迷信等不良活动；

（八）观看、收听含有色情、淫秽、暴力、恐怖、极端等内容的读物、音像制品或者网络信息；

（九）其他不利于身心健康的行为。

未成年人打架斗殴、欺凌辱骂他人等，情节显著轻微，危害不大的，可以作为不良行为处理。

第四十三条　未成年人的父母或者其他监护人发现未成年人不良行为的，应当及时制止，加强管教。

未成年人的父母或者其他监护人不予管教的，村民委员会、居民委员会应当采取措施，教育和帮助其履行管教义务；仍不管教的，根据情况向乡镇人民政府、派出所、民政部门报告，督促其履行监护职责。村民自治章程、村规民约、居民公约有相关规定的，从其规定。

第四十四条 学校对有不良行为的未成年人应当开展批评教育，可以根据具体情节予以纪律处分，但不得歧视。

对情节严重或者拒不改正的，学校应当采取管教措施：

（一）由学校德育工作负责人、法治教师或者法治辅导员予以训导；

（二）制定并要求其遵守特定的行为规范，不得进入特定场所、接触特定人员或者从事特定活动；

（三）要求其接受校规校纪、道德法治、心理健康、行为规则等专题教育；

（四）要求其承担校内公共服务；

（五）接受心理健康教育教师的心理辅导；

（六）由社会工作者、专门学校的教师或者其他专业人员进行帮教。

未成年人的父母或者其他监护人应当积极配合学校实施管教措施，参加家长学校组织的家庭教育指导和家庭教育实践活动。

第四十五条 中小学生旷课、逃学的，学校应当及时与其父母或者其他监护人取得联系，了解有关情况。

第四十六条 未成年人无故夜不归宿的，其父母或者其他监护人、所在的寄宿制学校应当及时查找，或者向公安机关请求帮助。

收留夜不归宿未成年人的，应当征得其父母或者其他监护人的同意，或者及时通知其父母或者其他监护人、所在学校或者及时向公安机关报告。

第四十七条 未成年人离家出走的，父母或者其他监护人应当及时查找，或者向公安机关请求帮助。

第四十八条 对夜不归宿、离家出走或者流落街头的未成年人，公安机关、公共场所管理机构等发现或者接到举报后，应当采取有效保护措施，并及时通知其父母或者其他监护人、学校领回，必要时应当护送其返回住所。无法与其父母或者其他监护人取得联系的，公安机关、公共场所管理机构等应当将其护送到未成年人救助保护机构。

第四十九条 未成年人的父母或者其他监护人和学校发现未成年人组织或者参加具有不良行为的团伙的，应当及时予以制止。发现该团伙有违法犯罪行为的，应当向公安机关报告。

第五十条 任何人不得教唆、胁迫、引诱未成年人实施不良行为，或者为未成年人实施不良行为提供条件。

未成年人的父母或者其他监护人和学校发现有人教唆、胁迫、引诱未成年人实施不良行为的，应当向公安机关报告。公安机关接到报告后，应当及时依法查处，对未成年人人身安全受到威胁的，应当及时采取有效措施，保护其人身安全。

第二节　对严重不良行为的矫治

第五十一条　本法所称“严重不良行为”，是指未成年人危害社会的下列行为：

（一）违反治安管理行为，即未成年人违反治安管理处罚法有关规定的违法行为；

（二）不予刑事处罚行为，即未成年人违反刑法有关规定，因不满十六周岁不予刑事处罚的行为。

第五十二条　任何组织和个人发现未成年人有严重不良行为的，应当及时向公安机关报告。公安机关接到报告后，应当及时进行调查，制止未成年人的严重不良行为，责令其父母或者其他监护人和学校相互配合，采取措施严加管教，通过赔偿损失、恢复原状、停止侵害等方式消除或者减轻违法后果，争取被侵害人的谅解。

第五十三条　未成年人有严重不良行为的，可以采取以下教育监管措施：

（一）训诫；

（二）责令管教；

（三）督促矫治；

（四）专门教育；

（五）强制教养。

第五十四条　适用教育监管措施，应以实现矫正目的为必要，与未成年人行为的事实、性质、情节、危害程度以及人身危险性相当。

第五十五条　公安机关、人民检察院、人民法院对未成年人予以训诫的，应当采取适当的方式，必要时可以邀请未成年人父母或者其他监护人、社会工作服务人员、所在学校或者专门学校的教师等参加。

训诫应当制作训诫书，送达未成年人及其父母或者其他监护人。

第五十六条　公安机关、人民检察院、人民法院适用责令管教的，应当责令未成年人的父母或者其他监护人、实际照护人接受家庭教育指导，提交加强或者改进管教的书面方案，并接受监督。

第五十七条 公安机关、人民检察院、人民法院适用督促矫治的，应当为未成年人制定一定期限的矫治计划，矫治计划可以包括以下要求：

（一）赔偿损失、赔礼道歉、具结悔过；

（二）遵守法律法规，服从监督；

（三）定期报告思想状况和活动情况；

（四）遵守行为规范或者行为禁令；

（五）参加专题教育或者专题辅导；

（六）接受心理矫治或者其他治疗；

（七）参加校内公共服务或者社会服务、公益活动；

（八）接受未成年人社会观护机构的观护帮教；

（九）促进遵纪守法的其他要求。

矫治计划的制定和执行，可以全部或者部分委托未成年人社会工作服务机构、未成年人社会观护机构、未成年人保护组织、所在学校、居民委员会、村民委员会或者其他适合的社会组织进行，公安机关、人民检察院、人民法院予以指导和监督。

第五十八条 具有下列情形之一的，公安机关、人民检察院、人民法院应当决定适用专门教育：

（一）适用训诫、责令管教、督促矫治不足以实现矫正目的的；

（二）违反治安管理行为情节严重的；

（三）不予刑事处罚行为情节较为严重的。

对于具有第一款规定情形之一的，父母或者其他监护人或者所在学校也可以申请将其转入专门学校，由教育行政部门批准。

决定或者批准转入专门学校以前，应当听取未成年人及其监护人、所在学校的意见。听取意见过程中，未成年人及其监护人提出异议时，应当组织社会工作服务人员或者其他熟悉未成年人身心特点的专业人员进行评估。

第五十九条 转入专门学校以后，教育和管理等工作由原所在学校委托专门学校进行，期间形成的记录和材料不纳入学生档案，学籍保留在原所在学校，毕业证书由原所在学校核发。

专门学校对未成年人进行针对性的教育矫治，必要时可以采取行为管束措施，保证适龄的未成年人继续接受义务教育，根据未成年人的需要为完成义务教育的提供高中教育、职业教育、技能培训、就业指导。

第六十条 专门学校就读满一学年以后，未成年人及其父母或者其他监护人可以提出转回普通学校的申请，由专门学校组织评估并作出书面建议，原决定机关作出决定。

决定转回普通学校的，原所在学校不得拒绝接收；有其他特殊情况，不适宜在原所在学校继续学习的，由教育行政部门安排转学。

第六十一条 不予刑事处罚行为具有下列情形之一的，人民法院可以决定强制教养：

（一）已满十周岁未满十四周岁的未成年人实施故意杀人、故意伤害致人重伤或者死亡、强奸、抢劫、贩卖毒品、放火、爆炸、投毒行为的；

（二）已满十四周岁不满十六周岁的未成年人实施刑法规定的可能判处三年以上有期徒刑的行为，适用其他教育监管措施不足以防止发生社会危险性的。

第六十二条 公安机关发现符合强制教养条件的，应当出具强制教养意见书，移送人民检察院。人民检察院对于公安机关移送的或者在审查起诉过程中发现符合强制教养条件的，应当向人民法院提出强制教养的申请。人民法院在审理案件过程中发现符合强制教养条件的，可以作出强制教养的决定。

人民法院审理强制教养案件时，应当通知被申请人的父母或者其他监护人、被害人及其近亲属或者被害一方委托的人员、所在学校、社会工作服务人员等到场和参加案件的审理，由各方就认定事实、风险评估、适用法律等发表意见。被申请人没有委托诉讼代理人的，人民法院应当通知法律援助机构指派律师为其提供法律帮助。人民法院经审理，对于被申请人符合强制教养条件的，应当在一个月以内作出强制教养的书面决定，确定强制教养的期限，并说明强制教养的理由。

强制教养的决定书副本应当送达该未成年人及其父母或者其他监护人。

第六十三条 强制教养决定作出以后，由人民法院移交专门学校的教养部执行。

教养部实行封闭式管理，场所和教职人员独立配置。司法行政部门、教育行政部门和民政部门分工负责，相互配合，共同做好教养工作。

强制教养期间，对未成年人的生活和学习进行合理安排和科学管理，针对其行为原因和心理特点制定并实施个性化的矫治方案。

被强制教养未成年人的父母或者其他监护人可以探视；根据矫治情况和需要，未成年人可以在合适的成年人陪同下探亲。

第六十四条 教养部应当定期对被强制教养的未成年人进行评估。

人民法院根据评估意见，可以依法决定延长或者缩短强制教养期限，提前或者期满解除强制教养。

被强制教养未成年人的父母或者其他监护人可以向人民法院申请提前解除强制教养。

对于已不具有人身危险性，不需要继续强制教养的，人民法院应当及时决定解除强制教养。对于解除强制教养以后需要接受专门教育的，可以决定转入专门学校。

第六十五条 解除强制教养的，应当提前通知其父母或者其他监护人按时接回，协助落实安置帮教措施。

没有父母或者其他监护人、无法查明其父母或者其他监护人的，应当提前通知未成年人户籍所在地或者居住地的司法行政部门组织相关人员按时将其接回，所在地人民政府和有关部门、居民委员会、村民委员会应当对未成年人进行妥善安置，落实帮教措施。

第六十六条 适用专门教育或者强制教养的决定作出以前，为防止缺乏监护条件或者有效管束的未成年人再次实施危害社会的行为，公安机关、人民检察院、人民法院可以采取临时保护性约束措施。

第六十七条 未成年人及其父母或者其他监护人对适用的教育监管措施有异议的，可以在决定作出以后的七日以内向决定机关的上一级机关提出复议。

复议受理机关应当在十五日以内将复议结果书面通知申请人。

未成年人及其父母或者其他监护人可以聘请律师或者申请法律援助，协助提出和参与复议。

第六十八条 适用教育监管措施，应当尊重未成年人的人格尊严，不得体罚、虐待和歧视未成年人。

适用训诫、责令管教、督促矫治的未成年人在校学习的，不得擅自停止其上课，不得强迫或者变相强迫其退学、转学。

第六十九条 适用教育监管措施的记录应当严格保密，予以封存，不得纳入个人档案和违法犯罪查询系统。

适用教育监管措施的未成年人在复学、升学、就业等方面与其他未成年人享有同等权利，任何单位和个人不得歧视。

第七十条 公安机关、人民检察院、人民法院处理严重不良行为时，发现有关单位未尽到未成年人教育、管理、救助、帮助等保护职责的，应当向该单位提出建议。收到建议的单位应当及时调查核实并予以回复。

第七十一条 未成年人有其他违反行政管理秩序行为的，有关部门可以参照适用除强制教养以外的其他教育监管措施。

第四章　再犯预防

第七十二条　办理未成年人犯罪案件，应当贯彻教育、感化、挽救方针，坚持教育为主、惩罚为辅的原则，促进未成年人回归社会，预防再次违法犯罪。

第七十三条　未成年人危害社会和他人的行为情节轻微，依法不需要判处刑罚或者免除刑罚，或者应当受刑事处罚，但主观恶性不大，未造成严重后果，不定罪更有利于未成年人教育矫治的，可以不认定为犯罪，根据情况适用除强制教养以外的教育监管措施。

第七十四条　未成年犯罪嫌疑人、被告人适用强制措施时，应当严格限制适用拘留、逮捕。

对于无羁押必要的未成年犯罪嫌疑人、被告人，可以将其送至未成年人社会观护机构，实施符合其身心特点的观察保护。

对于被羁押的未成年犯罪嫌疑人、被告人，可以安排其与本案无牵连的法定代理人、近亲属等人员会见。未成年犯罪嫌疑人、被告人有权提出会见请求；符合条件的，应当及时安排会见，不符合条件的，应当予以说明和解释。

第七十五条　对于可能判处三年有期徒刑以下刑罚，符合起诉条件，但有悔罪表现的未成年犯罪嫌疑人，人民检察院可以作出附条件不起诉的决定；监督考察期间，人民检察院根据预防犯罪和考察帮教的需要，可以将其送至未成年人社会观护机构，适用除强制教养以外的教育监管措施。

第七十六条　人民法院审理未成年人犯罪案件，应当采取圆桌审判的方式，寓教于审，一律不公开进行；经未成年被告人及其法定代理人同意，未成年被告人所在学校和未成年人保护组织可以派代表到场。

第七十七条　判决未成年被告人有罪的，一律不公开宣判。宣判后，合议庭可以组织到庭的诉讼参与人对未成年被告人进行教育。未成年人的其他成年近亲属或者教师等参加有利于教育、感化未成年人的，合议庭可以邀请他们参加宣判后的教育。

第七十八条 未成年人犯罪案件的事实清楚，证据确实、充分，可能判处三年有期徒刑以下刑罚，有悔罪表现的，人民法院可以判决不予刑事处罚，适用除强制教养以外的教育监管措施。

第七十九条 判处未成年人刑事处罚的，人民法院应当充分考虑是否有利于未成年人的教育矫正和回归社会。

量刑应当充分考虑未成年人实施犯罪行为的动机和目的、犯罪时的年龄、是否初次犯罪、犯罪后的悔罪表现、个人成长经历和一贯表现、是否与被害人达成和解或者获得被害人谅解、社会危险性与再犯可能性等因素，依法从轻或者减轻处罚。

未成年人犯罪行为罪行极其严重的，才可以适用无期徒刑。已满十四周岁不满十六周岁的人犯罪，不适用无期徒刑。

第八十条 判处未成年人刑事处罚的，符合刑法规定，同时具有下列情形之一，对其适用缓刑确实不致再危害社会的，应当宣告缓刑：

（一）初次犯罪的；

（二）积极退赃或赔偿被害人经济损失的；

（三）具备监护、帮教条件的。

第八十一条 公安机关对犯罪记录封存的案件，应当在查询系统设置查询权限。

被封存犯罪记录的人员因复学、升学、就业等需要相关证明时，除涉及国家安全等重大利益的情形以外，应当出具无犯罪记录证明。

第八十二条 未成年人接受社区矫正的，社区矫正机构应当参考社会调查等材料，结合其年龄、心理特点、身心发育需要和家庭情况，采取有针对性的矫正措施，与成年社区服刑人员分别管理、分别教育、分别评价。

未成年人的父母或者其他监护人应当配合社区矫正机构采取的矫正措施；不予配合或者妨碍实施社区矫正的，社区矫正机构可以会同有关部门和社会组织对其父母或者其他监护人开展家庭教育指导服务。

未成年人接受社区矫正，适用电子定位等监督管理措施时，不得影响其生活、就学、就业。

第八十三条 根据未成年人家庭监护状况、接受学校教育等情况，社区矫正机构可以要求未成年人接受社会观护机构的观护，实施符合其身心特点的矫正措施，开展评估、考察和帮教。

第八十四条 犯罪时未满十八周岁，依法被判处五年以下有期徒刑的未成年人，可以在未成年人管教所服刑，直至服刑期满。

第八十五条 未成年人管教所应当采取针对性的教育矫治措施，安排的活动应当符合未成年人的身心特点；组织适龄服刑人员从事习艺劳动的，严格控制工作时间和强度，不得简单地以工作量来考核评价其表现。

专门学校的管教部应当结合服刑人员的身心特点开展教学工作，保障未完成义务教育的继续接受义务教育，为完成义务教育的提供职业教育、技能培训、就业指导，为即将离所的服刑人员提供适应社会的相关培训和心理辅导。

第八十六条 父母或者其他监护人应当定期探视未成年人管教所服刑人员，配合对其进行教育矫治。

服刑人员被判处有期徒刑且执行原判刑期三分之一以上，表现良好，离所后不致再危害社会的，未成年人管教所可以根据情况准其离所探亲。

离所探亲的服刑人员必须由其父母或者其他监护人接送。

第八十七条 服刑人员即将刑满释放的，征求其父母或者其他监护人的意见后，未成年人管教所可以作出过渡性辅助安排，联系社会工作组织或者社会观护基地，帮助未成年人出所后适应和回归社会。

第八十八条 服刑人员刑满释放的，未成年人管教所应当提前通知其父母或者其他监护人按时接回，协助落实安置帮教措施。

没有父母或者其他监护人、无法查明其父母或者其他监护人的，应当提前通知未成年人居住地的司法行政部门组织相关人员按时将其接回，居住地人民政府和有关部门、居民委员会、村民委员会应当对未成年人进行妥善安置，落实帮教措施。

第八十九条 学校、居民委员会、村民委员会应当采取有效的帮教措施，协助有关机关做好对涉罪未成年人的教育、感化、挽救工作。

居民委员会、村民委员会可以聘请品德优秀，作风正派，热心未成年人教育工作的离退休人员或者其他人员协助做好对涉罪未成年人的教育、感化、挽救工作。

第九十条 涉罪未成年人回归社会，在复学、升学、就业等方面与其他未成年人享有同等权利，任何单位和个人不得歧视。

第五章　法律责任

第九十一条　有关单位和个人违反本法有关规定，构成治安违法的，依法予以行政处罚；构成犯罪的，依法追究刑事责任。

第九十二条　公安机关、人民检察院、人民法院发现未成年人的父母或者其他监护人不依法履行监护职责，放任未成年人有本法规定的不良行为、严重不良行为和犯罪行为的，应当予以训诫，适用未成年人保护法规定的措施。

第九十三条　学校违反本法的规定，不履行预防未成年人犯罪职责的，由教育行政部门责令限期改正，通报批评；情节严重的，同时对直接负责的主管人员和其他直接责任人员依法给予处分。

教职员工教唆、胁迫、引诱未成年人实施不良行为，影响恶劣，不适宜在学校工作的，教育行政部门、学校应当予以解聘或者辞退。

第九十四条　专门学校对未成年人实施体罚、变相体罚、虐待、歧视或者其他侮辱人格尊严行为的，由有关部门责令限期改正，通报批评，对直接负责的主管人员和其他直接责任人员依法给予处分。

第九十五条　有关企事业单位、社会组织参与预防未成年人犯罪工作时，侵害未成年人合法权益的，由主管部门予以警告，责令限期改正或者停止活动，并可以责令撤换直接负责的主管人员；情节严重的，将其列入严重违法失信名单，吊销法人登记证书或者营业执照。

第九十六条　国家机关及其工作人员在预防未成年人犯罪工作中不履行法定职责，或者滥用职权、玩忽职守、徇私舞弊的，由上级机关督促其履行职责或者纠正违法行为，对直接负责的主管人员和其他直接责任人员，依法给予处分。

第九十七条　公安机关、人民检察院、人民法院、司法行政部门及其工作人员违反本法规定，擅自提供或者披露未成年人被封存的记录的，由上级机关责令纠正违法行为，采取措施消除影响；情节严重的，对直接负责的主管人员和其他直接责任人员依法给予处分。

第九十八条 违反本法规定，在复学、升学、就业等方面歧视或变相歧视有不良行为、严重不良行为、犯罪行为未成年人的，由主管部门予以警告，责令限期改正。

第六章　附　则

第九十九条　本法自××××年××月××日起施行。

《未成年人保护法》

修订草案专家建议稿论证

第一章　总　则

1.【立法目的与依据】

原条文	建议修订条文（修改）
第一条　为了保护未成年人的身心健康，保障未成年人的合法权益，促进未成年人在品德、智力、体质等方面全面发展，培养有理想、有道德、有文化、有纪律的社会主义建设者和接班人，根据宪法，制定本法。	**第一条**　为了保护未成年人的身心健康，保障未成年人的合法权益，促进未成年人全面发展，培养社会主义建设者和接班人，根据宪法，制定本法。

修订理由

对立法目的进行精炼。

党的十八大以来，习近平总书记高度重视未成年人工作，围绕培养什么人、怎样培养人、为谁培养人这一根本问题，提出了一系列富有创见的新理念新思想新观点，系统回答了未成年人保护工作一系列方向性、全局性、战略性重大问题。我国是中国共产党领导的社会主义国家，这就决定了我们的未成年人工作必须把培养德智体美全面发展的社会主义建设者和接班人作为根本任务，培养一代又一代拥护中国共产党领导和我国社会主义制度、立志为中国特色社会主义奋斗终身的有用人才。

2. 【未成年人的概念】

原条文	建议修订条文（修改）
第二条 本法所称未成年人是指未满十八周岁的公民。	**第二条** 未成年人是未满十八周岁的自然人。

修订理由

一是与《民法典》的规定协调一致，十八周岁以上的自然人为成年人，不满十八周岁的自然人为未成年人。

二是公民指具有某一国国籍，并根据该国法律规定享有权利和承担义务的人。我国《宪法》规定：凡具有中华人民共和国国籍的人都是中华人民共和国的公民。本法所适用的未成年人范围不局限于我国国籍，对在我国领土范围内生活、居住、工作和学习的外国籍未成年人同样需要依法予以保护。自然人即生物学意义上的人，外延包括本国公民、外国公民和无国籍人。因此，将“公民”改为“自然人”。

三是根据联合国《儿童权利公约》第1条规定，为本公约之目的，儿童系指十八岁以下的任何人，除非对其适用之法律规定成年年龄低于十八岁。

3. 【未成年人保护工作的界定】

原条文	建议修订条文（增加）
	第三条 保护未成年人是国家的一项长期战略任务。 国家促进未成年人健康、教育、福利、安全，优化未成年人成长的社会环境，完善未成年人法律保护，满足未成年人的发展需要，实现幼有所育、学有所教。

修订理由

未成年人是人类的未来，是社会可持续发展的重要资源。未成年人的发展是国家经济社会发展与文明进步的重要组成部分，对于全面提高中华民族素质，建设社会主义现代化强国具有重要战略意义。2013年5月29日，习近平总书记在北京市少年宫参加“快乐童年放飞希望”主题队日活动时指出，实现我们的梦想，靠我们这一代，更靠下一代。少年儿童从小就要立志向、有梦想，爱学习、爱劳动、爱祖国，德智体美全面发展，长大后做对祖国建设有用的人才。2015年6月1日，习近平总书记会见中国少年先锋队第七次全国代表大会全体代表讲话时指出，培养好少年儿童是一项战略任务，事关长远。2017年8月25日，纪念中国关心下一代工作委员会成立25周年暨全国关心下一代工作表彰大会召开之际，习近平总书记作出重要指示，十年树木，百年树人。祖国的未来属于下一代。做好关心下一代工作，关系中华民族伟大复兴。

一是为凸显未成年人保护工作的整体性、统一性，改变实践中工作机构“各行其是”的局面，保持相关主体在工作理念、方式方法、具体落实等方面的一致性，特明确中国特色社会主义法律体系中“未成年人保护”的概念与内容。

二是根据儿童发展纲要及有关文件，未成年人保护的领域包括健康、教育、福利、安全、社会环境等。

三是在法律中体现和贯彻落实党的十九大提出的“幼有所育、学有所教、弱有所扶”。

4.【未成年人的权利】

原条文	建议修订条文（修改）
第三条 未成年人享有生存权、发展权、受保护权、参与权等权利，国家根据未成年人身心发展特点给予特殊、优先保护，保障未成年人的合法权益不受侵犯。 未成年人享有受教育权，国家、社会、学校和家庭尊重和保障未成年人的受教育权。	**第四条** 国家尊重和保障未成年人的权利。 未成年人享有生存权、发展权、受保护权、参与权等权利。 未成年人平等地享有各项权利，不因本人、父母或者其他监护人的性别、民族、种族、户籍、职业、家庭状况、宗教信仰、教育程度、身

原条文	建议修订条文（修改）
未成年人不分性别、民族、种族、家庭财产状况、宗教信仰等，依法平等地享有权利。	心状况等受到歧视或者不公平待遇。

修订理由

一是强调国家尊重和保障未成年人的各项权益，是在法律上明确未成年人具有独立的法律地位，意味着他们是独立的权利主体。

二是未成年人的权利包括生存权、发展权、受保护权、参与权。其中，受教育权是发展权的一部分，不用赘述，故删除原条文第二款。

三是联合国《儿童权利公约》共54条，实质性条款41条，其中被提到的儿童权利多达几十种，如姓名权、国籍权、受教育权、健康权、医疗保健权、受父母照料权、娱乐权、闲暇权、隐私权、表达权等。但其最基本的权利可以概括为四种，即：(1) 生存权——每个儿童都有其固有的生命权和健康权，包括有权接受可达到的最高标准的医疗保健服务。(2) 发展权——充分发展其全部体能和智能的权利；儿童有权接受正规和非正规的教育，以及儿童有权享有促进其身体、心理、精神、道德和社会发展的生活条件。(3) 受保护权——不受危害自身发展影响的、被保护的权利，包括保护儿童免受歧视、剥削、酷刑、虐待或疏忽照料，以及对失去家庭的儿童和难民儿童的基本保证。(4) 参与权——参与家庭、文化和社会生活的权利；儿童有参与社会生活的权利，有权对影响他们的一切事项发表自己的意见（表达权）。根据联合国《儿童权利公约》第4条的规定，缔约国应采取一切适当的立法、行政和其他措施以实现本公约所确认的权利。关于经济、社会及文化权利，缔约国应根据其现有资源所允许的最大限度并视需要在国际合作范围内采取此类措施。

四是未成年人平等地享有各项权利，当然包括不因其父母或者其他监护人的区别而受到歧视。根据联合国《儿童权利公约》第2条规定：(1) 缔约国应尊重本公约所载列的权利，并确保其管辖范围内的每一儿童均享受此种权利，不因儿童或其父母或法定监护人的种族、肤色、性别、语言、宗教、政治或其他见解、民族、族裔或社会出身、财产、伤残、出生或其他身份而有任何差别。(2) 缔约国应采取一切适当措施确保儿童得到保护，不受基于儿童父母、法定监护人或家庭成员的身份、活动、所表达的观点或信仰而加诸的一切形式的歧视或惩罚。

5.【引导未成年人正确行为】

原条文	建议修订条文（修改）
第四条　国家、社会、学校和家庭对未成年人进行理想教育、道德教育、文化教育、纪律和法制教育，进行爱国主义、集体主义和社会主义的教育，提倡爱祖国、爱人民、爱劳动、爱科学、爱社会主义的公德，反对资本主义的、封建主义的和其他的腐朽思想的侵蚀。 **第六条（第三款）**　国家、社会、学校和家庭应当教育和帮助未成年人维护自己的合法权益，增强自我保护的意识和能力，增强社会责任感。	**第五条**　国家根据未成年人身心成长特点和接受能力对他们进行教育，包括理想教育、道德教育、文化教育、纪律和法治教育、国家安全教育、国防和民族团结、爱国主义、集体主义和中国特色社会主义的教育。 国家帮助和引导未成年人遵守宪法法律、公共秩序，维护自己的合法权益，增强自我保护意识和能力，增强社会责任感，爱祖国、爱人民、爱劳动、爱科学、爱社会主义的公德，反对和抵制资本主义、封建主义和恐怖主义、分裂主义、极端主义等腐朽思想的侵蚀。

修订理由

一是《教育法》（2015年修正）第6条规定，教育应当坚持立德树人，对受教育者加强社会主义核心价值观教育，增强受教育者的社会责任感、创新精神和实践能力。国家在受教育者中进行爱国主义、集体主义、中国特色社会主义的教育，进行理想、道德、纪律、法治、国防和民族团结的教育。

二是2014年5月30日，习近平总书记在北京市海淀区民族小学主持召开座谈会时指出，任何一个思想观念，要在全社会树立起来并长期发挥作用，就要从少年儿童抓起。少年儿童是祖国的未来，是中华民族的希望。这就是《少年中国说》中所说的：少年智则国智，少年富则国富，少年强则国强，少年进步则国进步。新陈代谢是不可抗拒的历史规律，未来总是由今天的少年儿童开创的。实现我们的梦想，靠我们这一代，更靠下一代。少年儿童的心灵都是敏感的，准备接受一切美好的东西。“自古英雄出少年”，为了中华民族的今天和明天，我们要教育引导广大少年儿童树立远大志向、培育美好心灵，让少年儿童成长得更好。少年儿童如何培育和践行社会主义核心价值观呢？应该与成年人不一样，要适应少年儿童的年龄和特点，主要是要做到记住要求、心有榜样、从小做起、接受帮助。

三是教育部印发《关于加强大中小学国家安全教育的实施意见》（2018年4月），要求各地学校结合教育系统实际，做好大中小学国家安全教育相关工作，使广大学生牢固树立总体国家安全观，增强国家安全意识。

四是近些年来“三股势力”在我国青少年中不断渗透，企图培养“代理人”，成为国家安全和社会和谐中的重大隐患，值得警惕。

6. 【领导机构与机制】

原条文	建议修订条文（修改）
第七条（第三款） 国务院和省、自治区、直辖市人民政府采取组织措施，协调有关部门做好未成年人保护工作。具体机构由国务院和省、自治区、直辖市人民政府规定。	**第六条** 国家未成年人工作委员会负责未成年人保护的顶层设计、总体布局、统筹协调、整体推进、督促落实，职责包括： （一）贯彻落实未成年人保护的国家战略、方针政策，制定未成年人保护工作规划； （二）组织、协调、指导、督促有关部门做好未成年人保护工作； （三）调查研究、收集监测未成年人保护工作的情况，推动制定和出台相关政策措施； （四）行使与未成年人保护有关的其他职责。 国家未成年人工作委员会办公室负责日常工作。

修订理由

《中共中央关于深化党和国家机构改革的决定》（2018 年 2 月）指出，加强党的全面领导，首先要建立健全党对重大工作的领导体制机制，加强党对涉及党和国家事业全局的重大工作的集中统一领导，当然包括未成年人工作。加强党对未成年人工作的领导，需要优化党中央相关决策议事协调机构，负责重大工作的顶层设计、总体布局、统筹协调、整体推进。

全面深化改革的进程中，统筹考虑现有机构设置、统筹使用现有编制资源，整合未成年人工作的领导机构，形成总揽全局、协调各方的领导管理体制。《中共中央关于深化党和国家机构改革的决定》指出，坚持优化协同高效，坚持一类事项原则上由一个部门统筹、一件事情原则上由一个部门负责，加强相关机构配合联动，避免政出多门、责任不明、推诿扯皮。根据坚持党中央集中统一领导的要求，科学设定党和国家机构，准确定位、合理分工、增强合力，防止机构重叠、职能重复、工作重合。党的有关机构可以同职能相近、联系紧密的其他部门统筹设置，实行合并设立或合署办公，整合优化力量和资源，发挥综合效益。基于这种考虑，建议国家整合组建未成年人工作委员。在中央的方案可以考虑如下：整合原中央综治委预防青少年违法犯罪专项组（简称“中央综治委预青专项组”）、中央文明办三局（原未成年人思想道德建设工作组）承担的未成年人思想道德建设职能、国务院妇女儿童工作委员会及其办公室的儿童工作职能等，组建设立“国家未成年人工作委员会”，作为党中央和国务院领导全国未成年人工作的决策议事协调机构。委员会建立会员单位工作联系机制，办公室作为日常工作机构可以单设，也可以设在某一个与儿童工作密切相关的部门，合署办公，譬如民政部。在地方层面，将现在各地普遍设立的未成年人保护工作委员会进行优化、改造，参考中央的整合方案进行重新组建。

7. 【未成年人保护的原则】

原条文	建议修订条文（修改）
第三条（第一款） ……国家根据未成年人身心发展特点给予特殊、优先保护……	**第七条** 保护未成年人，应当坚持最有利于未成年人的原则。处理涉及未成年人的事项，应当符合下

原条文	建议修订条文（修改）
第五条 保护未成年人的工作，应当遵循下列原则： （一）尊重未成年人的人格尊严； （二）适应未成年人身心发展的规律和特点； （三）教育与保护相结合。	列要求： （一）给予未成年人特殊、优先保护； （二）尊重未成年人的人格尊严； （三）保护未成年人的隐私和个人信息； （四）适应未成年人身心发展的规律和特点； （五）听取未成年人的意见； （六）保护与教育相结合。 制定、解释、适用有关法律法规中涉及未成年人的条款，应当遵守前款的规定。

修订理由

根据联合国《儿童权利公约》第3条的规定，关于儿童的一切行动，不论是由公私社会福利机构、法院、行政当局或立法机构执行，均应以儿童的最大利益为首要考虑。未成年人保护工作的核心理念是促进未成年人最大利益，这是人类社会的共识。为了更加符合我国法律的用语习惯，用中文精确地表达英文 best interests of child 的内涵，该原则转换为国内法时，可表述为最有利于未成年人原则。同时，为了使该原则具体化，又明确了未成年人保护工作中要坚持一系列要求。其中，特意单独列出了“给予未成年人特殊、优先保护”，增加了“保护未成年人的隐私和个人信息”，以及“听取和合理吸收未成年人的意见”。

未成年人事务涉及方方面面，除专门法律以外，大量事务的法律规定分散于部门法律法规中，这些部门法律法规规定的原则、制度，一般是以成年人为对象规定的，有些并不适宜未成年人。因此，在制定、解释、适用其他有关法律法规过程中，涉及未成年人的，应当遵守《未成年人保护法》专门规定的原则，以便保障其他法律法规的规定或司法解释及其适用符合未成年人身心特点，促进未成年人利益最佳化。

8.【共同责任】

原条文	建议修订条文（修改）
第六条（第一款） 保护未成年人，是国家机关、武装力量、政党、社会团体、企业事业组织、城乡基层群众性自治组织、未成年人的监护人和其他成年公民的共同责任。	**第八条** 保护未成年人是全社会的共同责任。 国家机关、武装力量、政党、社会组织、企业事业组织、城乡基层群众性自治组织、所有公民都应当树立和践行保护未成年人的理念，了解、尊重、关心、服务未成年人。

修订理由

将“社会团体”调整为“社会组织”。社会组织范围更为广泛，其包括社会团体、民办非企业单位、基金会、涉外社会组织四类。坚持和完善共建共治共享的社会治理制度，需要充分发挥各类社会组织的作用。社会团体是由公民自愿组成，为实现会员共同意愿，按照其章程开展活动的非营利性社会组织，包括行业性社团、学术性社团、专业性社团和联合性社团。民办非企业单位是指企业事业单位、社会团体和其他社会力量以及公民个人利用非国有资产举办的，从事非营利性社会服务活动的社会组织。基金会是指利用自然人、法人或者其他组织捐赠的财产，以从事公益事业为目的而成立的非营利性法人。

2014 年 5 月 30 日，习近平总书记到北京市海淀区民族小学参加庆祝“六一”国际儿童节活动时指出，全社会都要了解少年儿童、尊重少年儿童、关心少年儿童、服务少年儿童，为少年儿童提供良好社会环境。对损害少年儿童权益、破坏少年儿童身心健康的言行，要坚决防止和依法打击。

9. 【首要责任】

原条文	建议修订条文（增加）
	第九条 父母是抚养、教育和保护未成年人的第一责任主体。

修订理由

2016年12月12日，习近平总书记在会见第一届全国文明家庭代表时指出，家庭是人生的第一个课堂，父母是孩子的第一任老师。孩子们从牙牙学语时就开始接受家教，有什么样的家教，就有什么样的人。家长应该担负起教育后代的责任。家长特别是父母对子女的影响很大，往往可以影响一个人的一生。

根据《民法典》的规定，父母对未成年子女负有抚养、教育和保护的义务。

根据联合国《儿童权利公约》第18条的规定：（1）缔约国应尽其最大努力，确保父母双方对儿童的养育和发展负有共同责任的原则得到确认。父母或视具体情况而定的法定监护人对儿童的养育和发展负有首要责任。儿童的最大利益将是他们主要关心的事。（2）为保证和促进本公约所列举的权利，缔约国应在父母和法定监护人履行其抚养儿童的责任方面给予适当协助，并应确保发展育儿机构、设施和服务。（3）缔约国应采取一切适当措施确保就业父母的子女有权享受他们有资格得到的托儿服务和设施。

10. 【国家亲权与国家机关责任】

原条文	建议修订条文（修改）
第七条（第一款） 中央和地方各级国家机关应当在各自的职责范围内做好未成年人保护工作。	**第十条** 国家是未成年人的最终监护人。 中央和地方各级国家机关应当在各自的职责范围内做好未成年人保护工作。

修订理由

从传统法观念来看，监护纯粹停留于私法自治领域，属于家庭的内部事务，局限于父母或其他近亲属的责任，国家不加干预或甚少干预。然而，随着社会的迅速发展，个体逐渐成为社会的基本单位，旧时的监护私法化已面临诸多挑战。尤其是20世纪以后，受社会本位思想及社会连带责任的影响，监护不再停留于家庭内部自决层面，未成年人作为国家未来发展之栋梁，对其监护理应视为社会公益。因此，国家逐步走向监管的前台，开始适当干预监护范畴。特别是第二次世界大战以来，出现大量的流动流浪儿童，监护立法理念及其制度功能有所变化，英美国家以最大限度捍卫未成年人利益为原则，率先植入监护的公法化理念，并在实践中逐渐取得国家监护主义之共识。由此，在监护制度上就形成了从个人主义到国家主义的历史转变。监护开始被当作国家的公务，国家作为最终的监护受托人而介入监护事务，确定了国家监护之立法理念及制度格局，监护的公法化趋势不断加强，成为各国监护立法的普遍发展趋势。各国、各地区纷纷构建了国家干预未成年人监护制度的立法体例，旨在强化保护未成年人监护利益中的国家义务，捍卫未成年人利益，在未成年人的监护人未能尽监护职责之时，由国家及时介入，并对其提供有力的监督保护，以确保未成年人健康成长。从这个意义上讲，本条确立"国家亲权"原则，即如果父母不能监护好孩子，国家有责任也有权力干预甚至是替代父母的监护。

根据联合国《儿童权利公约》的规定，缔约国应在父母和法定监护人履行其抚养儿童的责任方面给予适当协助，并应确保发展育儿机构、设施和服务。缔约国应采取一切适当的立法、行政、社会和教育措施，保护儿童在受父母、法定监护人或其他任何负责照管儿童的人的照料时，不致受到任何形式的身心摧残、伤害或凌辱，忽视或照料不周，虐待或剥削，包括性侵犯。这类保护性措施应酌情包括采取有效程序以建立社会方案，向儿童和负责照管儿童的人提供必要的支助，采取其他预防形式，查明、报告、查询、调查、处理和追究前述的虐待儿童事件，以及在适当时进行司法干预。暂时或永久脱离家庭环境的儿童，或为其最大利益不得在这种环境中继续生活的儿童，应有权得到国家的特别保护和协助。缔约国应按照本国法律确保此类儿童得到其他方式的照顾。

11.【群团组织的责任】

原条文	建议修订条文（修改）
第八条 共产主义青年团、妇女联合会、工会、青年联合会、学生联合会、少年先锋队以及其他有关社会团体，协助各级人民政府做好未成年人保护工作，维护未成年人的合法权益。	**第十一条** 共产主义青年团、妇女联合会、残疾人联合会、工会等群众性团体组织协助各级国家机关做好未成年人保护工作，联系和动员群众维护未成年人的合法权益。

修订理由

群众性团体组织是我国社会团体的一种。中央机构编制委员会办公室管理机构编制的群众团体有中华全国总工会、中国共产主义青年团中央委员会、中华全国妇女联合会、中国文学艺术界联合会、中国作家协会、中国科学技术协会、中华全国归国华侨联合会、中国法学会、中国人民对外友好协会、中华全国新闻工作者协会、中华全国台湾同胞联谊会、中国国际贸易促进委员会、中国残疾人联合会、中国红十字总会、中国人民外交学会、纪念宋庆龄国家名誉主席基金会（2005 年 9 月更名为中国宋庆龄基金会）、黄埔军校同学会、欧美同学会、中国职工思想政治工作研究会（2003 年更名为中国思想政治工作研究会）、中华职业教育社、中国计划生育协会、中华全国工商业联合会，共 22 家。

《中共中央关于加强和改进党的群团工作的意见》（2015 年 2 月）指出，群团组织服务群众要盯牢群众所急、党政所需、群团所能的领域，重点帮助群众解决日常工作生活中最关心、最直接、最现实的利益问题和最困难、最操心、最忧虑的实际问题。群团组织是党和政府联系人民群众的桥梁和纽带。各级党委和政府要支持群团组织在党组织领导下发挥作用，加强对有关社会组织的政治引领、示范带动、联系服务。群团组织要通过服务来引导和促进社会组织健康有序发展。

12. 【报告制度】

原条文	建议修订条文（修改）
第六条（第二款） 对侵犯未成年人合法权益的行为，任何组织和个人都有权予以劝阻、制止或者向有关部门提出检举或者控告。 **第四十九条** 未成年人的合法权益受到侵害的，被侵害人及其监护人或者其他组织和个人有权向有关部门投诉，有关部门应当依法及时处理。	**第十二条** 任何组织和个人发现不利于未成年人身心健康的情况或者侵犯未成年人合法权益的情形，都有权劝阻、制止，及时向公安机关或者向有关部门报告。 国家工作人员以及密切接触未成年人行业从业人员在工作中发现未成年人身心受到侵害或者面临其他危险的情形，应当立即向公安机关或者其他有关部门报告。 有关部门接到报告的，应当依法及时处理，并告知相关人员处理结果。

修订理由

本条分为三款，规定了报告制度。

第一款规定所有组织和个人都有权劝止不利于或者侵害未成年人的情形，向有关部门反映或报告。使用“有权”，意味着劝止和报告等是公民的权利，国家鼓励公民积极行使这些权利，以促进全社会保护未成年人。当然，既然是权利，就可以放弃，可以不行使。因此，当普通公民发现不利于或侵害未成年人的情形时，可以劝止或报告，也可以不劝止或者不报告。

第二款规定了特定机构和人员的强制报告义务。这是国外多数国家已经相对成熟的制度和做法。其中“国家工作人员”，是指国家机关中从事公务的人员。国有公司、企业、事业单位、人民团体中从事公务的人员和国家机关、国有公司、企业、事业单位委派到非国有公司、企业、事业单位、社会团体从事公务的人员，以及其他依照法律从事公务的人员，以国家工作人员论。

第三款规定了有关部门接到报告之后，应当及时作出处理并进行告知。

13.【科学研究】

原条文	建议修订条文（增加）
	第十三条 国家支持建设相关学科、设置相关专业，开展与未成年人相关的科学研究，培养相关的人才队伍，加强国际交流与合作。

修订理由

未成年人保护工作的进步离不开科学研究的支持。与域外相比，我国对未成年人问题的研究相对滞后，缺乏本土性，这在某种程度上制约着立法、政策制定以及开展具体工作时对未成年人的保护。

14.【税收优惠与表彰奖励】

原条文	建议修订条文（修改）
第九条 各级人民政府和有关部门对保护未成年人有显著成绩的组织和个人，给予表彰和奖励。	**第十四条** 国家对积极参与未成年人保护工作的公司和企业等组织，施行税收优惠制度。 国家对积极保护或者参与保护未成年人的组织和个人，及时给予表彰和奖励。

修订理由

未成年人的健康成长是实现正常社会化的过程。其中，公司、企业等承担着重要的社会责任。特别是一些公司、企业可以为教育、感化、挽救罪错未成年人提供融入社会的机会与平台，对此应当给予税收优惠，予以支持和鼓励。

15. 【国家未成年人保护宣传周】

原条文	建议修订条文（增加）
	第十五条　每年6月1日国际儿童节所在周为国家未成年人保护宣传周。

修订理由

目前，我国社会各方面关于未成年人保护的意识总体上薄弱，亟须宣传、普及有关法律规定和知识。设立国家未成年人保护宣传周，旨在营造未成年人保护的良好氛围，不断形成未成年人保护的社会共识。

16. 【法律监督】

原条文	建议修订条文（增加）
	第十六条　人民检察院对未成年人保护工作实行法律监督。

修订理由

《宪法》规定，中华人民共和国人民检察院是国家的法律监督机关。未成年人安全、健康成长，本质上属于国家和社会公共利益，通过对未成年人保护工作进行法律监督以维护国家和社会公共利益，是检察机关职责所在。在实践中，各级检察机关立足法律监督职能，建立机制或者采取多种方式，对有关部门的未成年人保护职责履行情况进行法律监督，取得了良好的效果。

第二章　家庭保护

17.【监护人的职责】

原条文	建议修订条文（修改）
第十条（第一款）　父母或者其他监护人应当创造良好、和睦的家庭环境，依法履行对未成年人的监护职责和抚养义务。 **第十一条**　父母或者其他监护人应当关注未成年人的生理、心理状况和行为习惯，以健康的思想、良好的品行和适当的方法教育和影响未成年人，引导未成年人进行有益身心健康的活动，预防和制止未成年人吸烟、酗酒、流浪、沉迷网络以及赌博、吸毒、卖淫等行为。 **第十三条**　父母或者其他监护人应当尊重未成年人受教育的权利，必须使适龄未成年人依法入学接受并完成义务教育……	**第十七条**　父母或者其他监护人应当创造良好、和睦的家庭环境，依法履行对未成年人的监护职责和抚养义务。 父母或者其他监护人应当履行以下职责： （一）与未成年人共同生活，提供衣食住行、医疗保健等方面的照顾； （二）关注未成年人的生理、心理状况和行为习惯，尊重未成年人的人格，给予未成年人情感上的抚慰； （三）对未成年人进行安全教育，提供必要的安全保障设施，预防、避免伤害和侵害的发生，当伤害、侵害发生时应当及时救治； （四）尊重未成年人受教育的权利，使适龄未成年人依法入学接受并完成义务教育；

原条文	建议修订条文（修改）
	（五）保障未成年人休息和娱乐时间； （六）以健康的思想、品行和适当的方法教育、引导未成年人； （七）引导未成年人进行有益身心健康的活动，预防和劝止未成年人的不良行为，并进行适当的管教； （八）妥善管理未成年人的财产； （九）对于相关事项，依法代表未成年人作出决定，进行民事行为的代理、追认及诉讼行为的代理等； （十）其他应当履行的职责。

修订理由

在保留原第十条第一款基础上，对原第十三条规定的部分内容进行细化并完善了相关内容，作为第二款，主要是规定和说明监护人的具体职责。

许多典型案例表明，因对监护和抚养认识分歧而导致难以追究监护人责任。不少监护人也认为，只要在物质上照顾未成年人即可，忽视陪伴和情感交流，导致未成年人心理、行为出现诸多问题。因此，第二款细化了监护职责和抚养义务的内容，增强可操作性。一方面，使父母或者其他监护人能够清楚地了解法律关于监护的具体要求；另一方面，为执法和司法部门判断监护人履职情况提供明确的标准。

18.【监护禁止行为】

原条文	建议修订条文（修改）
第十条（第二款） 禁止对未成年人实施家庭暴力，禁止虐待、	**第十八条** 父母或者其他监护人不得实施以下行为：

原条文	建议修订条文（修改）
遗弃未成年人，禁止溺婴和其他残害婴儿的行为，不得歧视女性未成年人或者有残疾的未成年人。 **第十三条** 父母或者其他监护人……不得使接受义务教育的未成年人辍学。 **第十五条** 父母或者其他监护人不得允许或者迫使未成年人结婚，不得为未成年人订立婚约。	（一）遗弃或者出卖未成年人； （二）性侵害未成年人； （三）对未成年人实施暴力或者以饥饿、侮辱性语言和其他虐待方式惩罚未成年人； （四）因性别或者残疾等歧视未成年人； （五）放任或者迫使接受义务教育的未成年人辍学； （六）放任或者唆使未成年人吸烟、酗酒、赌博、流浪、乞讨、盗窃、吸毒、卖淫等； （七）放任未成年人过度使用网络产品或网络服务，放任或者唆使未成年人接触不适宜的网络信息、音像制品、电子出版物和读物，进入法律法规禁止未成年人出入的场所； （八）放任或者唆使未成年人参与迷信活动或者接受极端宗教思想等教育； （九）允许或者迫使未成年人结婚或者与异性同居，或者为未成年人订立婚约； （十）违法处分、侵吞代管的未成年人的财产； （十一）其他严重侵害未成年人身心健康和财产权益的行为。

修订理由

整合原第十条第二款、第十一条、第十二条、第十三条、第十五条相关条文内容，并根据现实需要增加了新内容。

建议修订条文参考了联合国《儿童权利公约》《关于依法处理监护人侵害未成年人权益行为若干问题的意见》（2014 年 12 月）第 35 条、地方条例的立法经验。比如，联合国《儿童权利公约》第 19 条规定，缔约国应采取一切适当的立法、行政、社会和教育措施，保护儿童在受父母、法定监护人或其他任何负责照管儿童的人的照料时，不致受到任何形式的身心摧残、伤害或凌辱，忽视或照料不周，虐待或剥削，包括性侵犯。再如，《南京市未成年人保护条例》第 20 条、《广州市未成年人保护规定》第 47 条。同时，也参考了域外做法，比如日本《有关儿童虐待的防止等的法律》等。

19.【亲自抚养与特别注意义务】

原条文	建议修订条文（增加）
	第十九条 父母应当自己抚养未成年子女。 父母或者其他监护人不得使未满八周岁或者需要特别照护的未成年人单独行为或者独处，或者交由无民事行为能力、限制民事行为能力或者患有法定传染性疾病等不适当的人员代为照护。 父母或者其他监护人不得使未满十六周岁的未成年人脱离监护人监护单独生活。 父母或者其他监护人为未成年人聘请照护人员或者家庭教师的，应当查看受聘人员提供的无犯罪记录证明，不得聘用具有性侵害等违法犯罪记录的人员，并对照护、辅导活动进行监督。

修订理由

发展心理学研究表明，八岁以前是大脑新皮层发育最快的阶段，也是情感依恋期和形成密切人际关系的重要阶段，对人格形成和人的一生都有决定性影响。父母亲子养育可以避免对其人格形成负面影响。

未满八周岁或者由于心理、生理原因需要特别照顾的未成年人独处，或者将其交由不适当的人员代为照顾，存在极大风险。

十六周岁以下仍需要监护，根据我国《民法典》的规定，十六周岁以上“以自己的劳动收入为主要生活来源的，视为完全民事行为能力人”，最低独立生活年龄为十六周岁。

研究表明，性侵未成年人的60%是未成年人熟悉的人，如学校或幼儿园的老师、课外班老师、教练、保姆、其他孩子的家长等。对此，规定一款，特增加父母或者其他监护人的注意义务。

20.【家庭教育】

原条文	建议修订条文（修改）
第十二条　父母或者其他监护人应当学习家庭教育知识，正确履行监护职责，抚养教育未成年人。 有关国家机关和社会组织应当为未成年人的父母或者其他监护人提供家庭教育指导。	**第二十条**　父母或者其他监护人应当学习家庭教育知识，接受家庭教育指导，树立正确的家庭教育观念，掌握科学的家庭教育方法，提高科学教育子女的能力，抚育未成年人健康成长。

修订理由

从保护未成年人的角度出发，父母履行监护义务，应掌握正确教育方法，提升教育子女的能力。

家庭教育是个体成长的奠基性教育，对人的一生发展具有重要影响。家庭教育是人接受的最初教育，家庭是人们接受教育的摇篮，也是人们接受教育的第一个场所。刚刚出生的婴儿，缺乏社会性的头脑，之后逐渐学会走路、说话，逐渐懂得了一些最基本的生活知识和社会规范，并参与范围越来越广的社会活动和社会交往，不断认识社会。对于任何人来说，最浅显、最基础的教育都是通过家庭、特别是通过父母来完成的。如果没有家庭教育所传授的那些基本知识、本领作基础，人是很难顺利接受学校教育和社会教育的。作为家庭教育的主要实施者，如果不能正确地建立培养孩子的观念，只会影响孩子的心理发展方向，影响孩子的正确学校观念。所以，作为家长更要注重家庭教育，采用正确的家庭教育方式，培养孩子的健康心理。其他监护人为了履行监护职责，也应当接受家庭教育指导，掌握科学的家庭教育方法。

21.【出生登记】

原条文	建议修订条文（增加）
	第二十一条 父母或者其他监护人应当在新生儿出生后一个月以内办理新生儿的户口登记。

修订理由

我国《民法典》规定“自然人的出生时间和死亡时间，以出生证明、死亡证明记载的时间为准”。出生证明有着重要的作用，但调研发现，父母会因为自身的婚姻问题或者其他原因不为新生儿办理出生证和户口登记，因此有必要在《未成年人保护法》中予以规制。根据《户口登记条例》第7条，婴儿出生后一个月以内，由户主、亲属、抚养人或者邻居向婴儿常住地户口登记机关申报出生登记。弃婴，由收养人或者育婴机关向户口登记机关申报出生登记。

联合国《儿童权利公约》第7条规定，儿童出生后应立即登记，并有自出生起获得姓名的权利，有获得国籍的权利，以及尽可能知道谁是其父母并受其父母照料的权利。第8条规定，缔约国承担尊重儿童维护其身份包括法律所承认的国籍、姓名及家庭关系而不受非法干扰的权利。如有儿童被非法剥夺其身份方面的部分或全部要素，缔约国应提供适当协助和保护，以便迅速重新确立其身份。

22.【告知并听取意见】

原条文	建议修订条文（未修改）
第十四条 父母或者其他监护人应当根据未成年人的年龄和智力发展状况，在作出与未成年人权益有关的决定时告知其本人，并听取他们的意见。	**第二十二条** 父母或者其他监护人应当根据未成年人的年龄和智力发展状况，在作出与未成年人权益有关的决定时告知其本人，并听取他们的意见。

23.【财产监护的善管义务】

原条文	建议修订条文（增加）
	第二十三条 父母以外的监护人代管未成年人的财产时，应当尽到妥善管理的义务，并在代管开始时清点未成年人的财产、建立财产账册并向民政部门备案。 父母及其他监护人处分未成年人的不动产的，应当向人民法院申请获得准许。

修订理由

未成年人的财产是指未成年人通过劳动报酬、知识产权的财产权、赠与、遗赠等方式取得的独立的财产。与成年人一样，未成年人的财产权利亦应当受到保护，其实现途径则是通过监护的形式，由财产监护人对未成年人的财产进行妥善照顾管理。根据我国《民法典》的规定，监护人处分被监护人的财产须以维护被监护人的利益为前提，但是由于该条款的语焉不详，导致具体案件中应如何理解与适用，存在较大争议。实践中，父母以外的监护人处分未成年人的财产、父母及其他监护人处分未成年人不动产的，往往存在损害未成年人财产利益的更大风险，为此应当对财产监护予以规范。

24.【乘车安全】

原条文	建议修订条文（增加）
	第二十四条　父母或者其他监护人以及其他成年人携未满四周岁的未成年人乘坐家庭用车的，应当配备并正确使用儿童安全座椅；携未满十二周岁未成年人乘坐家庭用车的，应当安排在后排座位就坐。

修订理由

在交通事故中，幼童最容易受到伤害。据世界卫生组织的统计，汽车碰撞中，如果正确使用儿童安全座椅，可以降低婴儿死亡风险约70%，降低幼儿死亡风险约54%—80%。2015年9月1日起我国出台了儿童安全座椅强制性标准，为儿童安全座椅入法提供了条件。一些地方性立法对此也作出了规定。2014年3月1日起实施的《上海市未成年人保护条例》第7条规定，父母或者其他监护人以及其他成年人携带未满十二周岁未成年人乘车的，不得安排其乘坐在副驾驶座位；携带未满四周岁的未成年人乘坐家庭用车的，应当配备并正确使用儿童安全座椅。《南京市未成年人保护条例》第24条规定，父母或者其他监护人以及其他成年人携带未满十二周岁未成年人乘车的，应当安排其在后排座位就坐；携带未满四周岁的未成年人乘坐家庭用车的，应当配备并正确使用儿童安全座椅。

25.【离婚中对未成年人的保护】

原条文	建议修订条文（增加）
	第二十五条　父母处理离婚事务时，应当妥善协商涉及未成年子女的抚养、财产、受教育、探望等事宜，避免对未成年子女生活、学习和心理健康造成不利影响。

原条文	建议修订条文（增加）
	父母在离婚过程中，任何一方不得在未成年子女未遭受侵害或者面临侵害的现实危险时擅自将未成年子女带离住所或者藏匿。 父母离婚后，不直接抚养未成年子女的一方应当探望未成年子女，但被人民法院裁判中止探望权的除外。

修订理由

在离婚中，如何保护未成年人利益成为重要的课题。该条具体规定了父母在离婚时的注意事项。该条参考了地方立法经验，如《南京市未成年人保护条例》第22条、第23条。其第22条规定，父母处理离婚事务时，应当协商处理好涉及未成年子女的财产、受教育等权益以及抚养、探望等事宜，避免对未成年子女生活、学习和心理健康造成不利影响。第23条规定，父母在离婚过程中，任何一方不得擅自将未成年子女带离住所或者藏匿，但处于哺乳期的女方可以将未成年子女带离住所哺乳。父母离婚后，直接抚养未成年子女的一方无法定事由不得阻挠另一方行使探望权，但该探望权被人民法院裁判中止的除外；不直接抚养未成年子女的一方有权利和义务探望未成年子女，但未成年子女拒绝探望的除外。未成年子女要求探望祖父母、外祖父母的，父母任何一方应当提供帮助。

需要特别说明的是，由于实践中离婚父母为争夺抚养权抢夺孩子的现象较多，给未成年子女带来一定的伤害，因此作出禁止规定。同时，明确探望权既是权利也是义务。我国《民法典》规定了离婚后的子女探望：离婚后，不直接抚养子女的父或母，有探望子女的权利，另一方有协助的义务。行使探望权利的方式、时间由当事人协议；协议不成时，由人民法院判决。父或母探望子女，不利于子女身心健康的，由人民法院依法中止探望的权利；中止的事由消失后，应当恢复探望的权利。由此，探望子女是不是义务成为实践中具有争议的一个问题。南京市鼓楼区人民法院在一起未成年子女起诉父亲探望的案件中首先明确了探望的义务属性。最高人民法院2015年4月的《全国民事审判工作会议纪要（征求意见稿）》也采纳了鼓楼区人民法院的判决说理，要求法院向离婚父母释明探望权对子女的重要性。

26. 【委托监护】

原条文	建议修订条文（修改）
第十六条 父母因外出务工或者其他原因不能履行对未成年人监护职责的，应当委托有监护能力的其他成年人代为监护。	**第二十六条** 父母因外出务工或者其他原因不能履行对未成年人监护职责的，应当委托有监护能力的其他成年人代为照护。 委托照护应当充分考虑受委托照护人的家庭环境、经济状况、道德品质、与未成年人在生活、情感上的联系等情况。不得委托下列人员代为照护： （一）曾经严重侵害未成年人的； （二）曾拒不履行监护责任的； （三）有吸毒、酗酒、赌博等严重不良习性或多次违法行为的； （四）被禁止从事密切接触未成年人行业的； （五）有其他不适宜情形的。 委托亲属以外的人照护的，应当就未成年子女的居住、教育、经济抚养等方面签订委托照护协议。未签订书面协议但实际委托的，可以认定形成事实委托照护关系。 父母委托照护的，应当将委托照护情况书面告知未成年子女所在学校、户籍所在地或者居住地的村民委员会、居民委员会，并与子女和接受委托的人保持联系与交流，了解子女生活、学习情况，并给予相应的指导。

修订理由

针对实践中委托照护缺乏操作性的问题，增加第二款、第三款、第四款内容，细化有关规定。

第二款明确了代为照护的禁止人员范围。该规定参考了《家庭寄养管理办法》（2014 年 12 月）第 8 条规定的寄养家庭所具备的条件：（1）有儿童福利机构所在地的常住户口和固定住所。寄养儿童入住后，人均居住面积不低于当地人均居住水平；（2）有稳定的经济收入，家庭成员人均收入在当地处于中等水平以上；（3）家庭成员未患有传染病或者精神疾病，以及其他不利于寄养儿童抚育、成长的疾病；（4）家庭成员无犯罪记录，无不良生活嗜好，关系和睦，与邻里关系融洽；（5）主要照料人的年龄在三十周岁以上六十五周岁以下，身体健康，具有照料儿童的能力、经验，初中以上文化程度。

第三款规定委托亲属以外的人作为照护人时应当签署书面协议，明确所托照护事项。

第四款规定委托照护需要告知相关机构，以及委托人仍需要负有的义务。

27.【委托监护后的注意义务】

原条文	建议修订条文（增加）
	第二十七条 父母委托照护的，在收到接受委托的照护人、村民委员会、居民委员会、学校等机构或者人员关于未成年人心理行为异常的通知时，应当及时采取有效措施。

修订理由

委托照护不代表父母可以放任不管或者置之不理，从法律上讲其依然是监护人，负有监护职责。实践中，有些父母委托他人代为照护后就对孩子不闻不问。因此，法律需要明确，当孩子出现问题时，父母作为监护人应当采取有效措施，必要时应当及时回到未成年人身边。

第三章　学校保护

28.【学校的职责】

原条文	建议修订条文（增加）
	第二十八条　中小学、幼儿园等对未成年学生依法负有教育、管理、保护的职责。

修订理由

该条明确了学校对未成年学生的三项职责：教育、管理和保护，以此厘清学校与监护人之间的责任界限。

有学者认为："学校应对在校未成年人承担监护责任"。但我们认为，这种看法没有法律依据。从指定监护人的产生来看，其范围也以法定有监护资格的人为限，因而我国指定监护人不包括学校在内。很显然，认为学校对在校学生承担监护责任是没有法律依据的。根据《教育法》第50条之规定，未成年人的父母或者其他监护人应当为其未成年子女或者其他被监护人受教育提供必要条件。未成年人的父母或者其他监护人应当配合学校及其他被监护人进行教育。故监护人与学校之间实质上是一种委托教育管理关系，这种关系不能等同于或代替监护关系。同时，从社会效果来看，如果确立学校的监护制度，也是弊多利少。学校承担监护责任，导致学校精力分散，不利于学校充分履行教育责任。一旦发生未成年学生伤害事故，学生家长及其他监护人要求学校承担赔偿损失的无过错责任，会使学校频繁地陷入纠纷和讼累中，并丧失大量教育经费。学校可能同时成为致害学生和受害学生的监护人和法定代理人，承担双重责任。从间接后果来看，可能造成的情形有：学校为避免纠纷发生屡出怪招，广大学生难以获得全面教育，受教育权受损；承担监护责任使学校成为监护人，履行同父母一样的保护义务，使过分严密保护未成年人的观念加强，学生通过学校组织校外活动获得锻炼的机会减少；承担监护责任造成人力、物力、经费不足，使学校无力进行教育改革，转变教育观念；家长、社会和法律给学校过重压力，不给教育宽松环境，使教育事业举步维艰，制约教育的活力。基于以上理由，学校对未成年学生依法负有教育、管理、保护的职责。

29. 【中小学的教育职责】

原条文	建议修订条文（修改）
第十七条 学校应当全面贯彻国家的教育方针，实施素质教育，提高教育质量，注重培养未成年学生独立思考能力、创新能力和实践能力，促进未成年学生全面发展。	**第二十九条** 中小校应当全面贯彻国家的教育方针，实施素质教育，提高教育质量，坚持以学生为中心，注重培养未成年学生独立思考能力、创新能力和实践能力，促进未成年学生全面发展。

修订理由

为了进一步突出未成年学生的主体地位，促使学校、教职人员更积极地履行教书育人的责任，增加了以学生为中心的规定。如此一来，“注重培养未成年学生独立思考能力、创新能力和实践能力，促进未成年学生全面发展”的条文实际上便成为该原则的具体细化展开，在法律条文的体系上亦保持严谨。

“以学生为中心”教育理念的提出由来已久，但在现行教育模式下，传统的教育思想仍占主导地位，随着“以人为本”“素质教育”等教育理念的进一步深化，切实推进教学模式改革就显得尤为紧迫。教育一方面是帮助学生学得更多的知识，另一方面是帮助学生提高各方面的能力，“以学生为中心”的教育理念就是要高度重视学生的主体意识，调动学生的主体能动性，激发学生学习兴趣，促进学生的能力提升，这与教育的本质不谋而合。

联合国《儿童权利公约》规定，缔约国一致认为教育儿童的目的应是：（1）最充分地发展儿童的个性、才智和身心能力；（2）培养对人权和基本自由以及《联合国宪章》所载各项原则的尊重；(3) 培养对儿童的父母、儿童自身的文化认同、语言和价值观、儿童所居住国家的民族价值观、其原籍国以及不同于其本国的文明的尊重；(4) 培养儿童本着各国人民、族裔、民族和宗教群体以及原为土著居民的人之间谅解、和平、宽容、男女平等和友好的精神，在自由社会里过有责任感的生活；(5) 培养对自然环境的尊重。

30.【幼儿园的保教职责】

原条文	建议修订条文（修改）
第二十六条 幼儿园应当做好保育、教育工作，促进幼儿在体质、智力、品德等方面和谐发展。	**第三十条** 幼儿园应当科学开展保育、教育工作，遵循幼儿身心发展规律，面向全体幼儿，关注个体差异，坚持以游戏为基本活动，保教结合，寓教于乐，促进幼儿在体质、智力、品德等方面和谐发展。

修订理由

在现实生活中，由于应试教育和社会上一些不良宣传的影响，当前幼儿园教育"小学化"的现象日益突出。所谓学前教育"小学化"，其主要表现是不注重幼儿综合素质的培养，不是组织幼儿在游戏中学习，不顾幼儿的年龄特点，教育活动过于强调向幼儿"灌输"知识，缺少图案色彩，缺少生动的教具演示，有的甚至从小班就要求孩子会写字，学习拼音，做算术，给孩子留作业，幼儿园做不完，回家还要做，这种"小学化"的教育方式，偏离了正确的办园方向，严重干扰了正常的保育教育工作，对幼儿健康成长带来很大危害，主要包括：孩子还未上学，就已厌学；扼杀了幼儿的天性，剥夺了幼儿的快乐；不利于幼儿身体的正常发育，危害了幼儿的身体健康；不利于幼儿健全人格的形成，危害了幼儿的心理健康；遏制幼儿智力的全面发展，错过了幼儿教育的"关键期"；忽视幼儿非智力因素的培养，不利于幼儿良好行为习惯的形成；拔苗助长，对幼儿入小学后的学习造成负面影响。根据马克思主义的唯物论观点，尊重客观规律是发挥主观能动性的前提。但这种"小学化"现象，从本质上来讲，是完全背离幼儿身心发展规律的。我们需要进一步强调遵循幼儿身心发展规律的重要性，面向全体幼儿，关注个体差异，坚持以游戏为基本活动，保教结合，寓教于乐，促进幼儿健康成长，以防止和纠正幼儿园教育"小学化"倾向。

31.【尊重人格尊严】

原条文	建议修订条文（修改）
第二十一条 学校、幼儿园、托儿所的教职员工应当尊重未成年人的人格尊严，不得对未成年人实施体罚、变相体罚或者其他侮辱人格尊严的行为。	**第三十一条** 学校、幼儿园教职员工应当尊重未成年人的人格尊严，不得对未成年人实施体罚、变相体罚或者其他侮辱人格尊严的行为。

修订理由

联合国《儿童权利公约》规定，缔约国应采取一切适当措施，确保学校执行纪律的方式符合儿童的人格尊严及本公约的规定。

32.【保障受教育权】

原条文	建议修订条文（修改）
第十八条 学校应当尊重未成年学生受教育的权利，关心、爱护学生，对品行有缺点、学习有困难的学生，应当耐心教育、帮助，不得歧视，不得违反法律和国家规定开除未成年学生。	**第三十二条** 学校应当尊重未成年学生受教育的权利，关心、爱护学生，对家境贫困、残疾、品行有缺点、学习有困难的学生，应当耐心教育、帮助，不得歧视，不得违反法律和国家规定开除未成年学生，或者限制未成年学生在校接受教育。 学校应当建立和完善辍学学生劝返复学、登记与书面报告制度，加强家校联系，配合政府有关部门做好辍学学生劝返复学工作。

修订理由

这一条文原本强调尊重未成年学生受教育的权利，并特别强调不得歧视“品行有缺点、学习有困难”的学生，应该对他们耐心教育、帮助。但是，我们认为其重点关注的范围并不全面。一方面，许多普通学校实际上存在着残疾儿童，他们的受教育权难以得到切实保障，他们在学校不仅承担着由于其身体不便而导致的生活、学习等方面的困难，同时也很容易受到其他学生甚至学校老师的歧视，使其心理遭受打击。另一方面，许多家境较贫困的学生也往往容易遭受来自各方面的歧视。因此，我们建议在该条文中增加“家境较贫困、身体有障碍”的规定。

参考国务院《关于统筹推进县域内城乡义务教育一体化改革发展的若干意见》（国发〔2016〕40号）和国务院办公厅《关于进一步加强控辍保学提高义务教育巩固水平的通知》（国办发〔2017〕72号），增加控辍保学的有关规定。一是针对农村残疾儿童实际情况，做到“一人一案”，切实保障农村残疾儿童平等接受义务教育的权利。完善学生资助政策，继续扩大面向贫困地区定向招生专项计划招生人数，畅通绿色升学通道，切实提高贫困家庭学生升学信心。二是建立健全学习困难学生帮扶制度。各地各校要把对学习困难学生的帮扶作为控辍保学的重点任务，建立健全学习帮扶制度，着力消除因学习困难或厌学而辍学的现象。要按照因材施教的原则，针对学习困难学生学习能力、学习方法、家庭情况和思想心理状况，切实加大帮扶力度，使他们增强学习兴趣，改进学习方法，养成良好学习习惯，不断提升学习能力和学习水平，切实增强学习的自信心、有效性和获得感。各地要强化对学生的发展性评价、多元评价，促进学生全面发展，把对学习困难学生的发展性评价作为考核学校教育工作和教师教育教学工作实绩的重要内容。三是精准确定教育扶贫对象。各地要认真贯彻落实党中央、国务院关于打赢脱贫攻坚战的决策部署，针对老少边穷岛地区以及农村等失学辍学率可能较高的地方，把控辍保学工作作为脱贫攻坚的硬任务，压实工作责任。要聚焦贫困地区和贫困人口，把建档立卡等家庭经济困难学生（含非建档立卡的家庭经济困难残疾学生、农村低保家庭学生、农村特困救助供养学生，下同）作为脱贫攻坚重点对象，特别是把残疾儿童、残疾人子女、服刑人员未成年子女、留守儿童、直过民族地区适龄儿童作为重中之重，坚持优先帮扶、精准扶贫，切实提高扶贫成效，到2020年全面完成“发展教育脱贫一批”任务，阻断贫困代际传递。各地教育部门要会同财政部门、扶贫部门、民政部门、安置帮教机构、残联组织，加强排查，摸清情况，针对家庭经济特殊困难学生，按照“一家一案，一生一案”制订扶贫方案，统筹各类扶贫、惠民政策，确保孩子不因家庭经济困难而失学辍学。四是全面落实教育扶贫和资助政策。各地要完善义务教育扶贫助学工作机制，认真落实义务教育“两免一补”、农村义务教育学生营养改善计划等惠民政策。加大对残疾学生就学支持力度，对符合资助政策的残疾学生和残疾人子女优先予以资助，建立完善残疾学生特殊学习用品、教育训练、交通费等补助政策。完善高中阶段教育和高等教育资助政策，加大对家庭经济困难学生资助力度，免除公办普通高中建档立卡等家庭经济困难学生学杂费，继续实施高校面向农村和贫困地区定向招生专项计划，畅通绿色升学通道，提高贫困地区义务教育学生升学信心。

根据联合国《儿童权利公约》第28条规定，缔约国确认儿童有受教育的权利，为在机会均等的基础上逐步实现此项权利，缔约国尤应：(1) 实现全面的免费义务小学教育；(2) 鼓励发展不同形式的中学教育、包括普通和职业教育，使所有儿童均能享有和接受这种教育，并采取适当措施，诸如实行免费教育和对有需要的人提供津贴；(3) 以一切适当方式根据能力使所有人均有受高等教育的机会；(4) 使所有儿童均能得到教育和职业方面的资料和指导；(5) 采取措施鼓励学生按时出勤和降低辍学率。

33.【教育指导义务】

原条文	建议修订条文（修改）
第十九条 学校应当根据未成年学生身心发展的特点，对他们进行社会生活指导、心理健康辅导和青春期教育。 **第二十二条（第一款）** 学校、幼儿园、托儿所应当建立安全制度，加强对未成年人的安全教育，采取措施保障未成年人的人身安全。	**第三十三条** 学校应当按照国家课程标准和地方课程设置要求，根据学生群体和年龄特点，开展生命教育、生存教育、生活教育、安全教育、健康教育、青春期教育、思想道德教育、法治教育，进行社会生活指导、心理健康辅导。

修订理由

学校教育的最终目的是让学生的成长和发展与社会主义的整体发展方向保持高度的一致性，就此需要关注学生个体多层次、多方位的需求，解决学生的思想问题以及生活中实际的问题，把学生培养成社会所需要的高素质人才。可见，德育是学校工作发展的核心。

以“三生教育”为学校德育的抓手，以“三生教育”作为学校德育工作的灵魂。生命教育，让每一位教师和学生认识生命、尊重生命、珍爱生命，关心自己和家人；生活教育，提倡珍视生活，了解生活常识，掌握生活技能，养成良好生活习惯，关心他人和集体，树立正确的生活目标；生存教育，强调学习生存知识，保护珍惜生态环境，关心社会和自然，强化生存意志，提高生存的适应能力和创造能力。

未成年人是祖国未来的建设者，他们的思想道德状况如何，直接关系到中华民族的整体素质，关系到国家前途和民族命运。而学校作为教育主体，理所应当地在加强和改进未成年学生思想道德建设的过程中承担主要责任。因此，我们建议在该条文中增加“思想道德教育”的内容。

随着近些年来我国依法治国事业的全面推进，在教育领域也掀起了“法治教育”的高潮。尤其是对于未成年中小学生而言，在这个阶段加强法治教育，有利于鼓励学生从小养成知法守法的意识，为我国培养优秀的法治人才，也是培养优秀社会主义接班人的必由之路。因此，建议在该条文中增加“法治教育”的内容。

34.【促进初中普职教育融合】

原条文	建议修订条文（增加）
	第三十四条　结合区域内教育实际，普通初中可以配备一定数量的专兼职职业技术教师、开设职业技术课程，或者组织普通初中学生到当地中等职业学校选修职业教育专业课程，提供多种成才渠道。

修订理由

实践中，一小部分未成年学生没有完成义务教育主要是对普通初中的文化知识学习不感兴趣。因此，应当在有条件的地区促进初中普职教育融合，一方面保障适龄未成年人完成义务教育，另一方面探索兴趣，为将来就业以及职业发展做准备。

参考了国务院办公厅《关于进一步加强控辍保学提高义务教育巩固水平的通知》（国办发〔2017〕72号）。其中规定，因地制宜促进农村初中普职教育融合。各地要结合区域内教育和农村经济发展实际，加强普通教育、职业教育统筹，通过在普通初中开设职业技术课程、组织普通初中学生到当地中等职业学校（含技工学校）选修职业教育专业课程等多种方式，积极促进农村初中普职教育融合，确保初中学生完成义务教育，为中职招生打下基础，提供多种成才渠道，使他们升学有基础、就业有能力，有针对性地防止初中生辍学。鼓励因地制宜为农村普通初中配备一定数量的专兼职职业技术教师。

35. 【保障休息娱乐时间】

原条文	建议修订条文（修改）
第二十条 学校应当与未成年学生的父母或者其他监护人互相配合，保证未成年学生的睡眠、娱乐和体育锻炼时间，不得加重其学习负担。	**第三十五条** 学校应当与未成年学生的父母或者其他监护人互相配合，保证未成年学生的睡眠、娱乐和体育锻炼时间，不得加重其学习负担。 学校应当在教育行政部门的指导下对不同季节中小学、幼儿园早晨上课时间做出合理安排，保证未成年学生充足的睡眠时间。

修订理由

随着教育领域内学校之间的恶性竞争，任意加重学生的学习负担已成为学校教育的顽疾。为了学生的健康发展，我们需要格外重视其“娱乐权”的保障，即要保障儿童的休闲和娱乐时间，尤其是不得加重其学习负担。

未成年人正处于生长发育的关键期，脑科学研究表明，睡饱、吃好对这一阶段孩子的大脑发育至关重要。以2016年浙江省中小学教育质量综合评价监测结果为例，其显示睡眠是学生发展指数中较低的指数之一，在被调查的四年级学生中，只有54.1%的学生每天睡眠时间在9小时及以上。儿童睡眠不足，直接影响身体生长发育，还会影响他们的情绪，对心理上的发育也有影响。由于上课时间较早，学生经常不吃早餐，或者早餐的质和量不够，引起能量和营养素的不足，降低上午的学习效率。同时，交警部门负责人、学生、教师、校长代表等各方对小学较早上学也提出了一系列的担忧。据此，2018年教育部发出通知：2018年9月起，中小学上课不得早于8：00；小学一二年级学生不得早于8：00到校，上课时间不得早于8：30。浙江省、黑龙江省等多省之前已先行实施。可以说，合理安排上学时间，确实是一项顺应民意、顺乎人性的教育改革，社会反响十分积极。因此，建议新增加第二款的规定。

36. 【保障体育课时间】

原条文	建议修订条文（增加）
	第三十六条 中小学校要按照国家课程方案和课程标准设置体育课程，严禁削减、挤占体育课时间。有条件的地方可以在中小学增加体育课时。 幼儿园要遵循幼儿年龄特点和身心发展规律，开展丰富多彩的体育活动。

修订理由

强化学校体育是实施素质教育、促进学生全面发展的重要途径，对于促进教育现代化、建设健康中国和人力资源强国，实现中华民族伟大复兴的中国梦具有重要意义。党中央、国务院高度重视学校体育，党的十八届三中全会作出了强化体育课和课外锻炼的重要部署，国务院对加强学校体育提出明确要求。近年来，各地、各部门不断出台政策措施，加快推进学校体育，大力开展阳光体育运动，学校体育工作取得积极进展。但总体上看，学校体育仍是整个教育事业相对薄弱的环节，对学校体育重要性认识不足、体育课和课外活动时间不能保证、体育教师短缺、场地设施缺乏等问题依然突出，学校体育评价机制亟待建立，社会力量支持学校体育不够，学生体质健康水平仍是学生素质的明显短板。

参考国务院办公厅《关于强化学校体育促进学生身心健康全面发展的意见》（国办发〔2016〕27号），各地中小学校要按照国家课程方案和课程标准开足开好体育课程，严禁削减、挤占体育课时间。有条件的地方可为中小学增加体育课时。体育教学要加强健康知识教育，注重运动技能学习，科学安排运动负荷，重视实践练习。研究制定运动项目教学指南，让学生熟练掌握一至两项运动技能，逐步形成“一校一品”“一校多品”教学模式，努力提高体育教学质量。关注学生体育能力和体质水平差异，做到区别对待、因材施教。健全学生体育锻炼制度，学校要将学生在校内开展的课外体育活动纳入教学计划，列入作息时间安排，与体育课教学内容相衔接，切实保证学生每天一小时校园体育活动落到实处。幼儿园要遵循幼儿年龄特点和身心发展规律，开展丰富多彩的体育活动。中小学校要组织学生开展大课间体育活动，寄宿制学校要坚持每天出早操。

37.【规范课后服务】

原条文	建议修订条文（增加）
	第三十七条 具备条件的中小学校应当结合实际建立健全课后服务制度。 中小学校开展课后服务工作的，要事先充分征求家长意见，主动向家长告知服务方式、服务内容、安全保障措施等。中小学生是否参加课后服务，由学生家长自愿选择。

原条文	建议修订条文（增加）
	课后服务工作要遵循教育规律和学生成长规律，安排学生做作业、自主阅读、体育、艺术、科普活动，以及娱乐游戏、拓展训练、开展社团及兴趣小组活动、观看适宜儿童的影片等。具体课后服务时间由各地根据实际自行确定。 中小学不得与校外培训机构合作，为未成年人提供有偿课程辅导。

修订理由

开展中小学生课后服务，是促进学生健康成长、帮助家长解决按时接送学生困难的重要举措，是进一步增强教育服务能力、使人民群众具有更多获得感和幸福感的民生工程。近年来，各地在这方面作了积极努力和有益探索，积累了许多好经验好做法。但在一些地方还存在着中小学生课后服务没有开展、服务机制不健全、服务行为不规范等问题。因此，特增加此条，以指导切实做好中小学生课后服务工作。

参考教育部办公厅《关于做好中小学生课后服务工作的指导意见》（教基一厅〔2017〕2号），一是充分发挥中小学校课后服务主渠道作用。广大中小学校要结合实际积极作为，充分利用学校在管理、人员、场地、资源等方面的优势，主动承担起学生课后服务责任。要强化学校管理，建立健全课后服务制度。要完善工作措施，认真做好具体组织实施工作。各地教育行政部门要加强统筹规划，指导辖区内中小学校具体做好课后服务工作，帮助解决实际困难。对确实不具备条件但有课后服务需求的，要积极协调学校、社区、校外活动中心等资源，做好课后服务工作。具体课后服务时间由各地根据实际自行确定。二是课后服务必须坚持学生家长自愿原则。中小学生是否参加课后服务，由学生家长自愿选择。中小学校开展课后服务工作，要事先充分征求家长意见，主动向家长告知服务方式、服务内容、安全保障措施等，建立家长申请、班级审核、学校统一实施的工作机制。课后服务要优先保障留守儿童、进城务工人员随迁子女等亟须服务群体。对于家长要求在校外另行实施的，中小学校要主动提醒家长选择有资质、有保障的课后服务机构。三是科学合理确定课后服务内容形式。课后服务工作要遵循教育规律和学生成长规律，有利于促进学生全面发展。课后服务内容主要是安排学生做作业、自主阅读、体育、艺术、科普活动，以及娱乐游戏、拓展训练、开展社团及兴趣小组活动、观看适宜儿童的影片等，提倡对个别学习有困难的学生给予免费辅导帮助。坚决防止将课后服务变相成为集体教学或“补课”。鼓励中小学校与校外活动场所联合组织开展学生综合实践活动，或组织学生就近到社区、企事业单位开展社会实践活动。四是切实保障课后服务学生安全。要完善安全管理制度。明确课后服务人员责任，加强对师生安全卫生意识教育；强化活动场所安全检查和门卫登记管理制度，制定并落实严格的考勤、监管、交接班制度和应急预案措施。由学校组织在校外实施课后服务的，教育行政部门要加强与综治、公安、卫生、食药监督等部门的协调配合，切实消除在交通、场地、消防、食品卫生、安全保卫等方面的隐患，确保学生人身安全。五是进一步加强对课后服务工作的领导。各地教育行政部门要进一步强化担当、落实责任，统筹规划各类资源和需求，调动各方面积极性，努力形成课后服务工作合力。要积极向本地区党委、政府汇报，加强与相关部门沟通协调，争取资金支持，不断完善经费保障机制，通过“政府购买服务”“财政补贴”等方式对参与课后服务的学校、单位和教师给予适当补助，严禁以课后服务名义乱收费。要把课后服务工作纳入中小学校考评体系，加强督导检查。要创新工作机制和方法，积极探索形成各具特色的课后服务工作模式。

38. 【寄宿】

原条文	建议修订条文（增加）
	第三十八条 小学、幼儿园原则上不得安排寄宿。确有必要的，在住宿、生活、交通、安全等有保障的前提下可适当安排小学四至六年级学生寄宿，具体由县级人民政府根据当地实际确定。

修订理由

幼儿园、托儿所、小学阶段未成年人心智极为不成熟，需要监护人更多的教育、引导和关爱，这直接影响着他们大脑的发育以及人格、心理的发展。正如亲情和血缘依恋无法替代，在智力开发、个性形成的萌芽阶段而情感需求有浓郁强烈的幼儿期，寄宿制学校教育的弊端也是显而易见的。据一项对寄宿制与全日制幼儿家庭亲子教育的优劣所作的调研分析，77%的寄宿制幼儿每周与父母交流的时间仅1至2小时，而逾83%的全日制幼儿可有多达5小时以上的交流亲昵时间。由于幼儿寄宿后与父母没有充足时间交流感情，难以频繁产生愉快温馨的亲情，导致情感上的隔阂、冷漠。据另一项调查比较了寄宿制和全日制幼儿教育的行为习惯后发现，家长周末把孩子从寄宿学校接回后，往往会产生特殊的情感补偿心理，对孩子的错误听之认之，即使给予批评指正，孩子也极易滋长紧张对立等消极情绪。亲情的欠缺，还会使幼儿在遭遇挫折时因缺乏倾诉对象而不能进行合理的情感转移和情绪宣泄。一些幼儿较强的独立性和适应性，使之过早地承受起与年龄不符的压力，甚至走向一意孤行的极端，对认知的发展和人格的健全也会造成负面影响。小学阶段是各种习惯的形成期。如果在小学阶段，能够培养孩子良好的心理和行为习惯，孩子将终生受益。小学生在学校里表现良好的，到中学通常也不会让父母操心。孩子住校，势必和父母在一起的时间减少，孩子遇到学习上的困难、生活上的困难、与人交往的困难、内心孤独等问题，谁来帮助解决？学校里老师要面对那么多孩子，不可能把每个孩子的问题都处理得那么周到细致。于是可能出现的问题就是，孩子遇到困难，延迟解决或者无法解决。另外，学校寄宿教育的严格规范与对孩子行为的约束会限制孩子的身心发展。早有教育家研究，孩子的成长需要一定的自由，而幼稚的他们去住校，就不得不接受学校的严格约束。这对他们的心灵是残害。外向的孩子能很快融入集体，内向的孩子一旦出现问题，只会把委屈藏在心里，老师很难及时发现，也就难以及时引导，长期如此，孩子会更压抑，而孩子的性格短时间内很难改变，这样不利于孩子的健康成长。曾有专家做过调查，绝大多数小学阶段的住校生普遍存在住校就像“住监狱”的感觉。可以说，小学阶段是亲子关系打基础的关键时期。这时候的孩子从较为自由状态的幼儿园进入到纪律性、知识性较强的小学阶段，需要父母的陪伴和支持。在这个过渡时期，很多孩子都还没做好离开家庭的心理准备，如果家长硬把孩了从家庭“赶”出去的话，是非常不理智的。因此，在孩子各方面还需要父母帮助指导的时候，应该把他留在身边，亲自关注孩子的衣食住行、身心发展、学习习惯、生活态度等等，这些都是为人父母者应该努力去做的。对于这些阶段的未成年人原则上不应当寄宿。

乡村小规模学校（指不足100人的村小学和教学点）和乡镇寄宿制学校（以下统称两类学校）是农村义务教育的重要组成部分。办好两类学校，是实施科教兴国战略、加快教育现代化的重要任务，是实施乡村振兴战略、推进城乡基本公共服务均等化的基本要求，是打赢教育脱贫攻坚战、全面建成小康社会的有力举措。参考国务院办公厅《关于全面加强乡村小规模学校和乡镇寄宿制学校建设的指导意见》（国办发〔2018〕27号）。农村学校布局既要为学生提供公平、有质量的教育，又要尊重未成年人身心发展规律、方便学生就近入学；既要防止过急过快撤并学校导致学生过于集中，又要避免出现新的“空心校”。原则上小学1—3年级学生不寄宿，就近走读上学，路途时间一般不超过半小时；4—6年级学生以走读为主，在住宿、生活、交通、安全等有保障的前提下可适当寄宿，具体由县级人民政府根据当地实际确定。对于寄宿制学校，要在保障基本教育教学条件基础上，进一步明确床铺、食堂、饮用水、厕所、浴室等基本生活条件标准和开展共青团、少先队活动及文体活动所必需的场地与设施条件。

39.【学校安全保障职责】

原条文	建议修订条文（修改）
第二十二条（第二款） 学校、幼儿园、托儿所不得在危及未成年人人身安全、健康的校舍和其他设施、场所中进行教育教学活动。 **（第三款）** 学校、幼儿园安排未成年人参加集会、文化娱乐、社会实践等集体活动，应当有利于未成年人的健康成长，防止发生人身安全事故。	**第三十九条** 学校、幼儿园建立各项安全管理制度和安全应急机制，承担校内安全管理的主体责任，保障学生在校期间的人身、财产安全。 学校、幼儿园不得在危及未成年人人身安全、健康的校舍和其他设施、场所中进行教育教学活动。 学校、幼儿园安排未成年人参加集会、文化娱乐、社会实践等集体活动，应当有利于未成年人的健康成长，防止发生人身安全事故。

修订理由

校园应当是最阳光、最安全的地方。加强中小学、幼儿园（以下统称学校）安全工作是全面贯彻党的教育方针，保障学生健康成长、全面发展的前提和基础，关系广大师生的人身安全，事关亿万家庭幸福和社会和谐稳定。长期以来，党中央、国务院和地方各级党委、政府高度重视学校安全工作，并采取了一系列措施维护学校及周边安全，学校安全形势总体稳定。但是，受各种因素影响，学校安全工作还存在相关制度不完善、不配套，预防风险、处理事故的机制不健全、意识和能力不强等问题。因此，增加此条规定，强调学校安全是办学的底线，学校应切实承担起校内安全管理的主体责任，依法健全各项安全管理制度和安全应急机制。参考国务院办公厅《关于加强中小学幼儿园安全风险防控体系建设的意见》（国办发〔2017〕35 号），学校要明确安全是办学的底线，切实承担起校内安全管理的主体责任。由于校园安全涉及方方面面，包括食品安全、校舍安全、设施安全、防溺水等。近年来国务院及有关地方人民政府出台了一系列保障校园安全的文件。其中，有一些做法已经形成共识，取得了不错的效果，建议吸收为立法，并在下列多个条文中展开。

40.【校园安全校长（园长）负责制】

原条文	建议修订条文（增加）
	第四十条 学校、幼儿园应当健全校园内安全工作领导机构，实行校园安全校长或者园长负责制，落实对学生的教育和管理责任，加强校园日常安全管理。

修订理由

明确学校安全的责任制度和工作机构，是安全保障责任落实到位的关键。参考国务院办公厅《关于加强中小学幼儿园安全风险防控体系建设的意见》（国办发〔2017〕35 号），学校要明确安全是办学的底线，切实承担起校内安全管理的主体责任，对校园安全实行校长（园长）负责制，健全校内安全工作领导机构，落实学校、教师对学生的教育和管理责任，狠抓校风校纪，加强校内日常安全管理，做到职责明确、管理有方。

41.【在校期间校园封闭化管理】

原条文	建议修订条文（增加）
	第四十一条 学生在校期间，学校、幼儿园对校园实行封闭化管理，并根据条件在校园门口设置防冲撞设施，阻止人员、车辆等非法进入校园。

修订理由

近些年来，有关人员冲入学校对学生进行伤害的恶性事件屡有发生。此条规定校园实行封闭化管理，并采取必要的防护措施，以最大可能地严防不法分子入侵校园和外来侵害事件的发生。

42.【安保力量配备】

原条文	建议修订条文（增加）
	第四十二条 学校、幼儿园应当根据实际和需要配备安全保卫力量。 除学生人数较少的学校、幼儿园外，每所学校、幼儿园应当配备专职安全保卫人员或者受过专门培训的安全管理人员；寄宿制学校应当配备宿舍安全管理人员。

修订理由

参考国务院办公厅《关于加强中小学幼儿园安全风险防控体系建设的意

见》（国办发〔2017〕35号）的有关要求，建立专兼职结合的学校安保队伍。学校应当按照相关规定，根据实际和需要，配备必要的安全保卫力量。除学生人数较少的学校外，每所学校应当至少有1名专职安全保卫人员或者受过专门培训的安全管理人员。地方人民政府、有条件的学校可以购买服务等方式，将校园安全保卫服务交由专门保安服务公司提供。学校要与社区、家长合作，有条件的建立学校安全保卫志愿者队伍，在上下学时段维护学校及校门口秩序。寄宿制学校要根据需要配备宿舍管理人员。

43.【视频图像采集装置】

原条文	建议修订条文（增加）
	第四十三条 学校、幼儿园应当建设安全技术防范系统，在校园主要区域要安装视频图像采集装置；具备条件的，应当安装周界报警装置和一键报警系统。

修订理由

参考国务院办公厅《关于加强中小学幼儿园安全风险防控体系建设的意见》（国办发〔2017〕35号）的有关要求，完善学校安全技术防范系统，在校园主要区域要安装视频图像采集装置，有条件的要安装周界报警装置和一键报警系统，做到公共区域无死角。

44.【食品饮用水安全】

原条文	建议修订条文（增加）
	第四十四条 学校、幼儿园应当建立健全校园食品安全管理制度，明确食品安全管理人员和每个岗位的安全职责；具备条件的，可以在

原条文	建议修订条文（增加）
	厨房、配餐间等安装监控摄像装置，实现食品制作实时监控，公开食品加工制作过程，接受学生及监护人监督。 学校、幼儿园应当建立饮用水卫生安全管理制度，确保为学生提供合格的安全饮用水；通过自备水源、二次供水设施、直饮水提供的学生生活饮用水应经当地卫生部门水质检测合格后方可使用。

修订理由

参考教育部办公厅《关于做好学校食品安全与传染病防控工作的通知》（教体艺厅〔2017〕3号）。一方面，严格学校食品安全管理。学校要按照《食品安全法》要求，切实落实校园食品安全管理的主体责任，将食品安全作为日常管理的重要内容，实行食品安全校长负责制，建立健全校园食品安全管理制度，明确食品安全管理人员和每个岗位的安全职责，层层签订食品安全责任书。加强食堂管理，严格管控原料采购、加工制作、清洗消毒、留样管理和用水卫生等关键环节。禁止采购和使用无食品标签、无生产日期、无生产厂家及超过保质期的米、面、油等食品原料和食品，仔细查验供货者的食品经营许可证等合格证明文件，对采购的原料按照保证食品安全的条件要求贮存。定期开展食品安全自查。采用集体用餐配送单位供餐的，要把食品安全作为遴选供餐单位的重要标准，与供餐单位签订食品安全责任书。鼓励中小学校和幼儿园在厨房、配餐间等安装监控摄像装置，实现食品制作实时监控，公开食品加工制作过程，自觉接受学生及家长监督。另一方面，加强饮用水卫生安全管理，确保为学生提供合格的安全饮用水，要主动争取卫生计生部门的指导和帮助，做好自备水源、二次供水、食堂蓄水池、直饮水、桶装水等供水设施的清洁、消毒等工作，防止水源污染，确保饮用水安全卫生。通过自备水源、二次供水设施、直饮水提供的学生生活饮用水应经当地卫生部门水质检测合格后方可使用。

参考教育部办公厅《关于进一步做好学校传染病防控与食品安全工作的通知》（教体艺厅〔2017〕6号）。切实加强学校食品安全管理。各级各类学校要切实履行校园食品安全管理主体责任，严格落实食品安全校长负责制、食品安全管理制度和关键岗位责任制度，认真执行食品安全事故责任倒查和责任追究制度，严格管控食品、原材料和餐具的采供渠道，加工制作、消毒清洗、留样管理等重点环节和重点岗位。加强厨房管理，规范食品加工制作流程和分区管理，严防食品交叉污染。积极推进学校食堂“明厨亮灶”工程，把食品加工制作的关键环节向师生展示，实行阳光操作和透明化管理。建立和完善食品安全隐患排查制度，定期开展食品安全自查和隐患排查，对不符合要求和存在食品安全风险的行为和场所要及时整改或依法依规停业整顿。建立安全饮水管理制度，定期开展水质监测，及时公布检测结果，接受监督，保障师生的饮水安全。

参考国务院食品安全办等六部门《关于进一步加强学校校园及周边食品安全工作的意见》（食安办〔2016〕12号）。学校要落实校园食品安全管理的主体责任，实行食品安全校长负责制，将校园食品安全作为学校安全的重要内容，每学期进行专题研究。建立健全校园食品安全管理制度，明确食品安全管理人员和每个岗位的安全职责，层层签订食品安全责任书。加强学校食堂管理，强化从业人员培训，严格管控原料采购、加工制作、清洗消毒和用水卫生等关键环节，定期开展食品安全自查。采用集体用餐配送单位供餐的，要把食品安全作为遴选供餐单位的重要标准，与供餐单位签订食品安全责任书。学生集体用餐配送单位要落实食品安全主体责任，健全食品安全管理制度和机构，配备专职食品安全管理人员，强化从业人员培训，严格落实原料采购、加工制作、清洗消毒、成品分装和配送运输等关键环节的控制要求，定期开展食品安全自查，确保供餐食品安全。

45. 【传染病防控】

原条文	建议修订条文（增加）
	第四十五条　学校、幼儿园应当施行晨检、因病缺勤病因追查与登记制度，保障传染病疫情早发现、早报告、早处置。

原条文	建议修订条文（增加）
	学校、幼儿园发生食物中毒、传染病流行等突发公共卫生事件，应当及时向市场监督管理部门和卫生健康管理部门报告，并在其指导下做好应急处置，最大限度地降低突发事件对师生的危害。

修订理由

参考教育部办公厅《关于进一步做好学校传染病防控与食品安全工作的通知》（教体艺厅〔2017〕6号）。中小学校要认真落实每日晨检、因病缺课登记与病因追踪制度，对学校结核病等传染病疫情要做到早发现、早报告、早处置。提高预防意识，坚持学校传染病疫情和食品安全风险监控与报告制度。各级各类学校要做好学校传染病疫情和食品安全风险管理工作，做好学校传染病疫情和食品安全风险监控与报告工作。学校一旦发现传染病病人、疑似传染病病人，要立即排查，并根据有关要求，由学校传染病疫情报告人及时向属地卫生计生和教育行政部门报告，不得瞒报、漏报、迟报。学校发现校园及周边存在食品安全风险时要及时向当地食品药品监管部门报告，并在其指导下做好应急处置，最大限度地降低突发事件的影响。

参考教育部办公厅《关于做好学校食品安全与传染病防控工作的通知》（教体艺厅〔2017〕3号）。学校特别是中小学校和幼儿园要切实落实晨检、因病缺勤病因追查与登记制度，做到传染病疫情早发现、早报告、早处置。学校发生食物中毒、传染病流行等突发公共卫生事件，要及时向当地食品药品监管部门和卫生计生部门报告，并在其指导下做好应急处置，最大限度地降低突发事件对师生的危害。

46. 【设施设备安全】

原条文	建议修订条文（增加）
	第四十六条 学校、幼儿园对于关系学生安全的设施设备、教学

原条文	建议修订条文（增加）
	仪器、建筑材料、体育器械等用品，应当严格按照国家有关产品和质量标准选购，或者按照国家强制性产品认证和自愿性产品认证规定做好相关认证工作；没有国家标准和行业标准的，应当要求供应商提供第三方专业机构的安全检测及评估报告。 学校、幼儿园应当保障学生的监护人可以获取上述相关材料，了解相关情况。

修订理由

参考《义务教育学校管理标准》（教基〔2017〕9号）的要求，配备保障学生安全与健康的基本设施和设备，落实人防、物防和技防等相关要求。学校教育、教学及生活所用的设施、设备、场所要经权威部门检测，符合国家环保、安全等标准后方可使用。

参考国务院办公厅《关于加强中小学幼儿园安全风险防控体系建设的意见》（国办发〔2017〕35号）的有关要求，完善有关学校安全的国家标准体系和认证制度。不断健全学校安全的人防、物防和技防标准并予以推广。根据学校特点，以保护学生健康安全为优先原则，加强重点领域标准的制修订工作，尽快制定一批强制性国家标准，逐步形成有关学校安全的国家标准体系。建立学校安全事项专项认证及采信推广机制，对学校使用的关系学生安全的设施设备、教学仪器、建筑材料、体育器械等，按照国家强制性产品认证和自愿性产品认证规定，做好相关认证工作，严格控制产品质量。

参考多地制定的学校学生人身伤害事故预防和处理条例的有关规定，向学生提供设施、设备、物品和服务的经营者，应当审查其是否具备相应的资质和必要的安全保障条件，提供的设施、设备、物品、服务是否符合国家和省规定的安全、卫生标准。

47. 【体育器材设施场地风险防控】

原条文	建议修订条文（增加）
	第四十七条 学校、幼儿园应当建立学校体育运动伤害风险防范机制，根据体育器材设施及场地的安全风险进行分类管理，定期开展检查，有安全风险的应当设立明显警示标志和安全提示。

修订理由

参考《学校体育运动风险防控暂行办法》（教育部教体艺〔2015〕3号）的有关要求。学校应当建立校内多部门协调配合、师生员工共同参与的学校体育运动风险防控机制，制订风险防控制度和体育运动伤害事故处理预案，明确教务、后勤、学生管理、体育教学等各职能部门的职责，组织和督促相关部门和人员履行职责，落实要求。教育行政部门和学校应当严格按照国家有关产品和质量标准选购体育器材设施，没有国家标准和行业标准的，应当要求供应商提供第三方专业机构的安全检测及评估报告。学校应当根据体育器材设施及场地的安全风险进行分类管理。具有安全风险的体育器材设施应当设立明显警示标志和安全提示。需要在教师指导和保护下才可使用的器材，使用结束后应当屏蔽保存或专门保管，不得处于学生可自由使用的状态；不便于屏蔽保存的，应当有安全提示。教师自制的体育器材，应当组织第三方专业机构或人员进行安全风险评估，评估合格后方能使用。学校应当对体育器材设施及场地的使用安全情况进行巡查，定期进行维护，根据安全需要或相关规定及时更新和报废相应的体育器材设施，及时消除安全隐患。

48. 【校车制度】

原条文	建议修订条文（增加）
	第四十八条 配备校车的学校、幼儿园和校车服务提供者应当建立校车安全管理制度，配备安全管理人员，加强校车的安全维护，定期对校车驾驶人进行安全教育，组织校车驾驶人学习道路交通安全法律法规以及安全防范、应急处置和应急救援知识，保障学生乘坐校车安全。

修订理由

参考《校车安全管理条例》（2012 年 4 月）有关规定。配备校车的学校和校车服务提供者应当建立健全校车安全管理制度，配备安全管理人员，加强校车的安全维护，定期对校车驾驶人进行安全教育，组织校车驾驶人学习道路交通安全法律法规以及安全防范、应急处置和应急救援知识，保障学生乘坐校车安全。

参考《中小学幼儿园安全管理办法》（2006 年 9 月）有关规定，学校购买或者租用机动车专门用于接送学生的，应当建立车辆管理制度，并及时到公安机关交通管理部门备案。接送学生的车辆必须检验合格，并定期维护和检测。接送学生专用校车应当粘贴统一标识。标识样式由省级公安机关交通管理部门和教育行政部门制定。学校不得租用拼装车、报废车和个人机动车接送学生。接送学生的机动车驾驶员应当身体健康，具备相应准驾车型 3 年以上安全驾驶经历，任一记分周期没有记满 12 分记录，无致人伤亡的交通责任事故。

49. 【防溺水制度】

原条文	建议修订条文（增加）
	第四十九条 学校、幼儿园应当建立防溺水制度，及时发出风险提示和预警，与监护人联系并强化监护人在放学后、周末和节假日对学生安全监管的第一责任。

修订理由

教育部曾多次印发通知部署中小学生防溺水工作，要求各地教育行政部门和学校要进一步开展安全教育，提高安全意识。根据当地实际，结合学生群体年龄特点，以农村学生、男学生、留守儿童等群体为重点，通过各种载体广泛宣传预防溺水安全常识和自救方式，提高学生的避险防灾、自救自护和智慧救援的能力。各地教育行政部门和学校要进一步强化问题导向，聚焦风险防控。深入分析各类溺水事故发生的时段、地域、溺水原因等情况，及时发出风险提示和预警。加强与家长的联系，增强家长安全意识和监护人责任意识，努力从源头上防范溺水事故的发生。

50. 【安全事故、突发事件处置】

原条文	建议修订条文（修改）
第二十三条 教育行政等部门和学校、幼儿园、托儿所应当根据需要，制定应对各种灾害、传染性疾病、食物中毒、意外伤害等突发事件的预案，配备相应设施并进行必要的演练，增强未成年人的自我保护意识和能力。	**第五十条** 学校、幼儿园应当制定安全事故、突发事件处置预案，配备相应设施并定期组织应对地震、火灾等情况的应急疏散演练，建立安全事故、突发事件的报告、处置和协调机制。 在校内及校外教育教学活动中

原条文	建议修订条文（修改）
第二十四条 学校对未成年学生在校内或者本校组织的校外活动中发生人身伤害事故的，应当及时救护，妥善处理，并及时向有关主管部门报告。	发生人身伤害事故的，学校、幼儿园应当及时组织教职工参与抢险、救助和防护，保障学生身体健康和人身安全。

修订理由

参考国务院办公厅《关于加强中小学幼儿园安全风险防控体系建设的意见》（国办发〔2017〕35号）的有关要求。健全学校安全事故应对机制。学校发生重特大安全事故，地方政府要在第一时间启动相应的应急处理预案，统一领导，及时动员和组织救援和事故调查、开展责任认定及善后处理，并及时回应社会关切。发生重大自然灾害、公共安全事故，应当优先组织对受影响学校开展救援。教育部门应当指导学校建立安全事故处置预案，健全学校安全事故的报告、处置和部门协调机制。在校内及校外教育教学活动中发生安全事故，学校应当及时组织教职工参与抢险、救助和防护，保障学生身体健康和人身安全。

51. 【人身安全保险】

原条文	建议修订条文（增加）
	第五十一条 学校、幼儿园应当购买校方责任险，建立事故风险分担机制；具备条件的，建立校园人身伤害保险制度，为学生购买校园意外伤害保险。 学校、幼儿园可以引导家长自愿参加与学生利益密切相关的食品安全、校外实习、体育运动伤害等责任保险。 严禁以学校、幼儿园名义指定学生购买或者向学生直接推销保险产品。

修订理由

参考国务院办公厅《关于加强中小学幼儿园安全风险防控体系建设的意见》（国办发〔2017〕35 号）的有关要求。建立多元化的事故风险分担机制。学校举办者应当按规定为学校购买校方责任险，义务教育阶段学校投保校方责任险所需经费从公用经费中列支，其他学校投保校方责任险的费用，由各省（区、市）按照国家有关规定执行。各地要根据经济社会发展情况，结合实际合理确定校方责任险的投保责任，规范理赔程序和理赔标准。有条件的地方，可以积极探索与学生利益密切相关的食品安全、校外实习、体育运动伤害等领域的责任保险，充分发挥保险在化解学校安全风险方面的功能作用。保险监管部门要加强对涉及学校的保险业务的监督和管理，会同教育部门依法规范保险公司与学校的合作，严禁以学校名义指定学生购买或者向学生直接推销保险产品。要大力增强师生和家长的保险意识，引导家长根据自愿原则参加保险，分担学生在学校期间因意外而发生的风险。鼓励各种社会组织设立学校安全风险基金或者学生救助基金，健全学生意外伤害救助机制。

参考《学生伤害事故处理办法》（2010 年修改）有关规定。学校有条件的，应当依据保险法的有关规定，参加学校责任保险。教育行政部门可以根据实际情况，鼓励中小学参加学校责任保险。提倡学生自愿参加意外伤害保险。在尊重学生意愿的前提下，学校可以为学生参加意外伤害保险创造便利条件，但不得从中收取任何费用。

52. 【学生欺凌防控】

原条文	建议修订条文（增加）
	第五十二条 学校、幼儿园应当制定欺凌防治工作制度，明确规定防治学生欺凌的机构、人员，设立学生求助电话和联系人，规定处理学生欺凌事件的程序，对教师、其他服务人员、学生进行防治学生欺凌的培训和教育。

修订理由

参考教育部等十一部门印发的《加强中小学生欺凌综合治理方案》(2017年11月)。一方面,坚持教育为先。深入开展中小学生思想道德教育、法治教育、心理健康教育,促进提高人民群众的思想觉悟、道德水准、文明素养,提高全社会文明程度,特别要加强防治学生欺凌专题教育,培养校长、教师、学生及家长等不同群体积极预防和自觉反对学生欺凌的意识。另一方面,坚持预防为主。完善有关规章制度,及时排查可能导致学生欺凌事件发生的苗头隐患,强化学校及周边日常安全管理,加强欺凌事件易发现场监管,完善学生寻求帮助的维权渠道。学校负责具体实施和落实学生欺凌防治工作,扎实开展相关教育,制定完善预防和处置学生欺凌的各项措施、预案、制度规范和处置流程,及时妥善处理学生欺凌事件。指导、教育家长依法落实法定监护职责,增强法治意识,科学实施家庭教育,切实加强对孩子的看护和管教工作。

参考教育部等九部门《关于防治中小学生欺凌和暴力的指导意见》(2016年11月)。各地要在专项整治的基础上,结合典型案例,集中开展预防学生欺凌和暴力专题教育。要强化学生校规校纪教育,通过课堂教学、专题讲座、班团队会、主题活动、编发手册、参观实践等多种形式,提高学生对欺凌和暴力行为严重危害性的认识,增强自我保护意识和能力,自觉遵守校规校纪,做到不实施欺凌和暴力行为。研制学校防治学生欺凌和暴力的指导手册,全面加强教职工特别是班主任专题培训,提高教职工有效防治学生欺凌和暴力的责任意识和能力水平。要通过家访、家长会、家长学校等途径,帮助家长了解防治学生欺凌和暴力知识,增强监护责任意识,提高防治能力。中小学校要制定防治学生欺凌和暴力工作制度,将其纳入学校安全工作统筹考虑,健全应急处置预案,建立早期预警、事中处理及事后干预等机制。要加强师生联系,密切家校沟通,及时掌握学生思想情绪和同学关系状况,特别要关注学生有无学习成绩突然下滑、精神恍惚、情绪反常、无故旷课等异常表现及产生的原因,对可能的欺凌和暴力行为做到早发现、早预防、早控制。严格落实值班、巡查制度,禁止学生携带管制刀具等危险物品进入学校,针对重点学生、重点区域、重点时段开展防治工作。对发现的欺凌和暴力事件线索和苗头要认真核实、准确研判,对早期发现的轻微欺凌事件,实施必要的教育、惩戒。

53.【学生欺凌的处置】

原条文	建议修订条文（增加）
	第五十三条 学校、幼儿园对学生欺凌行为应当立即制止，通知实施欺凌和被欺凌未成年学生的父母或者其他监护人参与欺凌行为的认定和处理；对实施欺凌行为的学生，适用预防未成年人犯罪法规定的有关措施，依法进行教育矫治；对被欺凌的学生，予以必要的心理辅导，帮助他们恢复正常的生活和学习。

修订理由

参考教育部等十一部门印发的《加强中小学生欺凌综合治理方案》（2017年11月）。明确学生欺凌的界定，中小学生欺凌是发生在校园（包括中小学校和中等职业学校）内外、学生之间，一方（个体或群体）单次或多次蓄意或恶意通过肢体、语言及网络等手段实施欺负、侮辱，造成另一方（个体或群体）身体伤害、财产损失或精神损害等的事件。在实际工作中，要严格区分学生欺凌与学生间打闹嬉戏的界定，正确合理处理。对经调查认定实施欺凌的学生，学校学生欺凌治理委员会要根据实际情况，制定一定学时的专门教育方案并监督实施欺凌学生按要求接受教育，同时针对欺凌事件的不同情形予以相应惩戒。民政部门负责引导社会力量加强对被欺凌学生及其家庭的帮扶救助，协助教育部门组织社会工作者等专业人员为中小学校提供专业辅导，配合有关部门鼓励社会组织参与学生欺凌防治和帮扶工作。

参考教育部等九部门《关于防治中小学生欺凌和暴力的指导意见》（2016年11月）。对实施欺凌和暴力的中小学生必须依法依规采取适当的矫治措施予以教育惩戒，既做到真情关爱、真诚帮助，力促学生内心感化、行为转化，又充分发挥教育惩戒措施的威慑作用。对实施欺凌和暴力的学生，学校和家长要进行严肃的批评教育和警示谈话，情节较重的，公安机关应参与警示教育。对屡教不改、多次实施欺凌和暴力的学生，应登记在案并将其表现记入学生综合素质评价，必要时转入专门学校就读。对构成违法犯罪的学生，根据《刑法》《治安管理处罚法》《预防未成年人犯罪法》等法律法规予以处置，区别不同情况，责令家长或者监护人严加管教，必要时可由政府收容教养，或者给予相应的行政、刑事处罚，特别是对犯罪性质和情节恶劣、手段残忍、后果严重的，必须坚决依法惩处。对校外成年人教唆、胁迫、诱骗、利用在校中小学生违法犯罪行为，必须依法从重惩处，有效遏制学生欺凌和暴力等案事件发生。各级公安、检察、审判机关要依法办理学生欺凌和暴力犯罪案件，做好相关侦查、审查逮捕、审查起诉、诉讼监督、审判和犯罪预防工作。对遭受欺凌和暴力的学生及其家人提供帮助，及时开展相应的心理辅导和家庭支持，帮助他们尽快走出心理阴影，树立自信，恢复正常学习生活。对确实难以回归本校本班学习的当事学生，教育部门和学校要妥善做好班级调整和转学工作。

54. 【其他机构的职责】

原条文	建议修订条文（增加）
	第五十四条　婴幼儿照护服务机构、校外教育培训机构、校外托管机构等应当参照本章有关规定，做好未成年人保护工作。

修订理由

近些年来，婴幼儿照护服务机构、校外教育培训机构、校外托管机构等非学校机构在未成年人保护方面出现了一些突出问题，面临着无法可依的局面。从保护未成年人的角度来看，这些机构与学校一样，负有保障未成年人安全的职责。此条特此予以明确。

第四章　社会保护

55. 【社会保护的总体要求】

原条文	建议修订条文（修改）
第二十七条　全社会应当树立尊重、保护、教育未成年人的良好风尚，关心、爱护未成年人。 国家鼓励社会团体、企业事业组织以及其他组织和个人，开展多种形式的有利于未成年人健康成长的社会活动。	**第五十五条**　全社会应当树立尊重、保护、教育未成年人的良好风尚，关心、爱护未成年人。 国家鼓励、支持和引导社会组织、企业事业组织等组织和个人，开展多种形式的、有利于未成年人健康成长的社会活动和服务。 任何组织和个人不得以身份、身高等标准来限制或者剥夺未成年人应当享有的照顾或者优惠。

修订理由

很长一个时期以来，以身高作为未成年人享有照顾或者优惠的标准，是在我国经济社会欠发达、身份证明不普及、电子信息水平低的历史背景下采取的权宜之计。未成年人享有照顾或者优惠的相关规定属于福利政策，普惠性、公平性、全体性是基本要求。按照身高来界定，必然把那些身高高出标准的未成年人排除在福利政策之外，形成事实上的政策歧视，导致政策效果有失公平。从法治视角来看，以身高决定未成年人享有的照顾或者优惠违背了“未成年人依法平等地享有权利”。从全世界范围来看，青少年法律或青少年政策都是以年龄作为界定标准。未成年人享有照顾或者优惠以年龄为依据，是顺应公众普遍期待的改革方向。因此，增加第三款这一总体要求。

56.【公共场馆提供】

原条文	建议修订条文（修改）
第三十条 爱国主义教育基地、图书馆、青少年宫、儿童活动中心应当对未成年人免费开放；博物馆、纪念馆、科技馆、展览馆、美术馆、文化馆以及影剧院、体育场馆、动物园、公园等场所，应当按照有关规定对未成年人免费或者优惠开放。 **第三十一条（第二款）** 社区中的公益性互联网上网服务设施，应当对未成年人免费或者优惠开放，为未成年人提供安全、健康的上网服务。	**第五十六条** 教育基地、图书馆、青少年宫、儿童活动中心应当对未成年人免费开放；博物馆、纪念馆、科技馆、展览馆、美术馆、文化馆以及影剧院、体育场馆、动物园、公园、社区公益性互联网服务设施等场所，应当按照有关规定对未成年人免费或者优惠开放。

修订理由

增加“社区公益性互联网服务设施”，将原条文第三十一条第二款中“社区中的公益性互联网上网服务设施，应当对未成年人免费或者优惠开放”整合至此处。

参考国务院《关于印发中国妇女发展纲要和中国儿童发展纲要的通知》（国发〔2011〕24号），强调“社区公益性互联网上网服务设施，对儿童免费或优惠开放。”

57. 【场所安全】

原条文	建议修订条文（增加）
	第五十七条　向未成年人开放的活动场所应当符合国家和行业安全标准。 未成年人集中活动的公共场所，应当采取相应安全保护措施。对可能危及未成年人人身安全的设施，应当在显著位置设置安全警示标志，标明适应年龄范围或注意事项；必要时，应当设置人员看守。 公共场所应当建立公共安全图像信息系统和图像信息管理制度，发现涉及未成年人安全的可疑信息时，及时向公安机关报告。 大型的商场、超市、医院、图书馆、博物馆、科技馆等有条件的场所应当设置搜寻走失儿童的安全警报系统；警报系统警示后应当立即进行搜寻，搜寻无果的，应当立即报警。

修订理由

此条主要是吸收地方立法的有益经验，以强化公共服务和公共场所安全保护责任。

第二款参考了多个地方未成年人保护条例，如《四川省未成年人保护条例》《广东省未成年人保护条例》《西藏自治区实施〈中华人民共和国未成年人保护法〉办法》等。《四川省未成年人保护条例》第 41 条规定：向未成年人开放的活动场所应当符合国家和行业安全标准。未成年人集中活动的公共场所，应当采取相应安全保护措施，并设置提醒保护未成年人人身安全的明显标志。《南京市未成年人保护条例》第37条第1款规定：公共场所经营管理单位应当加强对未成年人的安全保护，对可能危及未成年人人身安全的设施，应当在显著位置设置安全警示标志，定期进行维护，并在显著位置标明适应年龄范围和注意事项。

第三、四款参考了《北京市公共安全图像信息系统管理办法》第13条的规定，即公共安全图像信息系统的使用单位，应当建立健全图像信息安全管理制度，以及《南京市未成年人保护条例》第三十七条第二款的规定，即大型的商场、超市、医院、图书馆、博物馆、科技馆等场所应当设置搜寻走失儿童的安全警报系统。警报系统警示后应当立即进行搜寻，搜寻无果的，应当立即报警。

58. 【媒体和文化环境】

原条文	建议修订条文（修改）
第三十二条 国家鼓励新闻、出版、信息产业、广播、电影、电视、文艺等单位和作家、艺术家、科学家以及其他公民，创作或者提供有利于未成年人健康成长的作品。出版、制作和传播专门以未成年人为对象的内容健康的图书、报刊、音像制品、电子出版物以及网络信息等，国家给予扶持。 国家鼓励科研机构和科技团体对未成年人开展科学知识普及活动。 **第三十四条** 禁止任何组织、个人制作或者向未成年人出售、出租或者以其他方式传播淫秽、暴力、凶杀、恐怖、赌博等毒害未成年人的图书、报刊、音像制品、电子出版物以及网络信息等。	**第五十八条** 公共媒体及有关单位和个人应当加强对未成年人保护工作的宣传，创作或者提供有利于未成年人健康成长或者专门以未成年人为对象的健康的文化作品。 任何单位和个人创作或者提供文化产品时，对不适宜未成年人阅读、收听、观看的，应当作出警示说明；在以未成年人为主要对象的活动场所，不得刊登、播放、展示和张贴有损未成年人身心健康的广告或者不适宜未成年人的文化产品。 任何单位和个人不得向未成年人提供危害国家安全、破坏民族团结以及淫秽、暴力、恐怖、赌博、邪教、迷信等危害未成年人身心健康的信息和内容。

修订理由

原条文第一款属国家鼓励、倡导性法条，主旨在于创造未成年人保护的社会文化氛围。根据这一主旨，建议条文强调公共媒体和有关单位及个人的主体责任。

江苏、江西等省先后出台的条例中对这一问题进行了类似修订。此处修改主要参考了《江西省未成年人保护条例》第49条的表述。即“广播、电视、报刊、出版社、互联网等公共传媒应当加强对未成年人保护工作的宣传，创作、出版、传播有利于未成年人健康成长的作品。任何单位或者媒体出版、播映图书、报刊、影视节目、音像制品、电子出版物和网络信息等文化产品时，对其中不适宜未成年人阅读、观看的，应当作出中文警示说明，并不得在公共场所或者有未成年人的场所展示；不得刊登、播放和张贴有损未成年人身心健康的广告。任何单位和个人不得向未成年人提供危害国家安全、破坏民族团结以及淫秽、色情、暴力、邪教、迷信等危害未成年人身心健康的图书、报刊、影视节目、音像制品、电子出版物、声讯和网络信息。”

59.【安全标准】

原条文	建议修订条文（未修改）
第三十五条 生产、销售用于未成年人的食品、药品、玩具、用具和游乐设施等，应当符合国家标准或者行业标准，不得有害于未成年人的安全和健康；需要标明注意事项的，应当在显著位置标明。	**第五十九条** 生产、销售用于未成年人的食品、药品、玩具、用具和游乐设施等，应当符合国家标准或者行业标准，不得有害于未成年人的安全和健康；需要标明注意事项的，应当在显著位置标明。

60.【娱乐场所限制】

原条文	建议修订条文（修改）
第三十六条 中小学校园周边不得设置营业性歌舞娱乐场所、互	**第六十条** 中小学校园周边二百米范围内不得设置营业性歌舞娱

原条文	建议修订条文（修改）
联网上网服务营业场所等不适宜未成年人活动的场所。 营业性歌舞娱乐场所、互联网上网服务营业场所等不适宜未成年人活动的场所，不得允许未成年人进入，经营者应当在显著位置设置未成年人禁入标志；对难以判明是否已成年的，应当要求其出示身份证件。	乐场所、游艺娱乐场所、酒吧、互联网上网服务营业场所等不适宜未成年人活动的场所。 不适宜未成年人活动的场所，不得允许未成年人进入，经营者应当在显著位置设置未成年人禁入、限入标志，进入场所时应当要求出示身份证件。 除国家法定节假日外，游艺娱乐场所设置的电子游戏机不得向未成年人提供。

修订理由

增加“二百米范围内”以明确不得设置娱乐场所的范围。参考部分地方条例的实践，如《上海市未成年人保护条例》第27条规定：中小学校校园周边二百米之内不得开设营业性歌舞娱乐场所、营业性游艺娱乐场所、互联网上网服务营业场所以及其他未成年人不适宜进入的场所。其他规定了相同范围的还有《重庆市未成年人保护条例》第34条，《四川省未成年人保护条例》第43条。

新增“游艺娱乐场所”，借鉴了《上海市未成年人保护条例》增加“营业性游艺娱乐场所”、《重庆市未成年人保护条例》增加“营业性电子游戏场所”、《四川省未成年人保护条例》增加“游艺娱乐场所”等情况。

新增“酒吧”。《娱乐场所管理条例》（2016年修订）和《营业性歌舞娱乐场所管理办法》（1997年修订）在“娱乐场所”和“营业性歌舞娱乐场所”的界定中，要么没有涵盖酒吧，要么对酒吧所指范围过窄，如《营业性歌舞娱乐场所管理办法》第2条规定：“本办法适用于下列营业性歌舞娱乐场所：（一）歌厅（含有歌手演唱的酒吧、咖啡厅等）；……”该条款将酒吧范围限制为带有歌舞性质、有歌手演唱的酒吧，不能完全包含形式多样的现代酒吧。《上海市未成年人保护条例》第26条、《贵州省未成年人保护条例》第27条都将“酒吧”与“营业性歌舞娱乐场所”并列提出。实践中，未成年人出入各种形式的酒吧造成的不良后果时有发生，因此将“酒吧”单独列出，有助于强化这类场合的未成年人保护意识。

新增“除国家法定节假日外，游艺娱乐场所设置的电子游戏机不得向未成年人提供”，依据为《娱乐场所管理条例》（2016修订）和江西等地的立法实践情况。

新增“限入”一词，主要针对除国家法定节假日外不得向未成年人提供游艺娱乐场设置的电子游戏机的情况。

61. 【住宿管理】

原条文	建议修订条文（增加）
	第六十一条 酒店、旅馆等住宿服务场所在接待没有成年人陪同的未成年人住宿时，应当查验未成年人有效身份证件。 对于未满十六周岁的，应当联系其监护人，并核实有关情况；无法联系到其监护人或者无法核实的，应当立即报告所在地派出所，由派出所核实有关情况。 没有经未成年人父母或者其他监护人同意，房屋出租者不得向不满十六周岁的未成年人出租房屋。

修订理由

限制未成年人单独或结伴入住酒店，主要目的是针对未成年人离家出走、私自开房等情况作出预防和保护。目前有关酒店管理或旅客入住的法规中，未见单独针对未成年人的相关规定，仅针对外籍港澳台人士作出了特殊登记规定，如《旅馆业治安管理办法》（2011年修订）第6条规定“旅馆接待旅客住宿必须登记。登记时，应当查验旅客的身份证件，按规定的项目如实登记。接待境外旅客住宿，还应当在24小时内向当地公安机关报送住宿登记表”。《上海市旅馆业治安管理实施细则》《北京市旅馆业治安管理规定》和《四川省旅馆业治安管理办法》等也有类似条文。

云南等地在实践中采取了“未成年人入住旅店监护人首肯制”的做法，即十六周岁以下的未成年人单独入住的，必须第一时间向派出所报告，然后派出所立即出警到旅店核实住宿原因，并立即与其家长联系。在征得其家长或者法定监护人同意并留下相关证据后，才允许未成年人入住。另以山东为例，根据《山东省预防未成年人犯罪条例》第37条规定，旅馆接待无监护人陪同的不满十六周岁未成年人住宿的，应当及时与其父母或者其他监护人、近亲属或者所在学校联系；无法联系的，应当向当地公安机关报告。再以江苏为例，《江苏省预防未成年人犯罪条例》第21条规定：不满十六周岁的未成年人在旅馆住宿时，应当有父母、其他监护人或者监护人委托的其他完全民事行为能力人陪同。旅馆业经营者接纳无前述人员陪同的不满十六周岁未成年人住宿的，应当及时与其父母、其他监护人、近亲属或者所在学校联系；无法取得联系的，应当向当地公安机关报告。没有经未成年人父母或者其他监护人同意，房屋出租者不得向不满十六周岁的未成年人出租房屋。我们认为这种做法有可取之处，既起到了预防保护的作用，又考虑到了未成年人居住酒店的实际需求，因此借鉴这种做法增加一条。

62. 【禁止烟酒彩票】

原条文	建议修订条文（修改）
第三十七条 禁止向未成年人出售烟酒，经营者应当在显著位置设置不向未成年人出售烟酒的标志；对难以判明是否已成年的，应当要求其出示身份证件。 任何人不得在中小学校、幼儿园、托儿所的教室、寝室、活动室和其他未成年人集中活动的场所吸烟、饮酒。	**第六十二条** 禁止向未成年人出售烟酒。任何人不得让未成年人为其购买烟酒。彩票销售机构和彩票代销者不得向未成年人销售彩票和兑付奖金。烟酒经营和彩票销售机构、彩票代销者应当在显著位置设置不向未成年人出售烟酒和彩票的标志；对难以判明是否已成年的，应当要求其出示身份证件。

原条文	建议修订条文（修改）
	任何人不得在学校、校外教育培训机构、婴幼儿照护服务机构的教室、寝室、活动室和其他未成年人集中活动的场所吸烟、饮酒。

修订理由

新增“任何人不得让未成年人为其购买烟酒”，一是因为让未成年人购买烟酒的行为大多发生在家庭场景中，应加强家庭作为教育源头的责任意识，二是结合上海等地已有立法实践，如《上海市未成年人保护条例》第28条规定：任何经营场所不得向未成年人出售烟酒。任何人不得让未成年人为其购买烟酒。

新增“彩票销售机构和彩票代销者不得向未成年人销售彩票和兑付奖金”，并将设置禁售标志的要求修改为“烟酒经营和彩票销售机构、彩票代销者”。彩票具有一定博彩性质，未成年人自控力较差，沉溺其中可能造成身心健康和财产损失。国务院《彩票管理条例》（2009年7月）第26条明确规定“不得向未成年人兑奖”；财政部、民政部和体育总局《彩票管理条例实施细则》（2018年修订）第25条也规定了彩票代销合同中应当包含“不得向未成年人销售彩票和兑奖的约定”。《四川省未成年人保护条例》和《重庆市未成年人保护条例》中也有不得向未成年人出售彩票的相关规定。

63.【禁止危险物品】

原条文	建议修订条文（增加）
	第六十三条　禁止向未成年人提供或者销售仿真玩具枪以及其他可能致人严重伤害的器具、器械和物品。对难以判明是否已成年的，经营者应当要求其出示身份证件。

修订理由

禁止向未成年人出售枪支、弹药、管制刀具等危险物品及其法律责任在《治安管理处罚法》《刑法》和《公安部对部分刀具实行管制的暂定规定》等法律和规章中已有明确规定。但针对现实中存在很多仿真玩具枪等危险器械引发事故的情况，仍有必要增加这一条。

同时参考了地方立法。如《贵州省未成年人保护条例》第30条第2款规定：禁止任何组织和个人向未成年人提供或出售火药枪、匕首、三棱刀、弹簧刀以及其他管制的器具。《四川省未成年人保护条例》第47条规定：禁止向未成年人提供和出售管制刀具、仿真玩具枪以及其他可能致人严重伤害的器械和物品。对难以判明是否已成年的，应当要求其出示身份证件。

64. 【网购限制】

原条文	建议修订条文（增加）
	第六十四条 网络购物平台和网络服务供应商应当对网络购物、网络支付进行实名认证，对未成年人网络购物、网络支付的，应当根据金额、物品等设定通知监护人或者征得监护人同意的程序。 未经监护人同意，任何组织和个人不得向未成年人提供网络代购服务。

修订理由

现实中屡屡发生未成年人私自网购或找人代购，家长要求商家退还的纠纷。未成年人网购行为属于无民事行为能力人或限制行为能力人的购买，相关纠纷虽然适用民法、合同法中有关规定处理，但是为了减少和防止这类纠纷的日益增多，同时也是保护未成年人不受不良消费的影响，对未成年人网络购物作出相关限制仍然十分必要。《网络安全法》已对网络服务实名制作出了规定。此外，网络购物由于要绑定银行卡等支付工具，事实上已经是实名认证。

65.【未成年人用工】

原条文	建议修订条文（修改）
第三十八条 任何组织或者个人不得招用未满十六周岁的未成年人，国家另有规定的除外。 任何组织或者个人按照国家有关规定招用已满十六周岁未满十八周岁的未成年人的，应当执行国家在工种、劳动时间、劳动强度和保护措施等方面的规定，不得安排其从事过重、有毒、有害等危害未成年人身心健康的劳动或者危险作业。	**第六十五条** 任何组织或者个人不得招用未满十六周岁的未成年人，国家另有规定的除外。 任何组织或者个人按照国家有关规定招用已满十六周岁未满十八周岁的未成年人的，应当执行国家在工种、劳动时间、劳动强度和保护措施等方面的规定，不得安排其从事过重、有毒、有害等危害未成年人身心健康的劳动或者危险作业。 招用已满十六周岁未满十八周岁的未成年人的，应当进行安全防护意识和安全操作技能的岗前培训。

修订理由

新增第三款，旨在强化用人单位安全培训责任。

未成年工上岗前用人单位应对其进行有关的职业安全卫生教育、培训；未成年工体检和登记，由用人单位统一办理和承担费用。《南京市未成年人保护条例》第35条规定：家政服务经营者应当对从事涉及未成年人家政服务的人员进行岗前培训，提高其对未成年人保护的责任意识和基本技能。

66. 【用工征信和查询】

原条文	建议修订条文（增加）
	第六十六条 招用密切接触未成年人行业的从业人员时，用工单位应当依法审查拟招用人员的征信记录，查询是否具有性侵害、虐待等侵害人身权利违法犯罪记录。 对具有前款规定违法犯罪记录的人员，用工单位不得录用。

修订理由

实施侵害未成年人的案件中，熟人作案、从事与未成年人经常接触工作的人作案等情节屡屡发生。

有性侵害未成年人犯罪记录的人，在发达国家司法实践中其个人征信多被纳入不适宜从事与儿童密切相关工作的范围。然而目前我国《征信业管理条例》（2013 年 3 月）和《征信机构管理办法》（2013 年 12 月）等对个人征信信息披露尚未作出相关规定，也没有对用人单位查验个人征信作出相关规定。

实践中，2016 年浙江慈溪市出台了《性侵害未成年人犯罪人员信息公开实施办法》，从司法保护角度规定了对实施严重性侵害未成年人行为的犯罪人员，在其刑满释放后或假释、缓刑期间，应当按照相关程序通过网络等媒体对其个人信息予以公开，方便公众查询，警示犯罪，预防未成年人受到性侵害。借鉴这一做法，本条增加了对用工单位的要求，强调用工单位有查验相关征信信息的义务。最高检相关部门在司法实践办案中，依法提出禁止相关犯罪人员从事密切接触未成年人职业的量刑建议。

67.【未成年人隐私】

原条文	建议修订条文（修改）
第三十九条 任何组织或者个人不得披露未成年人的个人隐私。 对未成年人的信件、日记、电子邮件，任何组织或者个人不得隐匿、毁弃；除因追查犯罪的需要，由公安机关或者人民检察院依法进行检查，或者对无行为能力的未成年人的信件、日记、电子邮件由其父母或者其他监护人代为开拆、查阅外，任何组织或者个人不得开拆、查阅。	**第六十七条** 任何组织或者个人不得披露未成年人的个人隐私。 对未成年人的信件、日记、电子邮件，任何组织或者个人不得隐匿、毁弃；除因追查犯罪的需要，由公安机关或者人民检察院依法进行检查，或者对无行为能力的未成年人的信件、日记、电子邮件由其父母或者其他监护人代为开拆、查阅外，任何组织或者个人不得开拆、查阅。 新闻媒体采访报道涉及未成年人事件时，安排熟悉未成年人身心特点的从业人员，并且应当客观、真实、审慎、适度，不得侵犯未成年人的名誉、隐私和其他合法权益。

修订理由

在涉及未成年人犯罪、欺凌、被害事件等具体个案报道时，一些媒体、网站未能充分遵循保护未成年人合法权益的要求。有些媒体虽然对涉案未成年人的姓名、身份等信息进行了隐匿处理，但是对学校、父母等可能推断出该未成年人隐私的信息隐匿得不够，间接地导致了未成年人信息的泄露。还有些媒体披露了许多不宜公开和描述的事件细节，给受害人的名誉造成很大的负面影响。这样带来的损害往往是双向的，既不利于对未成年加害人的教育和挽救，也不利于对未成年被害人的安抚，甚至给其带来二次伤害。基于以上理由，新增第三款。

68. 【优先救助原则】

原条文	建议修订条文（修改）
第四十条 学校、幼儿园、托儿所和公共场所发生突发事件时，应当优先救护未成年人。	**第六十八条** 发生突发事件时，应当优先救护未成年人。

修订理由

未成年人优先是世界通行的原则，这在有关的国际文件中有充分的体现。联合国世界儿童首脑会议通过的《儿童生存、保护和发展世界宣言》指出，我们庄严承诺，对儿童的权利对他们的生存以及对他们的保护和发展给予高度的优先，并且强调提高儿童福利必须非常高度的优先。我国也是一贯坚持儿童优先。突发事件，是指突然发生，造成或者可能造成严重社会危害，需要采取应急处置措施予以应对的自然灾害、事故灾难、公共卫生事件和社会安全事件。由于未成年人的应变能力和自我保护能力都比成年人差，在突发事件中更容易受到伤害，因此未成年人比成年人更需要及时接受救护，在遇到突发事件时，应该优先救助处于相对弱势的未成年人。基于此，不再限制突发事件发生的场所，即不仅仅限于学校、幼儿园、托儿所，应当在社会发生的所有突发事件中优先救护未成年人。

69. 【禁止人身侵害】

原条文	建议修订条文（未修改）
第四十一条 禁止拐卖、绑架、虐待未成年人，禁止对未成年人实施性侵害。 禁止胁迫、诱骗、利用未成年人乞讨或者组织未成年人进行有害其身心健康的表演等活动。	**第六十九条** 禁止拐卖、绑架、虐待、非法收养未成年人，禁止对未成年人实施性侵害、性骚扰和性引诱。 禁止胁迫、诱骗、教唆、拉拢未成年人参加黑社会性质组织或者从事其他违法犯罪活动。

原条文	建议修订条文（未修改）
	禁止胁迫、诱骗、利用未成年人乞讨或者组织未成年人进行危害其身心健康的表演等活动。

修订理由

近些年来，实践中暴露出非法收养、性骚扰、性引诱未成年人的现象。为了防治这些侵害未成年人的行为，明确增加禁止“非法收养”“性骚扰”和“性引诱”。

2020年4月23日，最高人民检察院召开新闻发布会。据相关数据显示，未成年人涉黑恶犯罪虽然从整体上看人数总量不大，占同期犯罪比例不高，但数量逐年增长。2017—2019年，全国检察机关办理的组织、领导、参加黑社会性质组织犯罪案件，受理审查起诉的未成年人数分别为84人、428人、552人，2018年、2019年比2018年分别增长了410%、29%。更突出的问题是，一些黑恶势力利用刑法关于刑事责任年龄的规定，有意将未成年人作为发展对象，以此规避刑事处罚，严重损害未成年人身心健康。因此，增加第二款。

70. 【群众自治组织的保护】

原条文	建议修订条文（修改）
第四十八条 居民委员会、村民委员会应当协助有关部门教育和挽救违法犯罪的未成年人，预防和制止侵害未成年人合法权益的违法犯罪行为。	**第七十条** 居民委员会、村民委员会应当协助、配合基层人民政府开展未成年人保护工作，对经济贫困、监护缺失、家庭暴力、教育失当等未成年人重点予以保护。 居民委员会、村民委员会应当协助有关部门教育和挽救违法犯罪的未成年人，预防和制止侵害未成年人合法权益的违法犯罪行为。

修订理由

民政部《关于开展未成年人社会保护试点工作的通知》（2013 年 5 月）对困境未成年人处境的说明，使用了“经济贫困、监护缺失、家庭暴力、教育失当”的界定。依据《反家庭暴力法》和民政部《关于开展第二批全国未成年人社会保护试点工作的通知》等规定，强化基层群众自治组织和社会组织在加强对困境儿童保护方面的职责。《反家庭暴力法》第 8 条强调，乡镇人民政府、街道办事处应当组织开展家庭暴力预防工作，居民委员会、村民委员会、社会工作服务机构应当予以配合协助。

71.【社会参与提供服务】

原条文	建议修订条文（增加）
	第七十一条　符合条件的组织和个人可以依法兴办哺乳室、婴幼儿照护服务机构、幼儿园以及适合未成年人文化需要的活动场所和设施。 符合条件的组织和个人可以依法提供家庭教育支持服务，参与校园安全建设和未成年人社会服务，开展未成年人心理疏导、法律援助、情感沟通、社区矫正、康复救助等社会工作和社会服务。 科研机构和科技团体可以对未成年人开展科学知识普及教育活动。

修订理由

条文属于鼓励倡导性条文。其中第一、三款主要整合了散布在原条文中针对社会组织、社会力量的各种鼓励、倡导性条文。

第二款为新增，主要参考了地方立法实践的经验。如《江西省未成年人保护条例》第 51 条规定：鼓励具有法定资质或者资格的社会组织和个人为未成年人提供公益性生理、心理、法律、教育咨询服务。《贵州省未成年人保护条例》第 41 条第 2 款规定：学校、村（居）民委员会和其他社会团体、群众组织应当开展对父母或者其他监护人外出务工的农村未成年人的生活关爱、心理疏导、情感沟通等活动。

72.【社会参与提供服务】

原条文	建议修订条文（增加）
	第七十二条 符合条件的组织和个人可以依法通过为政府提供服务等方式参与制定与未成年人保护和救助相关的服务清单、工作规程、服务标准等，参与未成年人保护服务平台、服务热线、服务站点，为未成年人提供咨询、帮助，及时受理、转介侵害未成年人合法权益的投诉、举报。

修订理由

参考当前各地政府购买社会组织服务的实践经验，如四川等地通过政府购买社会组织服务，引入社会组织参与制定少年司法社工的服务内容清单和服务标准。《南京市未成年人保护条例》第 11 条规定：市未成年人保护委员会办公室设立未成年人保护综合服务平台，设置专用电话并向社会公布，接受和处理有关未成年人权益保护的求助、投诉、建议和咨询。《浙江省未成年人保护条例》第 44 条规定：市、县（市、区）应当设置未成年人维权专用电话或者平台，为未成年人提供咨询，及时受理侵害未成年人合法权益的投诉、举报。上海市未成年人保护委员会《2017 年上海市未成年人保护工作要点》第 22 条规定：完善未成年人保护工作机制建设。各级未保部门要加强未成年人保护机构建设，完善市、区、街道乡镇、居村委以及学校未保网络建设。以未成年人保护核心指标体系建设为契机，探索建立未成年人保护工作对象数据库、未成年人保护工作成效评价标准及未成年人保护工作信息共享平台。

第五章　网络保护

73.【网络保护的理念】

原条文	建议修订条文（增加）
	第七十三条　国家保障未成年人平等、充分、健康、安全地使用网络，保护未成年人合法的网络活动。

修订理由

未成年人是祖国的未来、民族的希望，在互联网不断渗透的信息化浪潮下，网民"首次触网年龄"明显提前。据中国互联网络信息中心（CNNIC）2019年发布的第43次《中国互联网络发展状况统计报告》显示，截至2018年12月，我国19岁以下网民约占全体网民的21.6%，全年新增网民5653万人，互联网普及率达59.6%，较2017年底提升3.8个百分点；在我国网民中，学生群体最多，占比达25.4%。而一项由共青团中央维护青少年权益部、中国互联网络信息中心共同发布的《2018年全国未成年人互联网使用情况研究报告》则显示，我国未成年网民规模为1.69亿，未成年人的互联网普及率达到93.7%，高于同期全国人口的互联网普及率（57.7%）。加强未成年人网络保护具有极其重要的现实意义和战略意义，已成为当今社会的广泛共识。一方面，网络为未成年人获取知识、自我表达、娱乐和社交提供了便捷途径，对其生活和成长发挥着越来越大的影响。可以说，未成年人的网络权益已经成为其发展权、参与权、娱乐权的一种具体的时代体现；正确合理高效地使用网络的能力已经成为他们健康成长的重要因素。另一方面，由于未成年人的心智尚未成熟，他们对于互联网信息和应用的是非利弊判断存在不足。互联网对未成年人带来的潜在风险主要体现为：以网络游戏和短视频为主的网络沉迷；未成年人隐私泄露；网络谣言、低俗色情暴力、恐怖等有害信息的无序传播；网络暴力、网络欺凌对未成年人身心健康造成损害。这就要求既要保障未成年人平等、充分、健康、安全地使用网络，又要保护未成年人合法的网络活动。

74.【培养和提高网络素养】

原条文	建议修订条文（增加）
	第七十四条 国家建立未成年人及其监护人的网络素养提升制度。 未成年人的监护人应当提高自身网络素养，规范自身使用网络的行为，教育、引导、监督未成年人正确、健康地使用网络；为未成年人提供智能终端产品时，应当安装未成年人网络保护软件、选择适合未成年人的服务模式和管理功能，合理安排未成年人使用网络的时间。 中小学校应当合理使用网络开展教学活动，将安全和合理使用网络纳入课程，对未成年学生进行网络安全和网络文明教育，帮助学生养成良好的使用网络的习惯；禁止未成年人学生将手机等智能终端产品带入课堂，发现的应当统一保管。 国家鼓励和支持中小学、社会团体、企事业单位、村民委员会、居民委员会、社会组织等通过开设校外课堂等多种方式指导未成年学生及其监护人学习有关知识，帮助未成年学生养成良好的使用网络的习惯、提高网络素养。

修订理由

网络对未成年人的影响有利有弊，要趋利避害，让网络在未成年人的成长中发挥有益作用。实现这一目的的途径是对未成年人进行网络素养教育。网络素养，指的是人的基本素养中的应具备的网络素质及道德规范，未成年人也应具备网络信息辨别能力和网络规范及道德修养等网络素养教育的整体规划和知识。

通过社会机构与学校及家庭实施网络素养教育。一方面，互联网时代对家长提出了新的要求和挑战，享受信息包容性、开放性的同时，又能做到自律，父母用以身作则的方式，帮助孩子建立起互联网行为的规范和边界。家长自身要有充分的媒介素养、网络素养，并将网络素养作为一种知识和习惯养成来教育，不断学习和指导孩子。另一方面，积极推动网络素养教育进学校、进课堂，把网络素养教育作为义务教育阶段的课程教学内容，全面提高中小学生的网络应用能力和网络道德规范。此外，社会也应当引导未成年人正确认识网络的功能，在了解网络知识的基础上，理性地运用网络信息为自身的发展服务；提高对网络负面信息的免疫力；提高网络安全意识；认清网络世界与现实世界的距离；利用网络开展健康有益的活动，培养未成年人健全的人格。

75.【建设网络场所、网络内容、网络技术】

原条文	建议修订条文（修改）
第三十一条（第二款） 社区中的公益性互联网上网服务设施，应当对未成年人免费或者优惠开放，为未成年人提供安全、健康的上网服务。	**第七十五条** 国家鼓励和支持有利于未成年人健康成长的网络产品的创作与传播，鼓励和支持专门以未成年人为服务对象、适应未成年人身心发展规律和特点的网站建设以及智能终端设备、应用程序、网络技术的研发和推广。

修订理由

调查显示，我国目前的未成年人专属网站和内容缺乏，影响力不大，尚无在功能、内容、覆盖面等方面同大型门户网站相提并论的未成年人专属网站，现有的一些为未成年人设立的网站其知名度还有待提高。健康的网络文化内容决定了健康的网络行为。对此，建议由未成年人服务和网络管理的有关部门共同打造未成年人专属网络平台，以优质网络文化内容吸引未成年人。从根本上解决网络成瘾问题和其他互联网负面问题，还需要从内容建设、网络管理、技术保障，特别是运行规则上作深入思考和探索。同时，参考《网络安全法》的规定，国家支持研究开发有利于未成年人健康成长的网络产品和服务。

76.【相关网络企业的社会责任】

原条文	建议修订条文（增加）
	第七十六条 网络产品的提供者和服务者应当遵守法律、行政法规，尊重社会公德，恪守商业道德，履行未成年人网络保护义务，加强行业自律，接受政府和社会的监督，承担社会责任。

修订理由

参考《网络安全法》的规定，网络运营者开展经营和服务活动，必须遵守法律、行政法规，尊重社会公德，遵守商业道德，诚实信用，履行网络安全保护义务，接受政府和社会的监督，承担社会责任。网络相关行业组织按照章程，加强行业自律，制定网络安全行为规范，指导会员加强网络安全保护，提高网络安全保护水平，促进行业健康发展。其中，为未成年人提供安全、健康的网络环境也是网络产品的提供者和服务者一项不可或缺的社会责任。

77.【网络不良信息管理】

原条文	建议修订条文（增加）
	第七十七条 禁止制作、发布、传播危害未成年人身心健康的信息。

原条文	建议修订条文（增加）
	任何组织和个人发现网络产品、服务含有危害未成年人身心健康的信息，有权通知网络产品和服务提供者采取删除、屏蔽等措施，也可以直接向网信部门、公安机关等部门投诉、举报。 网络服务提供者应当加强对用户发布信息的管理，发现危害未成年人身心健康的信息，应当立即停止传输相关信息，采取删除、屏蔽等处置措施，保存有关记录，并向网信部门、公安机关等部门报告。

修订理由

参考《网络信息内容生态治理规定》（2020 年 3 月）的规定，不得制作含有下列内容的不良信息：（1）带有性暗示、性挑逗、性诱惑的；（2）展现血腥、惊悚等致人身心不适的；（3）宣扬炫富拜金、奢靡腐化等生活方式的；（4）过度炒作明星绯闻、娱乐八卦的；（5）使用粗俗语言、展示恶俗行为、宣扬低俗内容的；（6）调侃恶搞自然灾害、重大事故等灾难的；（7）煽动人群歧视、地域歧视等的；（8）使用夸张标题，内容与标题严重不符的；（9）对未成年人身心健康造成不良影响的；（10）其他含有危害社会公德等破坏网络生态内容的。网络信息内容服务平台不得复制、发布、传播上述所列的信息。网络信息内容服务平台提供网络游戏、网络文学、网络动漫、网络直播、网络音视频及其他各类服务时，应当采取措施防止未成年人接触违法和不良信息。

78.【网络不适宜信息管理】

原条文	建议修订条文（增加）
	第七十八条 国家根据未成年人网络保护的需要，结合未成年人的不同年龄段，确定不适宜未成年人接触的信息的范围和判断标准。 任何组织和个人在网络空间制作、发布、传播前款规定的信息时，应当以显著方式提示。 网络服务提供者应当对其所发布、登载的信息进行审查；发现第一款规定的信息的，应当采取措施以显著方式进行浏览前提示。

修订理由

参考《未成年人网络保护条例（草案征求意见稿）》的规定，任何组织和个人在网络空间制作、发布、传播以下不适宜未成年人接触的信息，应当在信息展示之前，以显著方式提示：(1) 可能诱导未成年人实施暴力、欺凌、自杀、自残、性接触、流浪、乞讨等不良行为的；(2) 可能诱导未成年人使用烟草、酒类等不适宜未成年人使用的产品的；(3) 可能诱导未成年人产生厌学、愤世、自卑、恐惧、抑郁等不良情绪的；(4) 其他可能对未成年人身心健康产生不良影响的。网络信息服务提供者提供网络平台服务的，应当对其所登载的信息进行审查；发现前款规定的信息的，应当采取措施以显著方式进行浏览前提示。

79.【上网保护软件强制安装】

原条文	建议修订条文（增加）
	第七十九条 学校、图书馆、文化馆、青少年宫等公益性场所为未成年人提供的上网设施，应当安装未成年人上网保护软件，避免未成年人接触网络违法信息和不适宜未成年人接触的信息。

修订理由

据共青团中央和中青奇未公司联合此前发布的《2016 互联网不良信息对青少年的危害分析白皮书》显示，有近 80% 的青少年通过电脑、手机等网络终端接触过不良信息，包括诈骗、色情、暴力等不良信息。其中，以诈骗为例，仅 2015 年 1—4 月，猎网平台共收到网络诈骗举报 5543 起，其中 16 岁以下青少年案件总数为 365 起（涉案金额达 69.6 万元），占全体网民报案总数的 6.6%。网络不良信息极容易导致青少年遭受沉迷网络、价值观扭曲、网络诈骗等一系列上网安全问题，严重影响青少年健康成长，保护青少年的网络安全成为亟待解决的问题。在防范青少年接触不良信息的措施中，使用上网管理软件被认为是最有效的措施。同时，各方期望上网管理软件能够为青少年提供安全的上网环境，如拦截不良信息、杀毒、限制访问某些网站等。因此，引导青少年科学健康上网，亟待普及上网管理软件，在学校、公益性场所等青少年上网集中地点的计算机上以及青少年使用的智能手机上推广安装不良信息过滤软件，阻断网络不良信息向未成年人传播的路径。

2013 年，在共青团中央、中国少年先锋队全国工作委员会指导下，团中央网络影视中心联合 360 公司发起了“青少年网络安全教育工程”，旨在培养广大青少年绿色上网、文明上网意识和良好习惯，并由中青奇未公司作为唯一官方指定合作机构运营。为解决网络不良信息对未成年人的侵害，中青奇未公司基于 PC 端与手机端的不同特质及未成年人上网习惯，联合 360 公司共同研发推出奇未安全桌面和奇未安全 OS。奇未安全桌面可自动拦截不良信息，保证青少年上网安全；汇聚优质海量免费内容，帮助不同阶段青少年更好地上网学习。这种探索取得了不错的效果，也为立法提供了可借鉴的实践样本。

80.【上网保护软件预安装】

原条文	建议修订条文（增加）
	第八十条 智能终端产品制造商或者进口商应当在产品出厂或者销售前安装未成年人上网保护软件，或者为安装未成年人上网保护软件提供便利，采用显著方式告知用户安装渠道和方法。

修订理由

为保障学校、公益性场所的上网设施未成年人上网保护软件的强制安装，为鼓励、推广和方便监护人等根据需要使用或者安装未成年人上网保护软件，特对智能终端产品制造商在产品出厂时、智能终端产品进口商在产品销售前作出明确规定，或者在产品上安装未成年人上网保护软件，或者为安装未成年人上网保护软件提供便利并采用显著方式告知用户安装渠道和方法。

81.【网络沉迷防治】

原条文	建议修订条文（修改）
第三十三条 国家采取措施，预防未成年人沉迷网络。 国家鼓励研究开发有利于未成年人健康成长的网络产品，推广用于阻止未成年人沉迷网络的新技术。	**第八十一条** 家庭、学校应当预防和干预未成年人沉迷网络；对于有沉迷网络倾向的未成年学生，学校应当指导其监护人开展家庭教育，配合家庭、社区及其他机构或者专业人员进行教育和引导。 任何组织和个人不得以侵犯未成年人合法权益的方式干预网络沉迷行为。

修订理由

未成年人处于成长发育的关键时期，沉迷游戏、过度用网消耗了精力、耽误了学业，进而导致精神颓废、身体羸弱；网络信息泥沙俱下，孩子辨别能力不够，难免造成价值观走偏、行为失范，甚至诱发盗窃、暴力等违法行为。凡此种种，不仅损害了青少年的身心健康，更会对家庭、社会乃至国家长远发展带来巨大危害。世界卫生组织已经将网络游戏成瘾列入精神疾病。防止青少年沉迷网络，不仅是一个公共卫生课题，也是一项社会治理挑战。客观来讲，未成年人沉迷网络有着复杂的原因。好奇心强、自制力弱、渴望得到认同等心理特点是一方面，规范管理、合理引导、预防治疗不够也是重要原因。当务之急是要把防沉迷措施建立起来，把各方责任落实到位。

作为教育的起点和根基，家长要言传更要身教。面对网络世界的各种诱惑，孩子由于心智尚未成熟，自制力差，容易让不良信息“钻空子”。所以家长一定要正确引导，对上网玩游戏、刷短视频的时间进行约束，对内容进行监督，防止孩子沉迷。此外，在孩子接触网络时，家长一定要承担起相应的责任，以身作则，树立良好的榜样。家长要带头远离手机，用更多的时间陪伴孩子。

作为教育的主战场，学校要加强教育的监管力度。随着手机的普及，短视频更快地侵入了学生们的校园生活。在学校拍视频、刷视频的孩子越来越多。学校应该进一步加强监管力度，完善相关规章制度，更合理地管理学生的课余时间，督促学生正确使用手机。并且通过多种形式宣传网络不良信息的危害性，提高学生防沉迷的意识，增强学生抵抗不良信息的能力。

近年来，各种巧立名目、种类繁多的网瘾治疗机构大行其道，乱收费、暴力体罚等负面新闻层出不穷，需要引起注意。纵观国外，网瘾干预的模式基本上有两类：一类是以美国为代表的社区模式，另一类是以韩国为代表的国家模式。无论何种模式，干预机构都注重心理辅导，依法进行，不使用暴力。据不完全统计，中国大陆地区目前有300多家网瘾治疗机构，而封闭式训练营、军事化管理、体罚等大都是戒网瘾机构惯用的方法。中国青少年研究中心发布的《关于青少年网瘾及其戒除的研究报告》称，网瘾学校大都对学生实施军事化管理，教学方式一般运用体罚、限制人身自由、超负荷体能训练等，国外非常重视的心理辅导则几乎被抛弃。由于绝大多数的网瘾治疗机构都是封闭式管理，学生与家长隔离，体罚极易变成虐待和故意伤害。这样的暴力教育毫无疑问是违法犯罪，法律应当予以禁止。

82.【网络游戏实名认证制度】

原条文	建议修订条文（增加）
	第八十二条 国家实行统一的网络游戏产品年龄认证和识别制度。网络游戏服务提供者应当根据国家有关规定和标准使用网络游戏产品年龄认证和识别系统，网络游戏用户应当提供真实身份信息予以注册。 网络游戏产品年龄认证和识别系统应当设置有效措施，妥善保存用户注册信息。

修订理由

在青少年网民群体急剧增加的同时，未成年人因沉迷网络游戏造成不良后果的新闻也屡见报端。社会各界对防止未成年人沉迷网络游戏的呼声日益增强，网游实名制就此出台。网游实名制全称网络游戏实名制，是针对网络游戏的玩家在玩网络游戏时，需要输入真实的身份信息的制度。国家推行网游实名制，目的就是利用管理和技术手段限制未成年人进行网游的时间，禁止未成年人介入PK练级类游戏，规范网游环境。毫无疑问，这一出发点是值得肯定的，从2005年网游防沉迷系统的出台，到2006年网络游戏实名制的推出，在对未成年人的保护方面下了不少功夫，但却只能治标，不能治本。由于游戏本身的诱惑性，使得国内很多未成年人都在玩不适合他们的游戏。因此，有关人士认为，要防治未成年人网瘾问题，除了一系列治标的方式外，在营造良好的社会环境、引导未成年人正确利用网络的同时，还应该从网络游戏产业的源头——制造商入手，在游戏内容上进行细分和严格把关。韩国网游实名制的成功实行，一方面得力于其社会环境和户籍制度，另一方面在于它还有相应的游戏分级制度。

2019年国家新闻出版总署新发布的《关于防止未成年人沉迷网络游戏的通知》第1条规定，实行网络游戏用户账号实名注册制度。所有网络游戏用户均须使用有效身份信息方可进行游戏账号注册。自本通知施行之日起，网络游戏企业应建立并实施用户实名注册系统，不得以任何形式为未实名注册的新增用户提供游戏服务。自本通知施行之日起2个月内，网络游戏企业须要求已有用户全部完成实名注册，对未完成实名注册的用户停止提供游戏服务。对用户提供的实名注册信息，网络游戏企业必须严格按照有关法律法规妥善保存、保护，不得用作其他用途。

网游实名制的一个重要初衷是为了更好地落实未成年人保护工作，利用技术手段识别出未成年人，并对他们的游戏行为进行合理引导。当前，网游实名制系统模有三个：一是注册系统，玩家需提供身份信息；二是面向社会的查询系统，可查询到未成年人在玩哪些游戏及在线情况；三是认证系统，与公安部门配合对注册信息进行认证。一旦发现使用虚假身份注册的用户，将会对玩家级别、经验值、道具等清零。实践中，玩家注册游戏时需提供身份证号码，但公安部门的认证只能辨明身份证号的真伪，却无法辨别其是否是持证者本人。关键就在于如何设计一套精准的网络游戏产品年龄认证和识别系统，即所有的网络游戏上线运营前，必须加入相应的系统方能得到放行。网络游戏产品年龄认证和识别系统根据玩家提供的身份资料，运用人脸识别技术自动判断玩家是否符合“未成年人”的标准。

83. 【网络游戏防沉迷制度】

原条文	建议修订条文（增加）
	第八十三条 网络游戏服务提供者应当建立预防未成年人沉迷网络游戏制度，采取技术措施禁止未成年人接触不适宜的网络游戏或者网络游戏功能，限制未成年人网络游戏支付的数额、连续使用网络游戏的时间和单日累计使用网络游戏的时间，禁止未成年人在特定时间内使用网络游戏。

修订理由

参考国家新闻出版署印发《关于防止未成年人沉迷网络游戏的通知》(2019 年 10 月)的规定。严格控制未成年人使用网络游戏时段、时长。每日 22 时至次日 8 时,网络游戏企业不得以任何形式为未成年人提供游戏服务。网络游戏企业向未成年人提供游戏服务的时长,法定节假日每日累计不得超过 3 小时,其他时间每日累计不得超过 1.5 小时。规范向未成年人提供付费服务。网络游戏企业须采取有效措施,限制未成年人使用与其民事行为能力不符的付费服务。网络游戏企业不得为未满 8 周岁的用户提供游戏付费服务。同一网络游戏企业所提供的游戏付费服务,8 周岁以上未满 16 周岁的用户,单次充值金额不得超过 50 元人民币,每月充值金额累计不得超过 200 元人民币;16 周岁以上未满 18 周岁的用户,单次充值金额不得超过 100 元人民币,每月充值金额累计不得超过 400 元人民币。探索实施适龄提示制度。网络游戏企业应从游戏内容和功能的心理接受程度、对抗激烈程度、可能引起认知混淆程度、可能导致危险模仿程度、付费消费程度等多维度综合衡量,探索对上网出版运营的网络游戏作出适合不同年龄段用户的提示,并在用户下载、注册、登录页面等位置显著标明。有关行业组织要探索实施适龄提示具体标准规范,督促网络游戏企业落实适龄提示制度。网络游戏企业应注意分析未成年人沉迷的成因,并及时对造成沉迷的游戏内容、功能或者规则进行修改。

84. 【网络直播短视频未成年人限制制度】

原条文	建议修订条文(增加)
	第八十四条 未成年人注册拟进行直播的,网络直播服务提供者应当征得其监护人的书面同意;未成年人拟发布短视频的,短视频服务提供者应当审查,进行风险提示,必要时可以要求未成年人提供监护人同意的书面材料。

原条文	建议修订条文（增加）
	网络直播服务提供者、网络短视频平台应当建立未成年人保护机制，采用技术手段对未成年人在线时间予以限制，防止未成年人沉迷。

修订理由

近年来，网络直播、短视频等新兴网络形式异常火爆，不仅未成年人，就连很多成年人刷直播、刷小视频都上瘾。另外，短视频与直播平台不断被曝出低俗、色情、造假等乱象，这些平台内还隐藏有一个混乱的未成年人交往圈。恋爱、怀孕、生子等这些现实生活中未成年人的禁忌，都被轻易打破，不仅暴露出平台管理本身存在着严重问题，在引导未成年人树立正确的人生观和价值观层面，也产生了极大的负面效应，甚至触碰了法律的底线。

未成年人在网络直播中受到最直接的伤害有两点：一是未成年人因缺乏个人保护意识，不仅在直播中可能被人诱导，泄露姓名、学校及家庭地址等个人信息，而且可能为了吸引粉丝推高流量，从而花样百出，无所不用其极，包括衣着暴露、用行为言语挑逗、靠低俗猎奇暴力内容吸引眼球。二是财产损失，未成年人随意动用家长银行卡、网络账号打赏主播的行为，其中有的数额巨大，给家庭财产造成重大损失。而大部分家庭与平台交涉退款时，往往因无法证明是未成年人消费而难以主张权益。未成年人的身心都处于成长阶段，无论是知识构造、社会经验、人生阅历，还是价值观念，都处于稚嫩的发展成长期，具有性情不稳定、易受影响、自控力差等特点。未成年人做网络主播和视频主播，不仅影响了自己的学习与成长，还会给同龄的观众带来不利影响，严重的会导致他们滋生错位的人生观和价值观，对未来的成长带来严重影响。所以，通过完善相关措施加强未成年人保护，允许未成年人注册成为网络主播的，应当经监护人的同意。

参考《网络短视频平台管理规范》（2019 年 2 月）的要求，网络短视频平台应当建立总编辑内容管理负责制度。网络短视频平台实行节目内容先审后播制度。平台上播出的所有短视频均应经内容审核后方可播出，包括节目的标题、简介、弹幕、评论等内容。网络平台开展短视频服务，应当根据其业务规模，同步建立政治素质高、业务能力强的审核员队伍。审核员应当经过省级以上广电管理部门组织的培训，审核员数量与上传和播出的短视频条数应当相匹配。原则上，审核员人数应当在本平台每天新增播出短视频条数的千分之一以上。网络短视频平台对在本平台注册账户上传节目的主体，应当实行实名认证管理制度，对个人注册账户上传节目的，应当核实身份证等个人身份信息。网络短视频平台应当采用新技术手段，如用户画像、人脸识别、指纹识别等，确保落实账户实名制管理制度。网络短视频平台对节目内容的审核，应当按照国家广播电视总局和中国网络视听节目服务协会制定的内容标准进行。网络短视频平台应当建立未成年人保护机制，采用技术手段对未成年人在线时间予以限制，设立未成年人家长监护系统，有效防止未成年人沉迷短视频。

85.【个人信息安全制度】

原条文	建议修订条文（增加）
	第八十五条 任何组织和个人通过网络收集、使用未成年人个人信息的，应当遵循合法、正当、必要的原则，明示收集、使用信息的目的、方式和范围，并经未成年人及其监护人同意。 通过网络收集、使用未成年人个人信息的，应当制定专门的收集、使用规则，加强对未成年人网上个人信息的保护。

修订理由

参考《网络安全法》的有关规定，网络运营者应当对其收集的用户信息严格保密，并建立健全用户信息保护制度。网络运营者收集、使用个人信息，应当遵循合法、正当、必要的原则，公开收集、使用规则，明示收集、使用信息的目的、方式和范围，并经被收集者同意。网络运营者不得收集与其提供的服务无关的个人信息，不得违反法律、行政法规的规定和双方的约定收集、使用个人信息，并应当依照法律、行政法规的规定和与用户的约定，处理其保存的个人信息。

参考《儿童个人信息网络保护规定》（2019 年 10 月）的有关规定，鼓励互联网行业组织指导推动网络运营者制定儿童个人信息保护的行业规范、行为准则等，加强行业自律，履行社会责任。网络运营者收集、存储、使用、转移、披露儿童个人信息的，应当遵循正当必要、知情同意、目的明确、安全保障、依法利用的原则。网络运营者应当设置专门的儿童个人信息保护规则和用户协议，并指定专人负责儿童个人信息保护。网络运营者收集、使用、转移、披露儿童个人信息的，应当以显著、清晰的方式告知儿童监护人，并应当征得儿童监护人的同意。网络运营者征得同意时，应当同时提供拒绝选项，并明确告知以下事项：(1) 收集、存储、使用、转移、披露儿童个人信息的目的、方式和范围；(2) 儿童个人信息存储的地点、期限和到期后的处理方式；(3) 儿童个人信息的安全保障措施；(4) 拒绝的后果；(5) 投诉、举报的渠道和方式；(6) 更正、删除儿童个人信息的途径和方法；(7) 其他应当告知的事项。上述告知事项发生实质性变化的，应当再次征得儿童监护人的同意。网络运营者应当采取加密等措施存储儿童个人信息，确保信息安全。网络运营者对其工作人员应当以最小授权为原则，严格设定信息访问权限，控制儿童个人信息知悉范围。工作人员访问儿童个人信息的，应当经过儿童个人信息保护负责人或者其授权的管理人员审批，记录访问情况，并采取技术措施，避免违法复制、下载儿童个人信息。

86.【未成年人个人信息删除权】

原条文	建议修订条文（增加）
	第八十六条 未成年人或者其监护人要求网络运营者删除、屏蔽网络空间中的未成年人个人信息的，网络运营者应当采取必要措施予以删除、屏蔽。

修订理由

参考《网络安全法》的有关规定，个人发现网络运营者违反法律、行政法规的规定或者双方的约定收集、使用其个人信息的，有权要求网络运营者删除其个人信息；发现网络运营者收集、存储的其个人信息有错误的，有权要求网络运营者予以更正。网络运营者应当采取措施予以删除或者更正。

参考《儿童个人信息网络保护规定》的有关规定，儿童或者其监护人发现网络运营者收集、存储、使用、披露的儿童个人信息有错误的，有权要求网络运营者予以更正。网络运营者应当及时采取措施予以更正。儿童或者其监护人要求网络运营者删除其收集、存储、使用、披露的儿童个人信息的，网络运营者应当及时采取措施予以删除，包括但不限于以下情形：(1) 网络运营者违反法律、行政法规的规定或者双方的约定收集、存储、使用、转移、披露儿童个人信息的；(2) 超出目的范围或者必要期限收集、存储、使用、转移、披露儿童个人信息的；(3) 儿童监护人撤回同意的；(4) 儿童或者其监护人通过注销等方式终止使用产品或者服务的。

87.【举报受理处理制度】

原条文	建议修订条文（增加）
	第八十七条 网络运营者应当建立便捷的举报渠道，通过显著方式公示举报途径和举报方法，配备与服务规模相适应的专职人员，及时受理、处置对本单位网络信息服务活动中违反本章规定行为的举报。

修订理由

参考《网络安全法》的规定，网络运营者应当建立网络信息安全投诉、举报制度，公布投诉、举报方式等信息，及时受理并处理有关网络信息安全的投诉和举报。

参考《网络信息内容生态治理规定》(2020 年 3 月) 的规定，网络信息内容服务平台应当在首页、账号页面、信息内容页面等显著位置设置便捷投诉举报入口，公布投诉举报方式，细化网络生态违法和不良信息举报分类，及时受理处置公众投诉举报并反馈处理结果。

88.【行业自律规范制度和信用档案、失信黑名单制度】

原条文	建议修订条文（增加）
	第八十八条 相关行业组织应当积极参与未成年人网络保护工作，制定关于未成年人网络保护的行业自律规范，引导行业组织成员加强对未成年人的网络保护。 国家建立未成年人网络保护信用档案和失信黑名单制度，纳入网络违法违规行为台账管理机制和严重违规失信联合惩戒机制，并予以公示。

修订理由

参考《网络安全法》的规定，网络相关行业组织按照章程，加强行业自律，制定网络安全行为规范，指导会员加强网络安全保护，提高网络安全保护水平，促进行业健康发展。

参考《网络信息内容生态治理规定》的规定，鼓励行业组织推进行业自律，建立健全网络生态治理行业准则，指导、督促会员单位及从业人员依法提供网络信息内容服务。鼓励行业组织开展网络生态治理教育培训和宣传引导工作，提升会员单位、从业人员治理能力，增强全社会共同治理意识。鼓励行业组织建立相应评价奖惩机制，支持会员单位开展网络生态治理，加大对会员单位激励和惩戒力度。

参考《儿童个人信息网络保护规定》的有关规定，鼓励互联网行业组织指导推动网络运营者制定儿童个人信息保护的行业规范、行为准则等，加强行业自律，履行社会责任。

参考《网络安全法》的规定，有本法规定的违法行为的，依照有关法律、行政法规的规定记入信用档案，并予以公示。

参考《网络信息内容生态治理规定》的规定，各级网信部门建立网络信息内容服务平台违法违规行为台账管理机制，根据台账依法依规进行相应处理。网信部门根据相关法律法规规定，会同有关部门建立健全网络信息服务严重违规失信联合惩戒机制，对严重违反本规定的网络信息内容服务平台、网络信息内容生产者和网络信息内容使用者依法依规实施限制从事网络信息服务、网上行为限制、行业禁入等惩戒措施。

第六章　政府保护

89.【政府的领导责任】

原条文	建议修订条文（修改）
第七条（第二款） 国务院和地方各级人民政府领导有关部门做好未成年人保护工作；将未成年人保护工作纳入国民经济和社会发展规划以及年度计划，相关经费纳入本级政府预算。	**第八十九条** 国务院和地方各级人民政府领导有关部门做好未成年人保护工作；将未成年人保护工作纳入国民经济和社会发展规划、年度工作计划以及政府绩效考核范围，相关经费列入本级政府预算，并支持和鼓励社会各方面投入，使未成年人保护工作与经济社会协调发展。

修订理由

将未成年人保护工作纳入政府绩效考核范围，以引起政府的高度重视。绩效管理作为一种与市场化相适应的管理模式，能有效地转变政府的职能，主动履职，积极提供公共服务。之前，在未成年人保护的某些特定领域已经有类似的要求和做法。比如，教育部、国家卫健委等八部门联合印发《综合防控儿童青少年近视实施方案》（2018 年 8 月），出台了一系列为儿童和青少年“护眼”的硬措施。方案要求，国务院授权教育部、国家卫生健康委与各省级人民政府签订全面加强儿童青少年近视防控工作责任书，地方各级人民政府逐级签订责任书。将儿童青少年近视防控工作、总体近视率和体质健康状况纳入政府绩效考核。

鼓励社会投入，保持与经济社会协调发展。党的十九届四中全会《中共中央关于坚持和完善中国特色社会主义制度推进国家治理体系和治理能力现代化若干重大问题的决定》提出，“建设人人有责、人人尽责、人人享有的社会治理共同体”。这是对社会治理规律认识的深化与拓展，为新时代推进社会治理现代化提供了指引。未成年人保护工作是一项综合性任务，更是社会治理中具有基础性、根本性的问题，需要政府发挥主导作用，充分调动社会力量的参与，凝聚起政府、市场、社会等各种主体的合力，寻求最大公约数，实现政府主导和社会自我调节、居民自治良性互动，保障未成年人保护工作的水平和能力跟上经济社会发展的步伐。

90.【政府职能部门的工作机制】

原条文	建议修订条文（增加）
	第九十条 县级以上人民政府有关部门应当遵循权责一致的原则，设置专门的内设机构、指定专人或者明确主责的内设机构，负责本部门承担的未成年人保护工作。 县级以上人民政府有关部门应当向社会公示所承担的未成年人保护职责，并接受社会监督。

修订理由

对于与未成年人保护较为密切的部门，应当有专门的机构或者人员来负责，以保障工作的专业性。对于其他不适宜由一个内设机构来承担相关工作的，应当明确主责的内设机构，可以顺畅地对内协调、对外联络。如此，才能保障政府职责部门的具体职责得以明确和落实。

比如，根据《民政部职能配置、内设机构和人员编制规定》，设立儿童福利司，职责主要是拟订儿童福利、孤弃儿童保障、儿童收养、儿童救助保护政策、标准，健全农村留守儿童关爱服务体系和困境儿童保障制度。根据

《国家卫生健康委员会职能配置、内设机构和人员编制规定》，设立妇幼健康司，主要职责是拟订妇幼卫生健康政策、标准和规范，推进妇幼健康服务体系建设，指导妇幼卫生、出生缺陷防治、婴幼儿早期发展、人类辅助生殖技术管理和生育技术服务工作。

91. 【基层政府的工作机制】

原条文	建议修订条文（增加）
	第九十一条 乡镇人民政府、街道办事处应当建立与县级人民政府及有关部门的常态联系机制，并依托有关部门在乡镇、街道的办事机构或者派出机构，及时办理与未成年人相关的事务。 乡镇人民政府、街道办事处可以设立未成年人保护工作站，专门负责未成年人相关事务。

修订理由

相关机制建设参考国务院《关于加强困境儿童保障工作的意见》（国发〔2016〕36号）、国务院《关于加强农村留守儿童关爱保护工作的意见》（国发〔2016〕13号）和民政部等《关于进一步健全农村留守儿童和困境儿童关爱服务体系的意见》（2019年4月）。乡镇人民政府（街道办事处）负责民政工作的机构要建立翔实完备的困境儿童信息台账，一人一档案，实行动态管理，为困境儿童保障工作提供信息支持。乡镇人民政府（街道办事处）要畅通与县级人民政府及其民政部门、妇儿工委办公室和教育、卫生计生、人力资源社会保障等部门以及公安机关、残联组织的联系，并依托上述部门（组织）在乡镇（街道）的办事（派出）机构，及时办理困境儿童及其家庭社会救助、社会福利、安全保护等事务。乡镇人民政府（街道办事处）要建立翔实完备的农村留守儿童信息台账，一人一档案，实行动态管理、精准施策，为有关部门和社会力量参与农村留守儿童关爱保护工作提供支持；通过党员干部上门家访、驻村干部探访、专业社会工作者随访等方式，对重点对象进行核查，确保农村留守儿童得到妥善照料。县级民政部门及救助管理机构要对乡镇人民政府（街道办事处）、村（居）民委员会开展的监护监督等工作提供政策指导和技术支持。乡镇人民政府（街道办事处）要明确工作人员负责儿童关爱保护服务工作，工作中一般称为“儿童督导员”。实施以来，在留守儿童、困境儿童保护方面取得了显著的成效，其中一个主要的原因就是工作机制得力，而且符合实际。目前，这套工作机制特别是基层的工作机制已经普遍建立起来，并且运行良好，是值得肯定的宝贵经验。

92. 【基层自治组织的工作机制】

原条文	建议修订条文（增加）
	第九十二条 县级以上人民政府及有关部门应当出台政策，支持、指导村民委员会或者居民委员会设立未成年人保护督导员，负责未成年人保护的法律政策宣传和日常工作，及时掌握未成年人家庭、监护、就学等基本情况，督促家庭依法履行抚养义务和监护职责，向乡镇人民政府、街道办事处报告情况。

修订理由

相关机制建设参考国务院《关于加强困境儿童保障工作的意见》（国发〔2016〕36号）、国务院《关于加强农村留守儿童关爱保护工作的意见》（国发〔2016〕13号）和民政部等《关于进一步健全农村留守儿童和困境儿童关爱服务体系的意见》。村（居）民委员会要设立由村（居）民委员会委员、大学生村官或者专业社会工作者等担（兼）任的儿童福利督导员或儿童权利监察员，负责困境儿童保障政策宣传和日常工作，通过全面排查、定期走访及时掌握困境儿童家庭、监护、就学等基本情况，指导监督家庭依法履行抚养义务和监护职责，并通过村（居）民委员会向乡镇人民政府（街道办事处）报告情况。村（居）民委员会对于发现的困境儿童及其家庭，属于家庭经济贫困、儿童自身残疾等困难情形的，要告知或协助其申请相关社会救助、社会福利等保障；属于家庭监护缺失或监护不当导致儿童人身安全受到威胁或侵害的，要落实强制报告责任；并积极协助乡镇人民政府（街道办事处）、民政部门、妇儿工委办公室和教育、卫生计生、人力资源社会保障等部门及公安机关、残联组织开展困境儿童保障工作。父母或受委托监护人不履行监护职责的，村（居）民委员会、公安机关和有关部门要及时予以劝诫、制止；情节严重或造成严重后果的，公安等有关机关要依法追究其责任。村（居）民委员会要明确由村（居）民委员会委员、大学生村官或者专业社会工作者等人员负责儿童关爱保护服务工作，优先安排村（居）民委员会女性委员担任，工作中一般称为"儿童主任"；乡镇人民政府（街道办事处）要明确工作人员负责儿童关爱保护服务工作，工作中一般称为"儿童督导员"。实施以来，在留守儿童、困境儿童保护方面取得了显著的成效，其中一个主要的原因就是工作机制得力，而且符合实际。目前，这套工作机制特别是基层的工作机制已经普遍建立起来，并且运行良好，是值得肯定的宝贵经验。

93. 【县级人民政府的主体职责】

原条文	建议修订条文（增加）
	第九十三条　县级人民政府承担未成年人保护方面的主体责任，建立有关工作制度和工作机制。 有关工作制度和工作机制的建设标准和实施规范，由国务院和省级人民政府制定。

修订理由

在我们党的组织结构和国家政权结构中，县一级处在承上启下的关键环节，是发展经济、保障民生、维护稳定、促进国家长治久安的重要基础。实践经验表明，法律的落实、政策的贯彻，都需要县级人民政府发挥主体性作用。未成年人保护工作是一项直接接触到家庭的工作，更需要落到实处。因此，应当强调县级人民政府的主体作用。比如，国务院《关于加强农村留守儿童关爱保护工作的意见》规定，县级人民政府要切实加强统筹协调和督促检查，结合本地实际制定切实可行的农村留守儿童关爱保护政策措施，认真组织开展关爱保护行动，确保关爱保护工作覆盖本行政区域内所有农村留守儿童。乡镇人民政府（街道办事处）和村（居）民委员会要加强对监护人的法治宣传、监护监督和指导，督促其履行监护责任，提高监护能力。村（居）民委员会要定期走访、全面排查，及时掌握农村留守儿童的家庭情况、监护情况、就学情况等基本信息，并向乡镇人民政府（街道办事处）报告；要为农村留守儿童通过电话、视频等方式与父母联系提供便利。国务院《关于加强困境儿童保障工作的意见》规定，县级人民政府要建立政府领导，民政部门、妇儿工委办公室牵头，教育、卫生计生、人力资源社会保障等部门和公安机关、残联组织信息共享、协调联动的工作机制，统筹做好困境儿童保障政策落实和指导、协调、督查等工作。要参考农村留守儿童救助保护机制，建立面向城乡困境儿童包括强制报告、应急处置、评估帮扶、监护干预等在内的困境儿童安全保护机制。要依托县级儿童福利机构、救助保护机构、特困人员救助供养机构、残疾人服务机构、城乡社区公共服务设施等，健全困境儿童服务网络，辐射城乡社区，发挥临时庇护、收留抚养、福利服务等功能。

94. 【未成年人信息数据库】

原条文	建议修订条文（增加）
	第九十四条　国务院和县级以上地方人民政府建立统一的未成年人信息数据库，包括未成年人的出生信息、身体情况、家庭情况、就学信息等数据，实现信息共享、动态管理。

修订理由

目前，政府相关部门掌握的未成年人信息和数据彼此隔绝、不互通，而且在某些方面甚至存在不一致的地方。全面、准确掌握未成年人的情况，是研判形势与制定政策的基础。因此，应当以县为基本单位，逐步建立全国统一的未成年人信息数据库，打通信息数据壁垒，互通有无，为全面了解未成年人的总体情况和制定政策提供更加全面的数据依据。

95.【亲职教育普及制度】

原条文	建议修订条文（增加）
	第九十五条 县级以上人民政府及有关部门应当建立亲职教育推进普及制度，在高等教育、继续教育课程中安排学习相关内容，在公民登记结婚、产前检查等环节安排学习相关知识，鼓励和支持社会组织、企事业组织等对公民开展相关知识的普及与培训。

修订理由

教育是民族振兴和社会进步的基石。我国传统家庭教育由于家长自身教养能力受限，已经难以应对现代化和社会转型引致的家庭教育新变化和新需求。现代家庭教育要求父母具有与时俱进的现代教育理念，而在传统教育熏陶下成长起来的家长们往往并不具备现代家庭教育所要求的知识、技术和理念，难以实施和开展合理、有效的现代化家庭教育。而亲职教育是对父母教育理念、手段、知识的更新与再造，从这个意义上讲，亲职教育可以说是现代家庭教育的前提基础与根本所在。根据《教育大辞典》中的定义，亲职教育为："对父母实施的教育，其目的是改变和提升父母的教育观念，使父母获得抚养、教育子女的知识和技能。"

我国亲职教育的现状及问题包括：亲职教育本身处于零散的而非系统的、民间的而非官方的、单一的而非多元化的阶段，起步晚，发展慢。主要依托代际经验的传递、大众媒体的传播、偶发性的学校讲座等方式实施亲职教育，内容零散、缺乏长远规划。亲职教育对象缺乏针对性。我国很多家庭对亲职教育需求十分迫切，体现在需求总量、群体（比如特殊儿童）和类别（知识、技巧）上。新型城镇化背景下农民工亲职教育面临的问题，农民工家长接受的培训量严重不足；农民工家长获取亲职教育知识的来源单一。数据表明，未成年人出现问题多数源于父母，要么是没有监护意识，要么是监护方式和教育方法不当。为此，应当从根源上进行预防，多渠道创造机会使公民在生育孩子之前了解、学习相关知识，做好成为或者未来成为父母的准备。

96. 【家庭监护支持和监督】

原条文	建议修订条文（增加）
	第九十六条 县级以上人民政府及有关部门应当将家庭教育指导服务纳入城乡公共服务体系，建立各级家庭教育指导机构，推进家庭监护支持、监督制度建设，为有需要的家庭提供必要的指导、帮助。

修订理由

家庭教育，是大教育的组成部分之一，是学校教育与社会教育的基础。家庭教育是终身教育，它开始于孩子出生之日（甚至可上溯到胎儿期），婴幼儿时期的家庭教育是"人之初"的教育，在人的一生中起着奠基的作用。孩子上了小学、中学后，家庭教育既是学校教育的基础，又是学校教育的补充和延伸。当前，我国家庭教育中存在着过度保护和溺爱、方式不当或者缺失等问题。因此，需要推动家庭教育指导服务体系的建立。家庭教育指导服务体系是以提升家长教育素质、改善家长教育行为，提高家庭教育的质量，促进未成年人健康发展为目的，以政府为主导，以公共服务阵地和公共财政为基础，以专业技术为支撑，各条块系统充分履行职能，社会力量共同参与，向家庭提供指导和服务的，全覆盖、多方位、多层次、多样化的高质量系统。将家庭教育指导服务纳入城乡公共服务体系，有两个基本点：一是服务提供的主体是政府，是社会公益事业；二是服务的对象是广大家长，内容是最广谱、最贴近百姓的基本内容。积极推动将家庭教育纳入基本公共服务体系，争取专门经费支持，通过家委会、家长学校、家长课堂、购买服务等形式，形成政府、家庭、学校、社会联动的家庭教育工作体系。

参考《中国儿童发展纲要（2011—2020年）》的要求，将家庭教育指导服务纳入城乡公共服务体系。普遍建立各级家庭教育指导机构，90%的城市社区和80%的行政村建立家长学校或家庭教育指导服务点。建立家庭教育从业人员培训和指导服务机构准入等制度，培养合格的专兼职家庭教育工作队伍。加大公共财政对家庭教育指导服务体系建设的投入，鼓励和支持社会力量参与家庭教育工作。

参考《关于指导推进家庭教育的五年规划（2016—2020年）》的要求，建立健全家庭教育公共服务网络。强化社区家庭教育服务功能。依托城乡社区公共服务设施、城乡社区教育机构、儿童之家、青少年宫、儿童活动中心等，普遍建立家长学校或家庭教育指导服务站点，城市社区达到90%，农村社区（村）达到80%。继续推动有条件的机关、社会团体、企事业单位创办家长学校，开展规范化的家庭教育指导服务活动。着力推动将家庭教育指导服务作为城乡社区服务站工作的重要内容，纳入城乡社区公共服务体系，逐步构建政府主导、社会协同、公众参与的普惠性的家庭教育公共服务模式，确保每年至少组织2次家庭教育指导和2次家庭教育实践活动。巩固发展学校家庭教育指导服务阵地。在中小学、幼儿园、中等职业学校建立家长学校，城市学校建校率达到90%，农村学校达到80%。各级教育行政部门要切实加强对中小学、幼儿园、中等职业学校家庭教育工作的指导管理，将家庭教育指导服务作为学校和幼儿园工作的重要任务，纳入师资培训和教师考核工作，指导家长学校做到有师资队伍、有教学计划、有指导教材或大纲、有活动开展、有成效评估，确保中小学家长学校每学期至少组织1次家庭教育指导和1次家庭教育实践活动，幼儿园家长学校每学期至少组织1次家庭教育指导和2次亲子实践活动，中等职业学校每学期至少组织1次规范的家庭教育指导服务活动。统筹推进家庭教育公共文化服务。公共图书馆、博物馆、文化馆、纪念馆、美术馆、科技馆等公共文化服务阵地，每年至少开展2次公益性的家庭教育讲座或家庭教育亲子活动，积极开发家庭教育公共文化服务产品，提升儿童和家长科学文化素养。深入实施全民阅读工程，定期向广大家长和儿童推荐优秀图书，开展多种形式的家庭读书活动，加强亲子阅读研究与指导，倡导广大家庭多读书、读好书、善读书，使家长和儿童养成阅读习惯。

当家庭监护出现苗头性问题的时候，如何给予适当、专业的支持和干预，使其完全恢复到正常状况。对此，应当采取措施有效监督家庭的监护状况，为有需要的家庭提供指导、帮助。

参考国务院《关于加强农村留守儿童关爱保护工作的意见》，学校、幼儿园、医疗机构、村（居）民委员会、社会工作服务机构、救助管理机构、福利机构及其工作人员，在工作中发现农村留守儿童脱离监护单独居住生活或失踪、监护人丧失监护能力或不履行监护责任、疑似遭受家庭暴力、疑似遭受意外伤害或不法侵害等情况的，应当在第一时间向公安机关报告。乡镇人民政府（街道办事处）接到公安机关通报后，要会同民政部门、公安机关在村（居）民委员会、中小学校、医疗机构以及亲属、社会工作专业服务机构的协助下，对农村留守儿童的安全处境、监护情况、身心健康状况等进行调查评估，有针对性地安排监护指导、医疗救治、心理疏导、行为矫治、法律服务、法律援助等专业服务。对于监护人家庭经济困难且符合有关社会救助、社会福利政策的，民政及其他社会救助部门要及时纳入保障范围。对实施家庭暴力、虐待或遗弃农村留守儿童的父母或受委托监护人，公安机关应当给予批评教育，必要时予以治安管理处罚，情节恶劣构成犯罪的，依法立案侦查。对于监护人将农村留守儿童置于无人监管和照看状态导致其面临危险且经教育不改的，或者拒不履行监护职责6个月以上导致农村留守儿童生活无着的，或者实施家庭暴力、虐待或遗弃农村留守儿童导致其身心健康严重受损的，其近亲属、村（居）民委员会、县级民政部门等有关人员或者单位要依法向人民法院申请撤销监护人资格，另行指定监护人。

参考《关于指导推进家庭教育的五年规划（2016—2020年）》的要求，强化特殊困境儿童群体家庭教育支持服务。城乡社区家庭教育指导服务站点要注重建立家庭指导服务综合信息平台或台账，及时掌握儿童家庭监护情况、成长发展状况等，重点摸排所辖社区留守、流动、贫困、重病、重残等特殊困境儿童家庭情况，逐步建立登记报告制度，并依托驻区（村）专业社会工作者、“五老”队伍、儿童福利督导员等，为他们开展常态化的、专业化的家庭支持服务以及所需的转介服务。同时，注重强化父母对儿童的监护主体责任，指导父母创设有利于儿童成长的家庭环境。

97. 【保障受教育权】

原条文	建议修订条文（修改）
第二十八条　各级人民政府应当保障未成年人受教育的权利，并采取措施保障家庭经济困难的、残疾的和流动人口中的未成年人等接受义务教育。	**第九十七条**　县级以上人民政府及有关部门应当保障未成年人受教育的权利，并采取措施保障家庭经济困难的、残疾的和流动人口中的未成年人等接受义务教育。 县级以上地方人民政府应当建立控辍保学工作机制、行政督促复学机制，发挥多部门各自的作用。

修订理由

义务教育是国家统一实施的所有适龄儿童少年必须接受的教育，是教育工作的重中之重，是国家必须予以保障的基础性、公益性事业。近年来，建立了城乡统一、重在农村的义务教育经费保障机制，实现了城乡免费义务教育，义务教育覆盖面、入学率、巩固率持续提高。但受办学条件、地理环境、家庭经济状况和思想观念等多种因素影响，我国一些地区特别是老少边穷岛地区仍不同程度地存在失学辍学现象，初中学生辍学、流动和留守儿童失学辍学问题仍然较为突出，这直接关系到国家和民族的未来。

参考国务院办公厅《关于进一步加强控辍保学提高义务教育巩固水平的通知》（国办发〔2017〕72号）的要求，坚持依法控辍，建立健全控辍保学工作机制。

一是履行政府控辍保学法定职责。政府的职责在于补短板、控底线。各地要认真履行义务教育控辍保学法定职责，严格落实《义务教育法》《未成年人保护法》等法律法规，保障适龄儿童少年接受义务教育的权利。省级人民政府要全面负责区域内义务教育控辍保学工作，完善政策措施，健全控辍保学目标责任制，突出重点地区，加强分类指导，督促各县（市、区）做好义务教育各项工作，实现控辍保学目标。县级人民政府要履行控辍保学主体责任，组织和督促适龄儿童少年入学，帮助他们解决接受义务教育的困难，采取措施防止辍学。配合各级人民代表大会及其常务委员会加强对义务教育控辍保学工作的监督及执法检查。

二是完善行政督促复学机制。各地要全面掌握辖区内适龄儿童少年情况，加强宣传教育，督促父母或者其他法定监护人依法送适龄儿童少年入学并完成义务教育。学校要建立和完善辍学学生劝返复学、登记与书面报告制度，加强家校联系，配合政府部门做好辍学学生劝返复学工作。落实家长责任，父母或者其他法定监护人应当依法送适龄儿童少年按时入学接受并完成义务教育，无正当理由未送适龄儿童少年入学接受义务教育或造成辍学的，由当地乡镇人民政府或者县级人民政府教育行政部门给予批评教育，责令限期改正；逾期不改的，由司法部门依法发放相关司法文书，敦促其保证辍学学生尽早复学；情节严重或构成犯罪的，依法追究法律责任。

三是建立义务教育入学联控联保工作机制。各级综治委校园及周边治安综合治理专项组、工商部门、公安部门等要加强文化市场管理和校园周边环境综合治理，禁止在学校周边开办不利于儿童少年身心健康的娱乐活动场所，禁止营业性歌舞厅、电子游戏厅、网吧等接纳未成年学生。司法行政部门要做好面向农村贫困地区的控辍保学相关法治宣传教育和法律援助工作。民政部门要将符合条件的家庭经济困难学生纳入社会救助政策保障范围。用人单位不得违法招用未满16周岁的未成年人。人力资源社会保障部门要加大对违法招用未成年人的单位或个人的查处力度，情节严重的由工商部门吊销相关单位营业执照。社会组织和个人应当为适龄儿童少年接受义务教育创造良好的环境。对违反义务教育法导致学生辍学的，任何社会组织或者个人有权向有关国家机关提出检举或控告。共青团、妇联、残联、社区要在控辍保学工作中发挥各自的作用。

四是精准确定教育扶贫对象。针对老少边穷岛地区以及农村等失学辍学率可能较高的地方，把控辍保学工作作为脱贫攻坚的硬任务，压实工作责任。要聚焦贫困地区和贫困人口，把建档立卡等家庭经济困难学生（含非建档立卡的家庭经济困难残疾学生、农村低保家庭学生、农村特困救助供养学生）作为脱贫攻坚重点对象，特别是把残疾儿童、残疾人子女、服刑人员未成年子女、留守儿童、直过民族地区适龄儿童作为重中之重，坚持优先帮扶、精准扶贫，切实提高扶贫成效，到2020年全面完成“发展教育脱贫一批”任务，阻断贫困代际传递。各地教育部门要会同财政部门、扶贫部门、民政部门、安置帮教机构、残联组织，加强排查，摸清情况，针对家庭经济特殊困难学生，按照“一家一案，一生一案”制订扶贫方案，统筹各类扶贫、惠民政策，确保孩子不因家庭经济困难而失学辍学。

五是全面落实教育扶贫和资助政策。完善义务教育扶贫助学工作机制，认真落实义务教育“两免一补”、农村义务教育学生营养改善计划等惠民政策。加大对残疾学生就学支持力度，对符合资助政策的残疾学生和残疾人子女优先予以资助，建立完善残疾学生特殊学习用品、教育训练、交通费等补助政策。完善高中阶段教育和高等教育资助政策，加大对家庭经济困难学生资助力度，免除公办普通高中建档立卡等家庭经济困难学生学杂费，继续实施高校面向农村和贫困地区定向招生专项计划，畅通绿色升学通道，提高贫困地区义务教育学生升学信心。

98. 【发展婴幼儿照护服务和学前教育】

原条文	建议修订条文（修改）
第四十五条 地方各级人民政府应当积极发展托幼事业，办好托儿所、幼儿园，支持社会组织和个人依法兴办哺乳室、托儿所、幼儿园。 各级人民政府和有关部门应当采取多种形式，培养和训练幼儿园、托儿所的保教人员，提高其职业道德素质和业务能力。	**第九十八条** 县级以上人民政府及卫生健康部门应当支持和促进婴幼儿照护服务的发展，加强对婴幼儿照护服务的监督管理，建立婴幼儿照护服务机构备案登记制度、信息公示制度和质量评估制度，实行从业人员职业资格准入制度。 县级人民政府及教育部门应当构建覆盖城乡的学前教育公共服务体系，大力发展公办幼儿园，支持社会组织和个人依法兴办幼儿园，建立学前教育资助制度，资助家庭经济困难未成年人、孤儿和残疾未成年人接受学前教育。 县级以上人民政府及有关部门应当采取多种形式，培养和训练婴幼儿照护服务人员、幼儿园教师，提高其职业道德素质和业务能力。

修订理由

学前教育是终身学习的开端，是国民教育体系的重要组成部分，是重要的社会公益事业。办好学前教育、实现幼有所育，是党的十九大作出的重大决策部署，是党和政府为老百姓办实事的重大民生工程，关系亿万儿童健康成长，关系社会和谐稳定，关系党和国家事业未来。党的十八大以来，我国学前教育事业快速发展，资源迅速扩大、普及水平大幅提高、管理制度不断完善，“入园难”问题得到有效缓解。同时也要看到，由于底子薄、欠账多，目前学前教育仍是整个教育体系的短板，发展不平衡、不充分问题十分突出，“入园难”“入园贵”依然是困扰老百姓的烦心事之一。主要表现为：学前教育资源尤其是普惠性资源不足，政策保障体系不完善，教师队伍建设滞后，监管体制机制不健全，保教质量有待提高，存在“小学化”倾向，部分民办园过度逐利、幼儿安全问题时有发生。为进一步完善学前教育公共服务体系，切实办好新时代学前教育，更好实现幼有所育，特增加该条。参考中共中央、国务院《关于学前教育深化改革规范发展的若干意见》（2018年11月）的如下有关要求：

一是各地充分考虑人口变化和城镇化发展趋势，结合实施乡村振兴战略，制定应对学前教育需求高峰方案。以县为单位制定幼儿园布局规划，切实把普惠性幼儿园建设纳入城乡公共管理和公共服务设施统一规划，列入本地区控制性详细规划和土地招拍挂建设项目成本，选定具体位置，明确服务范围，确定建设规模，确保优先建设。公办园资源不足的城镇地区，新建改扩建一批公办园。大力发展农村学前教育，每个乡镇原则上至少办好一所公办中心园，大村独立建园或设分园，小村联合办园，人口分散地区根据实际情况可举办流动幼儿园、季节班等，配备专职巡回指导教师，完善县乡村三级学前教育公共服务网络。把发展普惠性学前教育作为重点任务，着力构建以普惠性资源为主体的办园体系，大力发展公办园，充分发挥公办园保基本、兜底线、引领方向、平抑收费的主渠道作用，坚决扭转高收费民办园占比偏高的局面，规范营利性民办园发展，满足家长不同选择性需求。

二是完善学前教育资助制度。各地要认真落实幼儿资助政策，确保接受普惠性学前教育的家庭经济困难儿童（含建档立卡家庭儿童、低保家庭儿童、特困救助供养儿童等）、孤儿和残疾儿童得到资助。

三是办好一批幼儿师范专科学校和若干所幼儿师范学院，支持师范院校设立并办好学前教育专业。健全教师培训制度。出台幼儿园教师培训课程指导标准，实行幼儿园园长、教师定期培训和全员轮训制度。创新培训模式，支持师范院校与优质幼儿园协同建立培训基地，强化专业学习与跟岗实践相结合，增强培训针对性和实效性，切实提高教师专业水平和科学保教能力。

四是严格教师队伍管理。落实教师资格准入与定期注册制度，严格执行幼儿园园长、教师专业标准，坚持公开招聘制度，全面落实幼儿园教师持证上岗，切实把好幼儿园园长、教师入口关。非学前教育专业毕业生到幼儿园从教须经专业培训并取得相应教师资格。强化师德师风建设，通过加强师德教育、完善考评制度、加大监察监督、建立信用记录、完善诚信承诺和失信惩戒机制等措施，提高教师职业素养，培养热爱幼教、热爱幼儿的职业情怀。对违反职业行为规范、影响恶劣的实行“一票否决”，终身不得从教。

五是进一步明确学前教育在国民教育体系中的地位和公益普惠属性，强化政府和各有关部门在学前教育规划、投入、资源配置、师资队伍建设和监管等方面的责任，明确举办者对幼儿园办园条件、师资聘任、工资待遇、运转保障、经费使用与财务管理等方面的责任，促进学前教育事业健康可持续发展。

3 岁以下婴幼儿（简称婴幼儿）照护服务是生命全周期服务管理的重要内容，事关婴幼儿健康成长，事关千家万户。家庭对婴幼儿照护负主体责任。发展婴幼儿照护服务的重点是为家庭提供科学养育指导，并对确有照护困难的家庭或婴幼儿提供必要的服务。将婴幼儿照护服务纳入经济社会发展规划，充分调动社会力量积极性，大力推动婴幼儿照护服务发展，优先支持普惠性婴幼儿照护服务机构。地方各级政府要规范发展多种形式的婴幼儿照护服务机构，将需要独立占地的婴幼儿照护服务设施和场地建设布局纳入相关规划，新建、扩建、改建一批婴幼儿照护服务机构和设施。城镇婴幼儿照护服务机构建设要充分考虑进城务工人员随迁婴幼儿的照护服务需求。

参考《中国儿童发展纲要（2011—2020 年）》，积极开展 0—3 岁儿童科学育儿指导，加快发展 3—6 岁儿童学前教育。积极发展公益性普惠性的儿童综合发展指导机构，以幼儿园和社区为依托，为 0—3 岁儿童及其家庭提供早期保育和教育指导。加快培养 0—3 岁儿童早期教育专业化人才。落实各级政府发展学前教育的责任，将学前教育发展纳入城镇建设规划和社会主义新农村建设规划；建立政府主导、社会参与、公办民办并举的办园体制，大力发展公办幼儿园，提供“广覆盖、保基本”的学前教育公共服务；鼓励社会力量以多种形式举办幼儿园，引导和支持民办幼儿园提供普惠性服务。

重点发展农村学前教育。每个乡镇至少办好一所公办中心幼儿园，大村独立建园，小村设分园或联合办园，人口分散地区提供灵活多样的学前教育服务，配备专职巡回指导教师，逐步完善县、乡、村三级学前教育网络。采取有效措施，努力解决流动儿童入园问题。建立学前教育资助制度，资助家庭经济困难儿童、孤儿和残疾儿童接受普惠性学前教育。因地制宜发展残疾儿童学前教育，鼓励特殊教育学校、残疾人康复机构举办接收残疾儿童的幼儿园。加强学前教育监督和管理。

99.【发展高中教育和职业教育】

原条文	建议修订条文（修改）
第四十七条 未成年人已经完成规定年限的义务教育不再升学的，政府有关部门和社会团体、企业事业组织应当根据实际情况，对他们进行职业教育，为他们创造劳动就业条件。	**第九十九条** 各级人民政府及有关部门应当采取措施发展和普及高中阶段教育，统筹普通高中和中等职业教育协调发展。 各级人民政府及其有关部门大力发展职业教育，采取措施保障完成义务教育不再升学的未成年人有机会接受职业技能培训，鼓励具备条件的地区推行中等职业教育免费的政策。

修订理由

高中阶段教育（包括普通高中、普通中专、成人中专、职业中专、技工学校）是国民教育体系的重要环节，是学生从未成年走向成年、个性形成、自主发展的关键时期，肩负着为各类人才成长奠基、培养高素质技术技能型人才的使命。普及高中阶段教育是巩固义务教育普及成果、完善现代职业教育体系、增强高等教育发展后劲的重大举措，是适应我国经济结构转型升级、提高劳动力受教育年限的迫切需要，是进一步提升国民整体素质、建设人力资源强国的基础工程。由于多方面原因，高中阶段教育仍然存在许多明显短板，一些贫困地区、民族地区、边远地区教育资源短缺，普及程度较低；普通高中教育与中等职业教育发展不协调，部分地区中职教育发展明显滞后；许多学校办学条件薄弱，难以满足基本教学需求；合理的经费投入机制尚不健全，普通高中债务问题尚未得到有效解决；教师总量不足，普通高中一些学科专任教师和中等职业教育“双师型”教师短缺；一些学校教育质量不高，普通高中缺乏特色，中等职业教育吸引力不强。这些困难和问题直接影响普及目标的实现，严重制约高中阶段教育的健康可持续发展。党的十八届五中全会提出“普及高中阶段教育”。国家“十三五”经济社会发展规划纲要将高中阶段教育普及攻坚计划列入教育现代化重大工程。经国务院同意，教育部等四部门印发《高中阶段教育普及攻坚计划（2017—2020 年）》计划要求，各省到 2020 年毛入学率都要达到 90% 以上，其中要重点解决贫困地区教育资源不足和职业教育招生比例持续下降等问题。

参考《国家教育事业发展“十三五”规划》，普及高中阶段教育。一是巩固提高中等职业教育发展水平。在义务教育阶段开展职业启蒙教育。保持普通高中和中等职业教育招生规模大体相当，在中西部地区以中等职业教育为重点发展高中阶段教育。加强中等职业教育基础能力建设，重点改善贫困地区和薄弱中等职业学校基本办学条件。调整优化资源配置，统筹办好一批中等职业学校。建立中等职业学校与普通高中统筹招生制度和统一招生平台，扩大优质中等职业学校招生的区域范围和招生规模。二是促进普通高中多样化发展。继续支持贫困地区和民族地区普通高中建设。探索综合高中、特色高中等多种模式，促进学校特色发展，为学生提供更多选择机会。推动地方适应高考制度改革和教学改革需要，加强普通高中办学条件和师资配置，确保开齐、开足、开好相关课程。推进普通高中学生发展指导制度建设。推动地方政府制定普通高中生均拨款标准，补足公办普通高中取消“三限生”（根据限分数、限人数、限钱数政策而录取的学生）政策后的经费缺口。对已纳入存量地方政府债务清理甄别结果的普通高中债务，按照地方政府债务管理政策予以偿还。三是强化地市级人民政府对中等职业教育的统筹规划，根据城镇化和产业布局调整完善职业学校布局，根据产业发展对技术技能人才的需求优化职业教育体系结构。鼓励产业经济发达地区做好县域内中等职业学校布局规划。

参考《国家职业教育改革实施方案》（国发〔2019〕4 号），提高中等职业教育发展水平。优化教育结构，把发展中等职业教育作为普及高中阶段教育和建设中国特色职业教育体系的重要基础，保持高中阶段教育职普比大体相当，使绝大多数城乡新增劳动力接受高中阶段教育。改善中等职业学校基本办学条件。加强省级统筹，建好办好一批县域职教中心，重点支持集中连片特困地区每个地（市、州、盟）原则上至少建设一所符合当地经济社会发展和技术技能人才培养需要的中等职业学校。指导各地优化中等职业学校布局结构，科学配置并做大做强职业教育资源。积极招收初高中毕业未升学学生、退役军人、退役运动员、下岗职工、返乡农民工等接受中等职业教育；服务乡村振兴战略，为广大农村培养以新型职业农民为主体的农村实用人才。发挥中等职业学校作用，帮助部分学业困难学生按规定在职业学校完成义务教育，并接受部分职业技能学习。鼓励中等职业学校联合中小学开展劳动和职业启蒙教育，将动手实践内容纳入中小学相关课程和学生综合素质评价。

参考《中国儿童发展纲要（2011—2020年）》，加快发展高中阶段教育。逐步提高高中阶段教育财政投入水平，加大对中西部贫困地区高中阶段教育的扶持力度。推动普通高中多样化发展，满足不同儿童发展需求。大力发展职业教育。以服务为宗旨，以就业为导向，以提高质量为重点，深化职业教育改革，促进职业教育规模、专业设置与经济社会发展需求相适应。增强职业教育吸引力，逐步推行中等职业教育免费政策。

100.【校园周边安全治理】

原条文	建议修订条文（修改）
第四十二条　公安机关应当采取有力措施，依法维护校园周边的治安和交通秩序，预防和制止侵害未成年人合法权益的违法犯罪行为。 任何组织或者个人不得扰乱教学秩序，不得侵占、破坏学校、幼儿园、托儿所的场地、房屋和设施。	**第一百条**　县级人民政府应当领导有关部门加强校园周边综合治理，推行学生安全区域制度，明确相应要求。 在学生安全区域内，公安机关依法维护校园周边的治安和交通秩序，施行日常巡逻防控制度，优先布设视频监控系统，完善交通管理设施。

修订理由

参考国务院办公厅《关于加强中小学幼儿园安全风险防控体系建设的意见》（国办发〔2017〕35号），探索建立学生安全区域制度。加强校园周边综合治理，在学校周边探索实行学生安全区域制度。在此区域内，依法分别作出禁止新建对环境造成污染的企业、设施，禁止设立上网服务、娱乐、彩票专营等营业场所，禁止设立存在安全隐患的场所等相应要求。在学生安全区域内，公安机关要健全日常巡逻防控制度，加强学校周边“护学岗”建设，完善高峰勤务机制，优先布设视频监控系统，增强学生的安全感；公安交管部门要加强交通秩序管理，完善交通管理设施。

参考国务院教育督导委员会办公室发布的《关于进一步加强中小学（幼儿园）安全工作的紧急通知》（国教督办〔2018〕4号），各地教育部门要加强和公安、综治等部门的协调配合，指导学校充分利用校园周边“高峰勤务”和“护学岗”机制，积极组织学校安保人员、教师和家长志愿者等，配合执勤民警做好上下学时段校门周边防控工作，确保重点时段、重点部位安全可控。要会同有关部门制定明确具体的区域性学校安全风险清单，及时发布安全提示，督促学校认真做好安全防范工作。

参考教育部等九部门《关于防治中小学生欺凌和暴力的指导意见》，强化学校周边综合治理。各级综治组织要加大新形势下群防群治工作力度，实现人防物防技防在基层综治中心的深度融合，动员社会各方面力量做好校园周边地区安全防范工作。要依托全国社会治安综合治理信息系统，整合各有关部门信息资源，发挥青少年犯罪信息数据库作用，加强对重点青少年群体的动态研判。进一步加强校园及周边地区社会治安防控体系建设，作为公共安全视频监控建设联网应用示范工作的重要内容，推进校园及周边地区公共安全视频监控系统全覆盖，加大视频图像集成应用力度，实现对青少年违法犯罪活动的预测预警、实时监控、轨迹追踪及动态管控。把学校周边作为社会治安重点地区排查整治工作的重点，加强组织部署和检查考核。要对中小学生欺凌和暴力问题突出的地区和单位，根据中共中央办公厅、国务院办公厅《关于印发〈健全落实社会治安综合治理领导责任制规定〉的通知》要求，通过通报、约谈、挂牌督办、实施一票否决权制等方式进行综治领导责任督导和追究。公安机关要在治安情况复杂、问题较多的学校周边设置警务室或治安岗亭，密切与学校的沟通协作，积极配合学校排查发现学生欺凌和暴力隐患苗头，并及时预防处置。要加强学生上下学重要时段、学生途经重点路段的巡逻防控和治安盘查，对发现的苗头性、倾向性欺凌和暴力问题，要采取相应防范措施并通知学校和家长，及时干预，震慑犯罪。

101. 【未成年人卫生保健】

原条文	建议修订条文（修改）
第四十四条 卫生部门和学校应当对未成年人进行卫生保健和营养指导，提供必要的卫生保健条件，做好疾病预防工作。 卫生部门应当做好对儿童的预防接种工作，国家免疫规划项目的预防接种实行免费；积极防治儿童常见病、多发病，加强对传染病防治工作的监督管理，加强对幼儿园、托儿所卫生保健的业务指导和监督检查。	**第一百零一条** 县级以上人民政府及有关部门应当加强妇幼卫生服务体系建设，加强儿童保健服务和管理，逐步扩展国家基本公共卫生服务项目中的儿童保健服务内容，完善出生缺陷防治体系。 卫生健康部门应当加强对学校卫生防疫和卫生保健工作的监督指导，做好对儿童的预防接种工作，国家免疫规划项目的预防接种实行免费；积极防治儿童常见病、多发病，加强对传染病防治工作的监督管理，加强对幼儿园卫生保健的业务指导和监督检查。

修订理由

参考《"健康中国2030"规划纲要》，提高妇幼健康水平。实施母婴安全计划，倡导优生优育，继续实施住院分娩补助制度，向孕产妇免费提供生育全过程的基本医疗保健服务。加强出生缺陷综合防治，构建覆盖城乡居民，涵盖孕前、孕期、新生儿各阶段的出生缺陷防治体系。实施健康儿童计划，加强儿童早期发展，加强儿科建设，加大儿童重点疾病防治力度，扩大新生儿疾病筛查，继续开展重点地区儿童营养改善等项目。提高妇女常见病筛查率和早诊早治率。实施妇幼健康和计划生育服务保障工程，提升孕产妇和新生儿危急重症救治能力。

参考国务院《关于实施健康中国行动的意见》，实施妇幼健康促进行动。孕产期和婴幼儿时期是生命的起点。针对婚前、孕前、孕期、儿童等阶段特点，积极引导家庭科学孕育和养育健康新生命，健全出生缺陷防治体系。加强儿童早期发展服务，完善婴幼儿照护服务和残疾儿童康复救助制度。实施中小学健康促进行动。动员家庭、学校和社会共同维护中小学生身心健康。引导学生从小养成健康生活习惯，锻炼健康体魄，预防近视、肥胖等疾病。中小学校按规定开齐开足体育与健康课程。把学生体质健康状况纳入对学校的绩效考核，结合学生年龄特点，以多种方式对学生健康知识进行考试考查，将体育纳入高中学业水平测试。

参考《中国儿童发展纲要（2011—2020年）》，促进儿童基本医疗卫生服务的公平性和可及性。加强妇幼卫生服务体系建设，加强儿童保健服务和管理。推进儿童医疗保健科室标准化建设，开展新生儿保健、生长发育监测、营养与喂养指导、早期综合发展、心理行为发育评估与指导等服务。逐步扩展国家基本公共卫生服务项目中的儿童保健服务内容。完善出生缺陷防治体系。落实出生缺陷三级防治措施，加强婚前医学检查知识宣传，规范检查项目，改进服务模式，提高婚前医学检查率。加强孕产期合理营养与膳食指导。建立健全产前诊断网络，提高孕期出生缺陷发现率。开展新生儿疾病筛查、诊断和治疗。加强儿童疾病防治。扩大国家免疫规划范围，加强疫苗冷链系统建设和维护，规范预防接种行为。以城乡社区为重点，普及儿童健康基本知识。规范儿科诊疗行为。鼓励儿童专用药品研发和生产，扩大国家基本药物目录中儿科用药品种和剂型范围，完善儿童用药目录。改善儿童营养状况。实施贫困地区学龄前儿童营养与健康干预项目，继续推行中小学生营养改善计划。加强对儿童的健康指导和干预。加强托幼机构和中小学校卫生保健管理，对儿童开展疾病预防、心理健康、生长发育与青春期保健等方面的教育和指导，提高儿童身心健康素养水平。帮助儿童养成健康行为和生活方式。

参考国务院办公厅《关于加强中小学幼儿园安全风险防控体系建设的意见》（国办发〔2017〕35号），卫生计生部门要加强对学校卫生防疫和卫生保健工作的监督指导，对于学校出现的疫情或者学生群体性健康问题，要及时指导教育部门或者学校采取措施。

参考《健康儿童行动计划（2018—2020年）》加强出生缺陷防治网络建设。建立覆盖城乡居民，涵盖婚前、孕前、孕期、新生儿各阶段的出生缺陷防治服务制度，强化“政府主导、部门协作、社会参与”的出生缺陷防治工作机制，完善出生缺陷防治相关标准和规范，健全服务网络，加强人才队伍建设，提高防治能力，推动出生缺陷防治工作规范、有序开展。加强出生缺陷综合防治。加强科普宣传，倡导优生优育，强化群众出生缺陷风险防范意识。推动免费婚检和孕前优生健康检查城乡居民全覆盖，规范产前筛查和产前诊断工作，加强新生儿疾病筛查。促进儿童早期发展均等化。结合基本公共卫生服务，推动儿童早期发展均等化，在专业机构的指导下，促进儿童早期发展服务进农村、进社区、进家庭。实施母子健康发展综合项目，深入探索以农村为重点的儿童早期发展服务内容和服务模式。改善贫困地区儿童营养。将贫困地区儿童营养改善项目作为提高国民素质的重要任务纳入健康扶贫工程整体推进，扩大项目覆盖范围，强化贫困地区儿童营养健康教育和辅食添加工作，提高营养包服用依从性，切实改善贫困地区儿童营养状况。加强儿童传染病和常见病防治。实施国家免疫规划，开展儿童预防接种，加强艾滋病、梅毒、乙肝母婴阻断工作。以肺炎、腹泻、贫血、哮喘、龋齿、视力不良、心理行为问题等为重点，推广儿童疾病综合管理适宜技术，预防和减少儿童疾病发生。

102.【儿童医疗保障和救助制度】

原条文	建议修订条文（增加）
	第一百零二条 县级以上人民政府及有关部门应当逐步提高儿童医疗保障水平，减轻患病儿童家庭医疗费用负担；推行贫困家庭儿童医疗救助制度，全面实施贫困地区新生儿疾病筛查项目，加大对大病儿童和贫困家庭儿童的医疗救助。

修订理由

参考《健康儿童行动计划（2018—2020年）》，开展儿童医疗卫生服务改善行动。推动儿童医疗卫生改革。完善儿童医疗卫生服务体系，扩大儿童医疗卫生服务资源，推进儿科医联体建设，鼓励社会力量举办儿童医疗保健机构。合理调整儿科医疗保健服务价格，推进分级诊疗制度，优先开展儿童家庭签约服务，增强基本公共卫生服务能力，逐步形成基层首诊、双向转诊的就医格局。加强儿童医疗保健人才队伍建设，加大培养和培训力度，提高薪酬待遇，促进职业发展。

改善儿童医疗保健服务。推进“互联网+妇幼健康”，促进儿童健康服务信息化，开展儿童健康远程医疗服务。开展预约诊疗服务，实现分时预约，引导患者就近、错峰、有序就医。提供服务咨询、远程会诊、诊间结算、移动支付等服务，改善患儿及家长的就医体验。加强妇幼健康文化建设，为儿童提供温馨、舒适的就医环境。

参考《关于加强儿童医疗卫生服务改革与发展的意见》（国卫医发〔2016〕21号），推进儿童医疗卫生服务领域改革，合理调整儿科医疗服务价格。按照“总量控制、结构调整、有升有降、逐步到位”的原则，合理调整儿科医疗服务价格。对于儿童临床诊断中有创活检和探查、临床手术治疗等体现儿科医务人员技术劳务特点和价值的医疗服务项目，收费标准要高于成人医疗服务收费标准。调整后的医疗费用按规定纳入医保支付范围，避免增加患者就医负担。开展贫困家庭儿童医疗救助。全面实施贫困地区新生儿疾病筛查项目，完善城乡医疗救助制度，加大贫困家庭儿童医疗救助力度，做好与城乡居民基本医保、大病保险、疾病应急救助等制度的衔接，进一步提高儿童重大疾病救治费用保障水平，减少贫困儿童家庭因病致贫、因病返贫。完善儿童医疗卫生服务体系，加强儿童医院、综合医院儿科和妇幼保健机构建设，优化优质儿童医疗资源区域布局，推动形成儿童医疗服务网络。

参考《中国儿童发展纲要（2011—2020年）》，保障儿童基本医疗。在城镇居民基本医疗保险和新型农村合作医疗制度框架内完善儿童基本医疗保障，逐步提高儿童医疗保障水平，减轻患病儿童家庭医疗费用负担。提高儿童医疗救助水平。加大对大病儿童和贫困家庭儿童的医疗救助。对贫困家庭儿童、孤儿、残疾儿童参加城镇居民基本医疗保险及新型农村合作医疗个人缴纳部分按规定予以补贴。

103.【保障未成年人活动场所设施】

原条文	建议修订条文（修改）
第二十九条 各级人民政府应当建立和改善适合未成年人文化生活需要的活动场所和设施，鼓励社会力量兴办适合未成年人的活动场所，并加强管理。 **第三十一条（第一款）** 县级以上人民政府及其教育行政部门应当采取措施，鼓励和支持中小学校在节假日期间将文化体育设施对未成年人免费或者优惠开放。	**第一百零三条** 县级以上人民政府及有关部门应当建立和改善适合未成年人需要的活动场所和设施，将相关设施和场所建设纳入经济社会发展规划，在城镇规划、社区规划、公共场所规划中配备合理数量的场所和设施，鼓励社会力量兴办适合未成年人的活动场所，并加强管理。 县级以上人民政府及有关部门应当采取措施，鼓励和支持中小学校在节假日期间将文化体育设施对未成年人免费或者优惠开放。

修订理由

适合未成年人需要的场所和设施，比如母婴室的建设都应予以保障，故删去“文化生活”的限定。同时，进一步明确政府的责任，将相关设施和场所建设纳入经济社会发展规划，在城镇规划、社区规划、公共场所设计中配备合理数量的场所和设施。

参考《中国儿童发展纲要（2011—2020年）》，加大儿童活动设施建设。将儿童活动设施和场所建设纳入地方经济社会发展规划，增加彩票公益金对儿童活动设施和场所的投入，加大对农村地区儿童活动设施和场所建设和运行的扶持力度。规范儿童课外活动设施和场所的管理，各类文化、科技、体育等公益性设施和场所对儿童免费或优惠开放，并根据自身条件开辟专门供儿童活动的区域。加强爱国主义教育基地建设。

104. 【未成年人福利制度】

原条文	建议修订条文（增加）
	第一百零四条 县级以上人民政府及有关部门应当结合当地经济社会发展水平，发展未成年人福利，做好未成年人群体分类保障工作，综合运用各类政策措施，满足他们生活、教育、医疗康复、住房等方面的基本需要，提高面向未成年人的公共服务供给能力和水平。

修订理由

参考《关于加强困境儿童保障工作的意见》，加强困境儿童分类保障，针对困境儿童生存发展面临的突出问题和困难，完善落实社会救助、社会福利等保障政策，合理拓展保障范围和内容，实现制度有效衔接，形成困境儿童保障政策合力：

一是保障基本生活。对于无法定抚养人的儿童，纳入孤儿保障范围。对于无劳动能力、无生活来源、法定抚养人无抚养能力的未满十六周岁儿童，纳入特困人员救助供养范围。对于法定抚养人有抚养能力但家庭经济困难的儿童，符合最低生活保障条件的纳入保障范围并适当提高救助水平。对于遭遇突发性、紧迫性、临时性基本生活困难家庭的儿童，按规定实施临时救助时要适当提高对儿童的救助水平。对于其他困境儿童，各地区也要做好基本生活保障工作。

二是保障基本医疗。对于困难的重病、重残儿童，城乡居民基本医疗保险和大病保险给予适当倾斜，医疗救助对符合条件的适当提高报销比例和封顶线。落实小儿行为听力测试、儿童听力障碍语言训练等医疗康复项目纳入基本医疗保障范围政策。对于最低生活保障家庭儿童、重度残疾儿童参加城乡居民基本医疗保险的个人缴费部分给予补贴。对于纳入特困人员救助供养范围的儿童参加城乡居民基本医疗保险给予全额资助。加强城乡居民基本医疗保险、大病保险、医疗救助、疾病应急救助和慈善救助的有效衔接，实施好基本公共卫生服务项目，形成困境儿童医疗保障合力。

三是强化教育保障。对于家庭经济困难儿童，要落实教育资助政策和义务教育阶段“两免一补”政策。对于残疾儿童，要建立随班就读支持保障体系，为其中家庭经济困难的提供包括义务教育、高中阶段教育在内的12年免费教育。对于农业转移人口及其他常住人口随迁子女，要将其义务教育纳入各级政府教育发展规划和财政保障范畴，全面落实在流入地参加升学考试政策和接受中等职业教育免学费政策。支持特殊教育学校、取得办园许可的残疾儿童康复机构和有条件的儿童福利机构开展学前教育。支持儿童福利机构特教班在做好机构内残疾儿童特殊教育的同时，为社会残疾儿童提供特殊教育。完善义务教育控辍保学工作机制，确保困境儿童入学和不失学，依法完成义务教育。

四是落实监护责任。对于失去父母、查找不到生父母的儿童，纳入孤儿安置渠道，采取亲属抚养、机构养育、家庭寄养和依法收养方式妥善安置。对于父母没有监护能力且无其他监护人的儿童，以及人民法院指定由民政部门担任监护人的儿童，由民政部门设立的儿童福利机构收留抚养。对于儿童生父母或收养关系已成立的养父母不履行监护职责且经公安机关教育不改的，由民政部门设立的儿童福利机构、救助保护机构临时监护，并依法追究生父母、养父母法律责任。对于决定执行行政拘留的被处罚人或采取刑事拘留等限制人身自由刑事强制措施的犯罪嫌疑人，公安机关应当询问其是否有未成年子女需要委托亲属、其他成年人或民政部门设立的儿童福利机构、救助保护机构监护，并协助其联系有关人员或民政部门予以安排。对于服刑人员、强制隔离戒毒人员的缺少监护人的未成年子女，执行机关应当为其委托亲属、其他成年人或民政部门设立的儿童福利机构、救助保护机构监护提供帮助。对于依法收养儿童，民政部门要完善和强化监护人抚养监护能力评估制度，落实妥善抚养监护要求。

五是加强残疾儿童福利服务。对于0—6岁视力、听力、言语、智力、肢体残疾儿童和孤独症儿童，加快建立康复救助制度，逐步实现免费得到手术、康复辅助器具配置和康复训练等服务。对于社会散居残疾孤儿，纳入“残疾孤儿手术康复明天计划”对象范围。支持儿童福利机构在做好机构内孤残儿童服务的同时，为社会残疾儿童提供替代照料、养育辅导、康复训练等服务。纳入基本公共服务项目的残疾人康复等服务要优先保障残疾儿童需求。

参考《中国儿童发展纲要（2011—2020年）》，提高面向儿童的公共服务供给能力和水平。完善基本公共服务体系，增加财政对儿童福利的投入，逐步实现儿童基本公共服务均等化。扩大儿童福利范围。完善城乡居民最低生活保障制度，通过分类施保提高贫困家庭儿童生活水平。建立健全孤儿保障制度。落实孤儿社会保障政策，满足孤儿生活、教育、医疗康复、住房等方面的需求。帮助有劳动能力的适龄孤儿就业。建立受艾滋病影响儿童和服刑人员未成年子女的替代养护制度，为受艾滋病影响儿童和服刑人员未成年子女的生活、教育、医疗、公平就业提供制度保障。建立完善残疾儿童康复救助制度和服务体系。完善流浪儿童救助保护网络体系，健全流浪儿童生活、教育、管理、返乡保障制度，对流浪儿童开展教育、医疗服务、心理辅导、行为矫治和技能培训。提高流浪儿童救助保护工作专业化和社会化水平，鼓励并支持社会力量保护和救助流浪儿童。建立和完善流动儿童和留守儿童服务机制，为流动儿童享有教育、医疗保健等公共服务提供基础，健全农村留守儿童服务机制，加强对留守儿童心理、情感和行为的指导。

105.【国家监护制度】

原条文	建议修订条文（修改）
第四十三条 县级以上人民政府及其民政部门应当根据需要设立救助场所，对流浪乞讨等生活无着未成年人实施救助，承担临时监护责任；公安部门或者其他有关部门应当护送流浪乞讨或者离家出走的未成年人到救助场所，由救助场所予以救助和妥善照顾，并及时通知其父母或者其他监护人领回。 对孤儿、无法查明其父母或者其他监护人的以及其他生活无着的未成年人，由民政部门设立的儿童福利机构收留抚养。	**第一百零五条** 对于符合法定情形的未成年人，由国家负责监护。民政部门是国家监护的主责部门，其他有关部门予以配合。 县级以上人民政府及民政部门应当根据需要设立机构，负责收留、抚育需要国家监护的未成年人。 收留、抚育机构及其工作人员应当依法履行职责，不得虐待、歧视未成年人；不得在办理收留抚养工作中牟取利益。

原条文	建议修订条文（修改）
未成年人救助机构、儿童福利机构及其工作人员应当依法履行职责，不得虐待、歧视未成年人；不得在办理收留抚养工作中牟取利益。	

修订理由

参考《民法典》的有关规定，指定监护人前，被监护人的人身权利、财产权利以及其他合法权益处于无人保护状态的，由被监护人住所地的居民委员会、村民委员会、法律规定的有关组织或者民政部门担任临时监护人。没有依法具有监护资格的人的，监护人由民政部门担任，也可以由具备履行监护职责条件的被监护人住所地的居民委员会、村民委员会担任。

参考《关于加强农村留守儿童关爱保护工作的意见》，把农村留守儿童关爱保护工作作为各级政府重要工作内容，落实县、乡镇人民政府属地责任，强化民政等有关部门的监督指导责任，健全农村留守儿童关爱服务体系和救助保护机制，切实保障农村留守儿童合法权益。属于监护人丧失监护能力或不履行监护责任的，要联系农村留守儿童父母立即返回或委托其他亲属监护照料；联系不上农村留守儿童父母的，要就近护送至其他近亲属、村（居）民委员会或救助管理机构、福利机构临时监护照料，并协助通知农村留守儿童父母立即返回或重新确定受委托监护人；遭受家庭暴力的，要依法制止，必要时通知并协助民政部门将其安置到临时庇护场所、救助管理机构或者福利机构实施保护；遭受其他不法侵害、意外伤害的，要依法制止侵害行为、实施保护。对实施家庭暴力、虐待或遗弃农村留守儿童的父母或受委托监护人，公安机关应当给予批评教育，必要时予以治安管理处罚，情节恶劣构成犯罪的，依法立案侦查。对于监护人将农村留守儿童置于无人监管和照看状态导致其面临危险且经教育不改的，或者拒不履行监护职责六个月以上导致农村留守儿童生活无着的，或者实施家庭暴力、虐待或遗弃农村留守儿童导致其身心健康严重受损的，其近亲属、村（居）民委员会、县级民政部门等有关人员或者单位要依法向人民法院申请撤销监护人资格，另行指定监护人。

参考《关于加强困境儿童保障工作的意见》，落实监护责任。对于失去父母、查找不到生父母的儿童，纳入孤儿安置渠道，采取亲属抚养、机构养育、家庭寄养和依法收养方式妥善安置。对于父母没有监护能力且无其他监护人的儿童，以及人民法院指定由民政部门担任监护人的儿童，由民政部门设立的儿童福利机构收留抚养。对于儿童生父母或收养关系已成立的养父母不履行监护职责且经公安机关教育不改的，由民政部门设立的儿童福利机构、救助保护机构临时监护，并依法追究生父母、养父母的法律责任。对于决定执行行政拘留的被处罚人或采取刑事拘留等限制人身自由刑事强制措施的犯罪嫌疑人，公安机关应当询问其是否有未成年子女需要委托亲属、其他成年人或民政部门设立的儿童福利机构、救助保护机构监护，并协助其联系有关人员或民政部门予以安排。对于服刑人员、强制隔离戒毒人员的缺少监护人的未成年子女，执行机关应当为其委托亲属、其他成年人或民政部门设立的儿童福利机构、救助保护机构监护提供帮助。对于依法收养儿童，民政部门要完善和强化监护人抚养监护能力评估制度，落实妥善抚养监护要求。

参考《关于进一步加强事实无人抚养儿童保障工作的意见》（民发〔2019〕62号），督促落实监护责任。人民法院、人民检察院和公安机关等部门应当依法打击故意或者恶意不履行监护职责等各类侵害儿童权益的违法犯罪行为，根据情节轻重依法追究其法律责任。对符合最高人民法院、最高人民检察院、公安部、民政部《关于依法处理监护人侵害未成年人权益行为若干问题的意见》（法发〔2014〕24号）规定情形的，应当依法撤销监护人监护资格。对有能力履行抚养义务而拒不抚养的父母，民政部门可依法追索抚养费，因此起诉到人民法院的，人民法院应当支持。民政部门应当加强送养工作指导，创建信息对接渠道，在充分尊重被送养儿童和送养人意愿的前提下，鼓励支持有收养意愿的国内家庭依法收养。加大流浪儿童救助保护力度，及时帮助儿童寻亲返家，教育、督促其父母及其他监护人履行抚养义务，并将其纳入重点关爱对象，当地未成年人救助保护机构每季度应当至少组织一次回访，防止其再次外出流浪。维护残疾儿童权益，大力推进残疾事实无人抚养儿童康复、教育服务，提高保障水平和服务能力。充分发挥儿童福利机构、未成年人救助保护机构、康复和特教服务机构等服务平台作用，提供政策咨询、康复、特教、养护和临时照料等关爱服务支持。加强家庭探访，协助提供监护指导、返校复学、落实户籍等关爱服务。加强精神关爱，通过政府购买服务等方式，发挥共青团、妇联等群团组织的社会动员优势，引入专业社会组织和青少年事务社工，提供心理咨询、心理疏导、情感抚慰等专业服务，培养健康心理和健全人格。民政部门应当履行主管部门职责，做好资格确认、生活补贴发放、综合协调和监督管理等工作。对认定过程中处境危急的儿童，应当实施临时救助和监护照料。

参考《关于进一步健全农村留守儿童和困境儿童关爱服务体系的意见》，提升未成年人救助保护机构和儿童福利机构服务能力。一是明确两类机构功能定位。未成年人救助保护机构是指县级以上人民政府及其民政部门根据需要设立，对生活无着的流浪乞讨、遭受监护侵害、暂时无人监护等未成年人实施救助，承担临时监护责任，协助民政部门推进农村留守儿童和困境儿童关爱服务等工作的专门机构，包括按照事业单位法人登记的未成年人保护中心、未成年人救助保护中心和设有未成年人救助保护科（室）的救助管理站。儿童福利机构是指民政部门设立的，主要收留抚养由民政部门担任监护人的未满十八周岁儿童的机构，包括按照事业单位法人登记的儿童福利院、设有儿童部的社会福利院等。各地要采取工作试点、业务培训、定点帮扶、结对互学等多种方式，支持贫困地区尤其是“三区三州”等深度贫困地区未成年人救助保护机构、儿童福利机构提升服务能力。二是拓展儿童福利机构社会服务功能。各地要因地制宜优化儿童福利机构区域布局，推动将孤儿数量少、机构设施差、专业力量弱的县级儿童福利机构抚养的儿童向地市级儿童福利机构移交。已经将孤儿转出的县级儿童福利机构，应当设立儿童福利指导中心或向未成年人救助保护机构转型，探索开展农村留守儿童、困境儿童、散居孤儿、社会残疾儿童及其家庭的临时照料、康复指导、特殊教育、精神慰藉、定期探访、宣传培训等工作。鼓励有条件的地市级以上儿童福利机构不断拓展集养、治、教、康于一体的社会服务功能，力争将儿童福利机构纳入定点康复机构，探索向贫困家庭残疾儿童开放。

106.【国家临时监护的情形】

原条文	建议修订条文（增加）
	第一百零六条 具有以下情形之一的，由国家进行临时监护： （一）遭受监护人严重侵害需要被紧急带离的；

原条文	建议修订条文（增加）
	（二）暂时查找不到父母等监护人或者监护状态无法确定的； （三）家庭遭遇突然变故、暂时无人抚养的； （四）监护人故意不履行监护职责经公安机关教育仍拒绝履行职责的； （五）依法被限制或剥夺人身自由的公民的未成年人子女处于无人监护状态，且尚未委托监护或者不同意委托监护的； （六）其他需要临时监护的紧急情形。 临时监护的期限为一年。临时监护期间，第一款规定的情形消失的，临时监护终止。

修订理由

参考《关于进一步加强事实无人抚养儿童保障工作的意见》，明确保障对象。事实无人抚养儿童是指父母双方均符合重残、重病、服刑在押、强制隔离戒毒、被执行其他限制人身自由的措施、失联情形之一的儿童；或者父母一方死亡或失踪，另一方符合重残、重病、服刑在押、强制隔离戒毒、被执行其他限制人身自由的措施、失联情形之一的儿童。以上重残是指一级二级残疾或三级四级精神、智力残疾；重病由各地根据当地大病、地方病等实际情况确定；失联是指失去联系且未履行监护抚养责任6个月以上；服刑在押、强制隔离戒毒或被执行其他限制人身自由的措施是指期限在6个月以上；死亡是指自然死亡或人民法院宣告死亡，失踪是指人民法院宣告失踪。人民法院、人民检察院和公安机关等部门应当依法打击故意或者恶意不履行监护职责等各类侵害儿童权益的违法犯罪行为，根据情节轻重依法追究其法律责任。对符合最高人民法院、最高人民检察院、公安部、民政部《关于依法处理监护人侵害未成年人权益行为若干问题的意见》（法发〔2014〕24号）规定情形的，应当依法撤销监护人监护资格。对有能力履行抚养义务而拒不抚养的父母，民政部门可依法追索抚养费，因此起诉到人民法院的，人民法院应当支持。民政部门应当加强送养工作指导，创建信息对接渠道，在充分尊重被送养儿童和送养人意愿的前提下，鼓励支持有收养意愿的国内家庭依法收养。加大流浪儿童救助保护力度，及时帮助儿童寻亲返家，教育、督促其父母及其他监护人履行抚养义务，并将其纳入重点关爱对象，当地未成年人救助保护机构每季度应当至少组织一次回访，防止其再次外出流浪。

参考《关于依法处理监护人侵害未成年人权益行为若干问题的意见》，监护侵害行为，是指父母或者其他监护人性侵害、出卖、遗弃、虐待、暴力伤害未成年人，教唆、利用未成年人实施违法犯罪行为，胁迫、诱骗、利用未成年人乞讨，以及不履行监护职责严重危害未成年人身心健康等行为。公安机关在出警过程中，发现未成年人身体受到严重伤害、面临严重人身安全威胁或者处于无人照料等危险状态的，应当将其带离实施监护侵害行为的监护人，就近护送至其他监护人、亲属、村（居）民委员会或者未成年人救助保护机构，并办理书面交接手续。未成年人有表达能力的，应当就护送地点征求未成年人意见。负责接收未成年人的单位和人员应当对未成年人予以临时紧急庇护和短期生活照料，保护未成年人的人身安全，不得侵害未成年人合法权益。未成年人救助保护机构应当接收公安机关护送来的受监护侵害的未成年人，履行临时监护责任。未成年人救助保护机构履行临时监护责任一般不超过一年。未成年人救助保护机构可以采取家庭寄养、自愿助养、机构代养或者委托政府指定的寄宿学校安置等方式，对未成年人进行临时照料，并为未成年人提供心理疏导、情感抚慰等服务。

107.【国家长期监护的情形】

原条文	建议修订条文（修改）
第四十三条（第二款） 对孤儿、无法查明其父母或者其他监护	**第一百零七条** 具有以下情形之一的，由国家进行长期监护：

原条文	建议修订条文（修改）
人的以及其他生活无着的未成年人，由民政部门设立的儿童福利机构收留抚养。	（一）认定为孤儿的； （二）依法撤销监护人监护资格而没有其他人担任监护人的； （三）临时监护超过法定期限需要由国家继续监护的。

修订理由

参考国务院办公厅《关于加强孤儿保障工作的意见》（国办发〔2010〕54号），孤儿是指失去父母、查找不到生父母的未满十八周岁的未成年人，由地方县级以上民政部门依据有关规定和条件认定。地方各级政府要按照有利于孤儿身心健康成长的原则，采取多种方式，拓展孤儿安置渠道，妥善安置孤儿。民政部门要发挥牵头部门作用，加强孤儿保障工作能力建设，充实儿童福利工作力量，强化对儿童福利机构的监督管理，建设好全国儿童福利信息管理系统。

参照《关于依法处理监护人侵害未成年人权益行为若干问题的意见》，被申请人有下列情形之一的，人民法院可以判决撤销其监护人资格：(1) 性侵害、出卖、遗弃、虐待、暴力伤害未成年人，严重损害未成年人身心健康的；(2) 将未成年人置于无人监管和照看的状态，导致未成年人面临死亡或者严重伤害危险，经教育不改的；(3) 拒不履行监护职责长达6个月以上，导致未成年人流离失所或者生活无着的；(4) 有吸毒、赌博、长期酗酒等恶习无法正确履行监护职责或者因服刑等原因无法履行监护职责，且拒绝将监护职责部分或者全部委托给他人，致使未成年人处于困境或者危险状态的；(5) 胁迫、诱骗、利用未成年人乞讨，经公安机关和未成年人救助保护机构等部门三次以上批评教育拒不改正，严重影响未成年人正常生活和学习的；(6) 教唆、利用未成年人实施违法犯罪行为，情节恶劣的；(7) 有其他严重侵害未成年人合法权益行为的。判决撤销监护人资格，未成年人有其他监护人的，应当由其他监护人承担监护职责。其他监护人应当采取措施避免未成年人继续受到侵害。没有其他监护人的，依据《民法典》第32条规定，监护人由民政部门担任，也可以由具备履行监护职责条件的被监护人住所地的居民委员会、村民委员会担任。指定个人担任监护人的，应当综合考虑其意愿、品行、身体状况、经济条件、与未成年人的生活情感联系以及有表达能力的未成年人的意愿等。没有合适人员和其他单位担任监护人的，人民法院应当指定民政部门担任监护人，由其所属儿童福利机构收留抚养。

108. 【国家监护的方式】

原条文	建议修订条文（增加）
	第一百零八条 国家监护应当优先考虑家属抚养、家庭寄养等安置方式，不具备条件或者不合适的由相关的机构养育。国家监护期间，经评估符合收养条件的，可以依法送养。 国家监护的方式应当听取和尊重未成年人的意见。

修订理由

参考国务院办公厅《关于加强孤儿保障工作的意见》，拓展安置渠道，妥善安置孤儿：

一是亲属抚养。孤儿的监护人依照《民法典》等法律法规确定。孤儿的祖父母、外祖父母、兄、姐要依法承担抚养义务、履行监护职责；鼓励关系密切的其他亲属、朋友担任孤儿监护人；没有前述监护人的，未成年人的父、母的所在单位或者未成年人住所地的居民委员会、村民委员会或者民政部门担任监护人。监护人不履行监护职责或者侵害孤儿合法权益的，应承担相应的法律责任。

二是机构养育。对没有亲属和其他监护人抚养的孤儿，经依法公告后由民政部门设立的儿童福利机构收留抚养。有条件的儿童福利机构可在社区购买、租赁房屋，或在机构内部建造单元式居所，为孤儿提供家庭式养育。公安部门应及时为孤儿办理儿童福利机构集体户口。

三是家庭寄养。由孤儿父母生前所在单位或者孤儿住所地的村（居）民委员会或者民政部门担任监护人的，可由监护人对有抚养意愿和抚养能力的家庭进行评估，选择抚育条件较好的家庭开展委托监护或者家庭寄养，并给予养育费用补贴，当地政府可酌情给予劳务补贴。

四是依法收养。鼓励收养孤儿。收养孤儿按照《民法典》的规定办理。对中国公民依法收养的孤儿，需要为其办理户口登记或者迁移手续的，户口登记机关应及时予以办理，并在登记与户主关系时注明子女关系。对寄养的孤儿，寄养家庭有收养意愿的，应优先为其办理收养手续。继续稳妥开展涉外收养，进一步完善涉外收养办法。

109. 【报告热线和处理机制】

原条文	建议修订条文（增加）
	第一百零九条 县级人民政府应当开通全国统一的未成年人保护热线，施行未成年人保护报告线索一门受理、协同办理的机制，明确应急处置、调查评估、跟踪帮扶、监护干预、责任追究等工作流程。

修订理由

参考《关于加强农村留守儿童关爱保护工作的意见》，建立健全农村留守儿童救助保护机制：

一是建立强制报告机制。学校、幼儿园、医疗机构、村（居）民委员会、社会工作服务机构、救助管理机构、福利机构及其工作人员，在工作中发现农村留守儿童脱离监护单独居住生活或失踪、监护人丧失监护能力或不履行监护责任、疑似遭受家庭暴力、疑似遭受意外伤害或不法侵害等情况的，应当在第一时间向公安机关报告。负有强制报告责任的单位和人员未履行报告义务的，其上级机关和有关部门要严肃追责。其他公民、社会组织积极向公安机关报告的，应及时给予表扬和奖励。

二是完善应急处置机制。公安机关要及时受理有关报告，第一时间出警调查，有针对性地采取应急处置措施，强制报告责任人要协助公安机关做好调查和应急处置工作。属于农村留守儿童单独居住生活的，要责令其父母立即返回或确定受委托监护人，并对父母进行训诫；属于监护人丧失监护能力或不履行监护责任的，要联系农村留守儿童父母立即返回或委托其他亲属监护照料；上述两种情形联系不上农村留守儿童父母的，要就近护送至其他近亲属、村（居）民委员会或救助管理机构、福利机构临时监护照料，并协助通知农村留守儿童父母立即返回或重新确定受委托监护人。属于失踪的，要按照儿童失踪快速查找机制及时开展调查。属于遭受家庭暴力的，要依法制止，必要时通知并协助民政部门将其安置到临时庇护场所、救助管理机构或者福利机构实施保护；属于遭受其他不法侵害、意外伤害的，要依法制止侵害行为、实施保护；对于上述两种情形，要按照有关规定调查取证，协助其就医、鉴定伤情，为进一步采取干预措施、依法追究相关法律责任打下基础。公安机关要将相关情况及时通报乡镇人民政府（街道办事处）。

三是健全评估帮扶机制。乡镇人民政府（街道办事处）接到公安机关通报后，要会同民政部门、公安机关在村（居）民委员会、中小学校、医疗机构以及亲属、社会工作专业服务机构的协助下，对农村留守儿童的安全处境、监护情况、身心健康状况等进行调查评估，有针对性地安排监护指导、医疗救治、心理疏导、行为矫治、法律服务、法律援助等专业服务。对于监护人家庭经济困难且符合有关社会救助、社会福利政策的，民政及其他社会救助部门要及时纳入保障范围。

四是强化监护干预机制。对实施家庭暴力、虐待或遗弃农村留守儿童的父母或受委托监护人，公安机关应当给予批评教育，必要时予以治安管理处罚，情节恶劣构成犯罪的，依法立案侦查。对于监护人将农村留守儿童置于无人监管和照看状态导致其面临危险且经教育不改的，或者拒不履行监护职责6个月以上导致农村留守儿童生活无着的，或者实施家庭暴力、虐待或遗弃农村留守儿童导致其身心健康严重受损的，其近亲属、村（居）民委员会、县级民政部门等有关人员或者单位要依法向人民法院申请撤销监护人资格，另行指定监护人。

参考《关于加强困境儿童保障工作的意见》，要参照农村留守儿童救助保护机制，建立面向城乡困境儿童包括强制报告、应急处置、评估帮扶、监护干预等在内的困境儿童安全保护机制。

110. 【从业查询制度】

原条文	建议修订条文（增加）
	第一百一十条 国家建立性侵害、虐待等侵害人身权利违法犯罪记录系统，由县级人民政府有关部门向密切接触未成年人行业提供查询服务。

修订理由

近年来，侵害未成年人人身权利的违法犯罪案件时有发生，一些从业人员利用职业便利所实施的侵害行为，更是严重危害未成年人身心健康及家长、社会公众的安全感，同时也严重损害了相关行业的社会形象。性侵害、虐待等侵害未成年人人身权利的违法犯罪行为具有极高的再犯可能性，而且利用职业便利实施的隐蔽性更强，再犯预防的必要性非常突出。因此，在密切接触未成年人的行业中尽快构筑从业禁止的预防体系显得十分必要且紧迫。虽然我国刑法和相关行业性法律法规已经为从业禁止制度提供了基本法律依据，但仍然存在操作性不足、强制性不够、系统性欠缺等诸多机制层面的瓶颈问题。具体来说，其一，相关规定操作性不足，体现在除了刑法规定的刑事从业禁止制度，还有很多法律法规也规定了行政从业禁止制度，但都缺乏必要的配套执行机制，例如谁是执行主体、如何获取违法犯罪记录、谁来提供记录查询等涉及具体操作的问题，都没有明确规定。其二，相关规定强制性不够，主要体现在未涉及相关用人单位的法律责任。其他法律法规对于违反本法从业禁止规定的行为，不论是个人还是单位，既没有规定违反禁令的后果，也没有规定由谁来追究违法责任。其三，相关规定系统性欠缺。各种从业禁止规定散见在不同层面的法律法规和规章中，刑事从业禁止与行政从业禁止缺乏必要衔接，从业禁止制度缺乏从业资格剥夺等配套措施，政法机关、行政监管部门、群团组织和用人单位在信息互通、监管督促、配合衔接等方面也尚未形成体系。

因此，为了改变这种情况，各地探索了密切接触未成年人行业从业查询和禁止制度。比如，上海市16家单位会签并出台了《关于建立涉性侵害违法犯罪人员从业限制制度的意见》，健全完善与未成年人密切接触行业从业人员的招录和管理机制，加强对性侵害未成年人犯罪的源头预防。贵州省检察院、省法院、省教育厅、省公安厅等12家单位联合出台了《关于在密切接触未成年人行业建立违法犯罪人员从业限制制度的意见》，对侵害未成年人的人员限制从事密切接触未成年人的工作。

111.【拓展社会组织参与】

原条文	建议修订条文（增加）
	第一百一十一条 各级人民政府应当加大公共财政购入，采取政府购买服务等方式，孵化、引导和规范社会组织参与未成年人保护工作，建立常态化的未成年人保护专业服务机制。

修订理由

参考《关于加强农村留守儿童关爱保护工作的意见》，推动社会力量积极参与。加快孵化培育社会工作专业服务机构、公益慈善类社会组织、志愿服务组织，民政等部门要通过政府购买服务等方式支持其深入城乡社区、学校和家庭，开展农村留守儿童监护指导、心理疏导、行为矫治、社会融入和家庭关系调适等专业服务。充分发挥市场机制作用，支持社会组织、爱心企业依托学校、社区综合服务设施举办农村留守儿童托管服务机构，财税部门要依法落实税费减免优惠政策。

参考《关于加强困境儿童保障工作的意见》，鼓励支持社会力量参与。建立政府主导与社会参与良性互动机制。加快孵化培育专业社会工作服务机构、慈善组织、志愿服务组织，引导其围绕困境儿童基本生活、教育、医疗、照料、康复等需求，捐赠资金物资、实施慈善项目、提供专业服务。落实国家有关税费优惠政策，通过政府和社会资本合作（PPP）等方式，支持社会力量举办困境儿童托养照料、康复训练等服务机构，并鼓励其参与承接政府购买服务。支持社会工作者、法律工作者等专业人员和志愿者针对困境儿童不同特点提供心理疏导、精神关爱、家庭教育指导、权益维护等服务。鼓励爱心家庭依据相关规定，为有需要的困境儿童提供家庭寄养、委托代养、爱心助养等服务，帮助困境儿童得到妥善照料和家庭亲情。积极倡导企业履行社会责任，通过"一对一"帮扶、慈善捐赠、实施公益项目等多种方式，为困境儿童及其家庭提供更多帮助。

参考《关于进一步健全农村留守儿童和困境儿童关爱服务体系的意见》，鼓励和引导社会力量广泛参与：(1) 培育孵化社会组织。各地民政部门及未成年人救助保护机构要通过政府委托、项目合作、重点推介、孵化扶持等多种方式，积极培育儿童服务类的社会工作服务机构、公益慈善组织和志愿服务组织。要支持相关社会组织加强专业化、精细化、精准化服务能力建设，提高关爱保护服务水平，为开展农村留守儿童、困境儿童等工作提供支持和服务。要在场地提供、水电优惠、食宿保障、开通未成年人保护专线电话等方面提供优惠便利条件。要统筹相关社会资源向深度贫困地区倾斜，推动深度贫困地区儿童服务类社会组织发展。(2) 推进政府购买服务。各地要将农村留守儿童关爱保护和困境儿童保障纳入政府购买服务指导性目录，并结合实际需要做好资金保障，重点购买走访核查、热线运行、监护评估、精准帮扶、政策宣传、业务培训、家庭探访督导检查等关爱服务。要加大政府购买心理服务类社会组织力度，有针对性地为精神关怀缺失、遭受家庭创伤等儿童提供人际调适、精神慰藉、心理疏导等专业性关爱服务，促进身心健康。引导承接购买服务的社会组织优先聘请村（居）儿童主任协助开展上述工作，并适当帮助解决交通、通信等必要费用开支。全国青年志愿服务入库优秀项目可优先纳入政府购买服务有关工作支持范围。(3) 发动社会各方参与。支持社会工作者、法律工作者、心理咨询工作者等专业人员，针对农村留守儿童和困境儿童不同特点，提供心理疏导、亲情关爱、权益维护等服务。动员引导广大社会工作者、志愿者等力量深入贫困地区、深入贫困服务对象提供关爱服务。积极倡导企业履行社会责任，通过"一对一"帮扶、慈善捐赠、实施公益项目等多种方式，重点加强贫困农村留守儿童和困境儿童及其家庭救助帮扶，引导企业督促员工依法履行对未成年子女的监护责任。

参考《关于进一步加强事实无人抚养儿童保障工作的意见》，加强精神关爱，通过政府购买服务等方式，发挥共青团、妇联等群团组织的社会动员优势，引入专业社会组织和青少年事务社工，提供心理咨询、心理疏导、情感抚慰等专业服务，培养健康心理和健全人格。

参考《关于依法处理监护人侵害未成年人权益行为若干问题的意见》，人民法院、人民检察院、公安机关、民政部门应当加强与妇儿工委、教育部门、卫生部门、共青团、妇联、关工委、未成年人住所地村（居）民委员会等的联系和协作，积极引导、鼓励、支持法律服务机构、社会工作服务机构、公益慈善组织和志愿者等社会力量，共同做好受监护侵害的未成年人的保护工作。

112.【定期公布制度和监督制度】

原条文	建议修订条文（增加）
	第一百一十二条 县级人民政府应当每一年度向社会发布未成年人保护的工作情况，接受社会监督。对公民提出的批评和建议，应当及时受理和答复。

修订理由

此条旨在加强对政府未成年人保护工作的监督，保障公民批评建议权的实现。

第七章　司法保护

113.【司法保护职责】

原条文	建议修订条文（未修改）
第五十条　公安机关、人民检察院、人民法院以及司法行政部门，应当依法履行职责，在司法活动中保护未成年人的合法权益。	**第一百一十三条**　公安机关、人民检察院、人民法院以及司法行政部门，应当依法履行职责，在司法活动中保护未成年人的合法权益。

114.【专门机构办理和独立评价】

原条文	建议修订条文（修改）
第五十五条　公安机关、人民检察院、人民法院办理未成年人犯罪案件和涉及未成年人权益保护案件，应当照顾未成年人身心发展特点，尊重他们的人格尊严，保障他们的合法权益，并根据需要设立专门机构或者指定专人办理。	**第一百一十四条**　公安机关、人民检察院、人民法院、司法行政机关应当设立专门机构或者指定专门人员办理涉及未成年人的案件，采用独立的评价体系。 办案人员以及司法行政机关相关工作人员应当经过专门培训，熟悉未成年人身心特点。

原条文	建议修订条文（修改）
	最高人民法院、最高人民检察院、公安部、司法部应当制定专门机构、专门人员的资格、评价及培训等规范，并将执行情况作为考评的内容。

修订理由

从国外经验来看，不管是大陆法系还是英美法系，少年司法体系都是同成年人分开的，不管是独立于普通司法机关还是设在普通司法机关内，都有专门的、独立的机构。设立专门机构办理未成年人案件，是绝大多数国家的做法。

未成年人司法专门化，是指公安司法机关设立专门的机构、组织或者指定特定人员，遵照特定理念、依照特定程序专门办理涉及未成年人的案件，包括办案主体、办案范围、办案机制、办案程序和办案理念的专门化等。其中，未成年人司法机构和队伍的专门化是前提和基础，有了相应的机构、组织或专门人员，才能保障未成年人司法的理念、程序、机制切实落地。此外，有了未成年人司法的专门化，才能进一步谈专业化、规范化问题。

首先，专门化是未成年人司法规律的必然要求。未成年人司法制度的建设，既要遵循司法规律的一般性要求，更要体现和符合未成年人司法规律的特殊性，强调和注重恢复性、预防性。任何具有自主意识的人都应当为自己的行为负责，触犯法律都要承担相应的法律责任。法律责任的目的是修复社会关系和秩序，手段包括惩罚、救济、预防等。基于上述未成年人的身心特殊性，其承担法律责任的方式和内容应当与成年人有所差异。对待成年人犯罪，依其行为的严重性施以惩罚措施，发挥刑罚的震慑作用、实现遏制再犯的目的。对待未成年人犯罪，则更加强调临界预防和再犯预防，根据其心理行为偏常进行必要的干预，促使其顺利回归社会，最终同样实现社会防卫的功能。从这个角度讲，未成年人司法规律要求在办理案件过程中坚持未成年人最佳利益原则。

其次，专门化是未成年人司法工作的现实需要。办理未成年人犯罪的案件，公安司法机关不仅仅依法查明事实、收集或核实证据，还延伸出两项重要工作：预防未成年人犯罪和帮助涉罪的未成年人顺利回归社会。一方面，通常来说，心理行为偏常是一个由轻及重、不断恶化的过程，很多未成年人的犯罪行为是从一些不良行为或严重不良行为、轻微违法开始的。要有效预防未成年人犯罪，应当注重早期介入，建立分层级的干预措施和体系。另一方面，办理未成年人犯罪案件，终极目标是矫正涉罪未成年人的心理行为偏常，帮助其顺利回归社会。公安司法机关需要进行大量的案外工作，包括跟踪帮教以及链接资源等。办理未成年人遭受犯罪侵害的案件，办案人员需要熟悉未成年人的身心特点和具备一定的专业知识，开展一些延伸性工作。以未成年人遭受性侵为例，研究表明，性侵会对儿童产生持久影响，可能直到他们成年以后都难以消除。如果未接受适当的干预和治疗，在未来的很长时间都会表现出严重的症状，到青少年时期会用外化的不良行为来表达内心的痛苦，比如吸毒、违法甚至自残，进而出现抑郁及反社会行为。可见，未成年人司法工作需要办案人员具备法律之外的专业知识和能力，投入更多的时间和精力。

最后，专门化是未成年人司法实践探索的最佳选择。根据全国法院审理未成年人犯罪案件的情况，我国未成年人的刑事犯罪率从 20 世纪 90 年代至今总体呈现下降趋势，从 1990 年的 7.24% 降到 2016 年的 3.61%。虽然其背后原因是综合性的，但未成年人司法专业化水平不断提升肯定是最重要因素之一。地方的司法实践一次次证明，未成年人司法专门化水平高的地方，未成年人犯罪治理和司法保护越有实效。以北京市公安局海淀分局为例，自 2014 年 7 月正式成立未成年人案件审查中队以来，海淀区未成年人再犯罪率从 2015 年的 17% 下降到 2016 年的 2%。再以武城县人民检察院为例，自从搭建“未成年人权益保护检察监督信息平台”以来，全县涉未案件同比下降 60%，未成年人犯罪率同比下降 40%，侵害未成年人权益案件年均下降 36%。专门化的方向是正确的，是成功的。因此，在深化司法体制改革过程中，应当进一步总结经验，把未成年人司法的专门化推向更高水平。

未成年人司法的专门化不是要求各级公安司法机关都要成立专门机构。各地各级公安司法机关应当结合实际，充分论证、科学决策，采取多元化保障措施，比如集中管辖、成立专门的审判团队和检察官办案组等。

115.【使用语言和听取意见】

原条文	建议修订条文（修改）
第五十一条（第一款） 未成年人的合法权益受到侵害，依法向人民法院提起诉讼的，人民法院应当依法及时审理，并适应未成年人生理、心理特点和健康成长的需要，保障未成年人的合法权益。	**第一百一十五条** 公安机关、人民检察院、人民法院办理涉及未成年人的案件，应当考虑未成年人心理水平、心理状态和社会认知能力，使用未成年人能够理解的语言和表达方式，充分听取未成年人及其监护人的意见。

修订理由

未成年人身心尚未成熟，对很多事物以及法律用语缺乏足够的理解能力。因此，在司法活动中，应当考虑未成年人的身心特点和理解能力，避免司法活动给其带来不必要的心理压力甚至是伤害，使用他们能够理解的语言和表达方式，并充分听取他们及其监护人的意见。

以未成年证人为例剖析。未成年人的记忆储存、检索和提取过程更容易受到自身因素和外界干扰而影响证言的准确性与完整性。首先，未成年人处于生长发育期，其心理上和生理上都尚未发展成熟，相较于成年人而言，其对外界压力往往表现得极为敏感脆弱，容易受到伤害。当面对侦查人员的盘问时，司法侦查环境的陌生感致使敏感脆弱的未成年人难以消除内心的恐惧。其次，因年龄较小，社会经历少，未成年人的抗压能力远远不如成年人，在外界压力之下会表现得更为焦虑慌张，难以主动积极地配合侦查人员的盘问。面对森严的询问室，其内心焦虑更甚，往往会表现得不知所措，无法正常陈述事实。这种脆弱性，在未成年人以受害人身份接受询问时更为明显，如果询问过程处理不当，很可能导致询问无法进行。最后，未成年人的心智尚未发展成熟，抗干扰能力较差，容易受到外界干扰而影响自己对案件事实的认识和陈述，尤其是低龄未成年人对自己想法来源的辨别力不强，极易受到侦查人员的引导性问题和暗示的影响。因此，通过剖析未成年证人特征，设定科学可行且最大限度确保证言可靠性的未成年证人询问程序极为重要。询问未成年人的程序和提问方式应当区别于成年人，不能用询问成年证人的方式去询问未成年人。

116.【个人信息保护和案情保密】

原条文	建议修订条文（增加）
	第一百一十六条 公安机关、人民检察院、人民法院、司法行政部门、诉讼参与人以及其他组织和个人，除法律有规定外，不得公开涉案未成年人和未成年被害人的姓名、影像、住所、就读学校以及其他可能识别出其身份的信息。 对于正在办理的涉及未成年人的案件，除依法通报或者批准的以外，任何组织和个人不得公开案件的证据材料和案件情况，不得恶意炒作或者发表歪曲、误导性的评论。

修订理由

近年来，随着校园性侵、虐童等未成年人遭受侵害事件的频发，社会公众对于未成年人权益保护的呼声日益高涨，网络媒体通过对涉及未成年人侵害新闻的争相报道、传播转载，确实引起了相关部门的重视，对于问题及时得到解决发挥了一定积极作用，但是在传播相关新闻的同时，却容易忽视对未成年人身份信息及隐私的保护，给未成年人造成负面影响，甚至终身伤害。市场化的新闻机构运作，使得一些新闻媒体的报道尺度逐渐放宽，为迎合一些恶趣味和吸引受众，明知有违新闻伦理而仍然为之。此外，新媒体的发展，使得人人都可以把自己获得的讯息在整个互联网传播，犯罪未成年人信息报道的尺度变得越来越不可控。虽然有些媒体对未成年嫌疑人进行了匿名处理，但却将其出生地、家庭、学校、老师乃至父母等情况交代得过分详细，甚至还进行了专门采访。这些材料一旦披露，基本上抵消了匿名的作用，不仅暴露了未成年人的个人隐私，也使一些和被报道未成年人相关的人员受到过多的关注甚至是人身伤害，严重影响了这些人的正常生活。国家网信办曾针对这一问题发布《关于进一步加强对网上未成年人犯罪和欺凌事件报道管理的通知》，对网站采编、登载相关内容作出规定，要求不得出现姓名、住所、照片及可能推断出该未成年人的资料等。最高人民法院、最高人民检察院、公安部和司法部联合发布的《关于依法惩治性侵害未成年人犯罪的意见》明确要求，办理性侵害未成年人犯罪案件，对于涉及未成年被害人、未成年犯罪嫌疑人和未成年被告人的身份信息及可能推断出其身份信息的资料和涉及性侵害的细节等内容，审判人员、检察人员、侦查人员、律师及其他诉讼参与人应当予以保密。对外公开的诉讼文书，不得披露未成年被害人的身份信息及可能推断出其身份信息的其他资料，对性侵害的事实注意以适当的方式叙述。对此，需要规定相关司法人员保密的义务，同时规定包括媒体在内的任何机构和人员都不得披露。

117.【避免不利影响】

原条文	建议修订条文（增加）
	第一百一十七条 办案人员需要到未成年人的住所、学校、工作单位或者未成年人及其法定代理人提出的地点时，不得着制服、驾驶警车或者采取其他可能对未成年人带来不利影响的方式。

修订理由

参考最高人民法院、最高人民检察院、公安部和司法部联合发布的《关于依法惩治性侵害未成年人犯罪的意见》的要求，办案人员到未成年被害人及其亲属、未成年证人所在学校、单位、居住地调查取证的，应当避免驾驶警车、穿着制服或者采取其他可能暴露被害人身份、影响被害人名誉、隐私的方式。

118.【法律援助】

原条文	建议修订条文（修改）
第五十一条（第二款） 在司法活动中对需要法律援助或者司法救助的未成年人，法律援助机构或者人民法院应当给予帮助，依法为其提供法律援助或者司法救助。	**第一百一十八条** 公安机关、人民检察院、人民法院办理涉及未成年人的案件，发现未成年人没有辩护人或者诉讼代理人的，应当告知本人及其法定代理人有权委托辩护人或者诉讼代理人，或者通知法律援助机构指派律师提供辩护或者诉讼代理。 法律援助机构应当指派具有相应经验的、熟悉未成年人身心特点的律师，且尽量保障不同诉讼阶段指派同一名律师为未成年人提供法律援助。

修订理由

未成年人法律援助，是指国家为了保证法律赋予的未成年人各项权利的实现，对因经济困难无力支付法律服务费用的案件以及某些特殊案件的未成年人提供免费法律服务的一项法律救济制度。它是国家维护司法公正的需要，也是保护未成年人健康成长的需要。未成年人法律援助彰显了法律人文关怀与对实质正义的追求，是我国人权进步与法制文明建设发展的重要标志之一。

依据我国现有法律、法规的规定，国家为未成年人提供法律援助的范围可大致分为两类：一类是法律援助机构应当提供法律援助的范围，主要指未成年人犯罪的刑事案件中，在人民法院审判阶段，没有委托辩护人的，人民法院为其指定辩护时，应当提供法律援助。另一类是法律援助机构可以提供法律援助的范围，一是未成年人犯罪的刑事案件中因经济困难没有聘请律师的；二是未成年人需要代理的事项，因经济困难没有委托代理人的，包括：

依法请求国家赔偿的；请求给予社会保险待遇或者最低生活保障待遇的；请求发给抚恤金、救济金的；请求支付抚养费的；请求支付劳动报酬的；主张因见义勇为行为产生的民事权益的。对于未成年人犯罪的刑事案件予以法律援助，有助于切实从司法角度保障人权，有利于教育、感化和挽救未成年人，使失足的未成年人得到正确的引导，日后重新回归社会。对于民事诉讼与行政诉讼中的未成年人给予法律援助，则体现了人道主义精神，因为未成年人一般在经济上缺乏生活自立能力，法律援助有助于使其有机会获得平等的人权，有利于促成未成年人司法人权由法定形式转为现实。

但是，我国未成年人法律援助立法与国际人权公约与相关的联合国国际法律文件中有关未成年人权利保护的规定还有一定差距，国际人权公约中的一些规定在我国的实施仍然面临很大的挑战。首先，未成年人法律援助范围过狭，不能涵盖所有未成年人权利受到侵害的情况。现实生活中，由于父母虐待、遗弃、教师体罚等原因造成的未成年人人身受到伤害的案件为数不少，未成年人往往因为没有独立的经济来源，无力自行聘请律师，其权利很难得到有效保障，从而很容易造成一部分侵害未成年人权利的案件在现实生活中成为隐性案件。因此，应通过法律的概括性规定将其纳入法律法规保护的范围之中，即将所有合法权益受到侵害但因经济困难不能享受收费法律服务的未成年人都纳入法律援助保护范围之内，其都可以依法向国家申请法律援助。其次，未成年人法律援助质量不高。根据法律规定，从未成年犯罪嫌疑人、被告人的角度而言，只要其未委托辩护人，就有权获得法律援助。法律援助律师对刑事案件的参与度是毋庸置疑的，但是参与的深度和广度似乎不尽如人意。一方面，未成年人法律援助律师态度消极。另一方面，法律援助律师并不都具有专门办理未成年人刑事案件的经历和经验，对于辩护律师而言，未成年人刑事案件由于主体的特殊性而呈现出不同于一般刑事案件的困难和障碍，不熟悉未成年人身心特点和案件情况的法律援助律师在开展辩护工作时会遭遇重重阻碍，必然会影响到其法律援助质量。因此，未成年人法律援助案件承办人员应当“专业化”。未成年人法律援助案件的承办人员不仅应熟悉和掌握各种法律法规中有关未成年人的专门规定，还应具备一定的心理学、社会学等方面的知识，从而保证其遵循未成年人身心发展的客观规律与特点，有效维护未成年人的合法权益。最后，法律援助全程性、连贯性难以保障。公安机关、人民检察院和人民法院在各自的职能阶段均有义务通知法律援助机构指派律师提供辩护。然而，犯罪嫌疑人在侦查阶段、审查起诉阶段获得法律援助的并不多。另外，由于缺乏开展法律援助工作的衔接和配合机制，还出现了“各自为战”的格局，即在案件进入每个阶段后，相关机关都会重新通知法律援助机构指派律师提供法律援助。这样不仅浪费司法资源，导致重复工作，法律援助工作难以保持连贯性，不同的律师在不同诉讼阶段为未成年人提供法律援助增加了不必要的时间耽搁，不利于维护未成年犯罪嫌疑人、被告人的合法权益。因此，要加强衔接协调，顺畅公检法与法律援助机构之间的联络机制，保持快速、高效的沟通，以便在第一时间指派律师提供法律援助；同时设立法律援助配合机制，尽力保障律师参与法律援助的连贯性、全程性。

119. 【检察机关提起公益诉讼】

原条文	建议修订条文（增加）
	第一百一十九条　未成年人合法权益受到侵害后，有权代为提起诉讼或者行使相关诉讼权利的组织或者个人放弃权利或者在合理时限内怠于行使权利的，人民检察院可以依职权代为行使诉讼权利，维护未成年人合法权益。 对于侵犯未成年人合法权益，涉及公共利益的，人民检察院可以提起公益诉讼。

修订理由

检察官作为公共利益的代表，肩负着重要责任。我国检察机关是国家的法律监督机关，是保护国家利益和社会公共利益的一支重要力量。少年强则中国强，未成年人属于相对弱势的群体，未成年人的健康成长事关每个家庭的核心利益，是最重要的国家利益和最大的社会公共利益。检察机关应当立足自身职能，适时代表未成年人行使诉讼权利，或者提起公益诉讼。

最高人民法院、最高人民检察院、公安部、民政部联合下发《关于依法处理监护人侵害未成年人权益行为若干问题的意见》已经在检察代为起诉方面作出了一定探索，取得了不错的效果。该意见规定，未成年人的其他监护人，祖父母、外祖父母、兄、姐，关系密切的其他亲属、朋友，未成年人住所地的村（居）民委员会，未成年人父、母所在单位，民政部门及其设立的未成年人救助保护机构，共青团、妇联、关工委、学校等团体和单位，都有权向人民法院申请撤销监护人资格。未成年人及其近亲属没有告知法院的，由人民检察院起诉。这主要是考虑未成年人一般不具备诉讼能力，而伤害未成年人的又是他们的监护人。实际上，未成年人遭受家庭虐待的，实施虐待行为的监护人当然不会起诉自己，其他近亲属出于种种原因，比如难以收集证据，不愿多管别人的家务事、怕惹麻烦等，也往往无法或者不愿代为告诉。因此，检察院代为告诉就显得非常重要，也可以更好地保护未成年人的合法权益。

2017 年修订后的《民事诉讼法》第 55 条对检察机关提起民事公益诉讼作了规定，人民检察院在履职中发现破坏生态环境和资源保护、食品药品安全领域侵害众多消费者合法权益等损害社会公共利益的行为，可以支持相关单位提起诉讼，在没有相关机关和组织提起诉讼的情况下，可以向人民法院提起诉讼。立法赋予了检察机关开展公益诉讼的职能，将损害社会公共利益的行为纳入公益诉讼范围的概括式兜底规定，也在理论层面给检察机关开展未成年人公益诉讼提供了制度探索空间。实践中，检察机关针对未成年人保护的诉讼活动以不同形式介入，具体而言，内容主要体现为撤销监护权、追索抚养费等保护未成年人人格身份权利与受教育权利，表现方式则有督促起诉、支持起诉、诉前检察建议等。2018 年 1 月起，最高检在全国 13 个省份部署未成年人检察业务统一集中办理试点工作，也就是说把涉及未成年人的刑事执行、民事、行政、公益诉讼检察工作统一交由未检部门办理。其中，未成年人公益诉讼检察是其中一项重要内容。目前案件类型和工作开展主要体现在四个方面：一是聚焦未成年人食品药品安全、环境保护领域，重点围绕校园餐、校园周边食品卫生、校外培训机构食品卫生、儿童疫苗、校园周边污水和尾气排放、医疗废物垃圾堆放等方面的突出问题，办理了一批侵害未成年人身心健康的公益诉讼案件。二是结合刑事案件办理，开展刑事附带民事公益诉讼。在对食品药品、环境领域侵害未成年人公共利益犯罪行为提起公诉的同时，一并提起民事公益诉讼，双管齐下，加大对犯罪的打击和震慑力度。三是遵循立法精神，积极、稳妥进行未成年人公益诉讼“等”外探索，办理了一批严重损害未成年人权益、社会关注强烈的公益诉讼案件，得到了人民群众的认可和赞誉。未检部门针对游泳场所安全隐患、童模活动欠缺规范、学生用品假冒伪劣、儿童玩具“三无”、有毒“水晶泥”等问题，积极进行公益诉讼案件探索办理，社会反响都很好。四是“公益诉讼+其他检察监督方式”综合运用。未检部门发挥业务一体化优势，组合运用多种方式跟进监督、综合监督，推动损害未成年人公共利益问题彻底解决。

120.【民事指定代理】

原条文	建议修订条文（增加）
	第一百二十条 未成年人与其唯一的法定代理人之间发生民事纠纷的，由人民法院根据最有利于未成年人原则指定诉讼代理人。

修订理由

根据《民事诉讼法》的规定，无诉讼行为能力人由他的监护人作为法定代理人代为诉讼。法定代理人之间互相推诿代理责任的，由人民法院指定其中一人代为诉讼。在诉讼中，无民事行为能力人、限制民事行为能力人的监护人是他的法定代理人。事先没有确定监护人的，可以由有监护资格的人协商确定，协商不成的，由人民法院在他们之间指定诉讼中的法定代理人。当事人没有法定监护人的，可以指定有关组织担任诉讼期间的法定代理人。结合这两条规定，对未成年人而言，不论是无民事行为能力的未成年人还是限制民事行为能力的未成年人，其诉权都由法定代理人行使。那么在司法实践中，未成年人诉讼在立案过程中就要审查是否有法定代理人和需要法定代理人签字，如果没有监护人作为法定代理人，法院一般不予立案。这就造成未成年人起诉自己的父母难以被法院受理的情况，也成为司法实践中的一个“难题”。法定代理人代行诉权不仅体现在立案程序中，还有申请法律援助、委托律师、上诉、申请再审等环节。可以说，现有法定代理人的规定，忽视了未成年人和法定代理人之间发生纠纷的现实情况。如果未成年人的监护人不履行监护职责或未成年人的权利被监护人侵犯时，例如监护人不给予抚养费、不给上户口、不送子女上学接受教育、虐待遗弃子女等，监护人不可能代理未成年人去法院告自己，法律又没有规定这些案件中未成年人的独立诉权，则将无法启动民事诉讼程序来保护未成年人的合法权益。尤其是监护人双方都侵权，或一方监护人侵权而另一方监护人不敢或不愿做未成年人法定代理人起诉的，未成年人的诉权和法定代理人的规定就形同虚设。因此，为了更好地维护未成年人的合法权益，应当由法院另行指定特别诉讼代理人，负责代理解决与未成年人唯一法定代理人之间存在的民事纠纷。

121. 【继承中的保护】

原条文	建议修订条文（修改）
第五十二条（第一款） 人民法院审理继承案件，应当依法保护未成年人的继承权和受遗赠权。	**第一百二十一条** 人民法院审理继承案件，应当依法保护未成年人的继承权和受遗赠权；法定继承时根据情况予以适当照顾，遗嘱继承时保障必要的遗产份额。

修订理由

根据继承方面的法律，要求对生活有特殊困难的缺乏劳动能力的继承人，分配遗产时，应当予以照顾。订立遗嘱时，遗嘱人应当为缺乏劳动能力又没有生活来源的继承人保留必要的遗产份额。因为未成年人没有独立的生活来源，不具有成年人一样的劳动能力，为了维持其生活和保障其健康成长，分配遗产的份额时，都要予以适当照顾。一般在遗嘱继承中，依法保护未成年人的继承权。对于以遗嘱剥夺未成年法定继承人应当继承的遗产份额的，应当宣告遗嘱无效或者部分无效，保证未成年继承人相应的遗产继承份额。

122.【离婚案件中的保护】

原条文	建议修订条文（修改）
第五十二条（第二款） 人民法院审理离婚案件，涉及未成年子女抚养问题的，应当听取有表达意愿能力的未成年子女的意见，根据保障子女权益的原则和双方具体情况依法处理。	**第一百二十二条** 人民法院审理离婚案件，涉及未成年子女抚养问题的，应当听取有表达意愿能力的未成年子女的意见，根据保障子女权益的原则和双方具体情况依法处理；对于涉及未成年子女抚养权和抚养费的离婚调解协议，符合未成年人利益的，人民法院应当在调解书中予以确认。 人民法院审理离婚案件，不得将抚养权判归患有无法履行监护权的疾病、有不良习性或者家庭暴力行为、遗弃未成年子女或者拒不履行抚养义务，以及在未成年子女未遭受侵害时擅自将未成年子女带离住所或者藏匿的一方。 双方都有前款规定情形的，人民法院应当通知民政部门依法采取有关措施。

修订理由

如何保护父母离婚的未成年子女，是司法实践中最容易被忽视的问题。我国婚姻方面的法律规定对于离婚时未成年子女抚养权归属问题，主要做了原则性规定。1993 年，最高人民法院《关于人民法院审理离婚案件处理子女抚养问题的若干具体意见》，用六个条文详细规定了在实务中如何处理抚养权归属问题，即将子女分为两周岁（含）以下、两周岁以上十周岁以下（均不含）和十周岁（含）以上三个年龄段，规定了人民法院在审理案件时的不同判断因素，还规定了可轮流抚养。此后，2001年颁布的最高人民法院《关于适用〈中华人民共和国婚姻法〉若干问题的解释（一）》第20条，对婚姻法第21条规定的“不能独立生活的子女”，重新解释为“是指尚在校接受高中及其以下学历教育，或者丧失或未完全丧失劳动能力等非因主观原因而无法维持正常生活的成年子女”。总的来看，一方面，缺乏对发现父母双方均有对未成年子女抚养不利因素时的处理规定；另一方面，实践中片面考虑子女现状，简单拆分多子女的抚养权归属，未成年人最佳利益原则体现不够。因此，建议在保留最高人民法院《关于人民法院审理离婚案件处理子女抚养问题的若干具体意见》中有关未成年子女最佳利益原则和不利因素规定的前提下，结合调研中发现的不利于未成年子女成长的具体情形，明确不应当判决抚养权归属给不利方的情形，否则，极有可能发生未成年人利益被父母侵害的后续问题。如果法院在审理离婚案件中发现父母均存在可能侵害未成年人利益的，如最高人民法院、最高人民检察院、公安部、民政部于2014年12月18日颁布的《关于依法处理监护人侵害未成年人权益行为若干问题的意见》第35条规定的赌博、吸毒等情形的，必须与民政部门联系，寻求政府的介入和社会工作者的帮助，形成联动机制，否则，不仅案结之后事未了，而且忽视了对未成年子女的保护，甚至可能酿出悲剧。

123. 【撤销监护资格】

原条文	建议修订条文（修改）
第五十三条 父母或者其他监护人不履行监护职责或者侵害被监护的未成年人的合法权益，经教育不改的，人民法院可以根据有关人员或者有关单位的申请，撤销其监护人的资格，依法另行指定监护人。被撤销监护资格的父母应当依法继续负担抚养费用。	**第一百二十三条** 父母或者其他监护人具有下列情形之一的，人民法院可以根据有关人员或者有关单位的申请，撤销其监护人的资格，依法另行指定监护人或者由国家监护： （一）性侵害、出卖、遗弃、虐待、暴力伤害等严重损害未成年人身心健康的；

原条文	建议修订条文（修改）
	（二）将未成年人置于无人监管和照看的状态，导致未成年人面临死亡或者严重伤害危险，经教育拒不改正的； （三）拒不履行监护职责，导致未成年人流离失所或者生活无着，经教育拒不改正的； （四）无法履行监护职责并且拒绝将监护职责部分或者全部委托给他人，致使未成年人处于困境或者危险状态的； （五）胁迫、诱骗、利用未成年人乞讨，经教育拒不改正的； （六）教唆、利用未成年人实施违法犯罪行为，情节恶劣的； （七）有其他严重侵害未成年人合法权益行为的。 被撤销监护资格的父母应当依法继续负担抚养费用。

修订理由

针对未成年人权益保障的重要制度之监护制度，在我国实践运行过程中有不少的问题，由于其兼具亲权与监护权双重属性，加之我国从古至今传递有序的家庭观念导致侵犯被监护权人利益，尤其是亲属担任监护人的侵权行为矫正的难度较大，虽然从 1986 年的《民法通则》起就建立了监护权撤销制度，但直到 2015 年才发生了公权力机关即民政部门介入撤销父母监护权的第一案，该制度一直沉睡多年。随着《关于依法处理监护人侵害未成年人权益行为若干问题的意见》于 2015 年 1 月 1 日起实施，加之《民法总则》进一步完善了监护权制度，加强了针对父母监护人等侵害被监护人权益的违法行为的罚处，并且取得了一定的效果。

《民法总则》第36条、第38条明确规定了监护权撤销的适用措施和条件，构成监护权撤销的基础制度规范。在撤销主体上，该法规定的是“有关个人和组织”，包括其他依法具有监护资格的人，居民委员会、村民委员会、学校、医疗机构、残疾人联合会、未成年人保护组织、依法设立的老年组织以及民政部门。在撤销条件上，明确了如下几类情形：一是实施严重损害被监护人身心健康行为的；二是怠于履行监护职责，或无法履行监护职责并且拒绝将监护职责部分或者全部委托给他人，导致被监护人处于危困状态的；三是实施严重侵害被监护人合法权益的其他行为的。于2020年5月28日通过的《民法典》适用了相关表述，根据《关于依法处理监护人侵害未成年人权益行为若干问题的意见》，撤销主体包括未成年人的其他监护人，祖父母、外祖父母、兄、姐，关系密切的其他亲属、朋友；未成年人住所地的村（居）民委员会，未成年人父、母所在单位；民政部门及其设立的未成年人救助保护机构；共青团、妇联、关工委、学校等团体和单位。在撤销条件上，包括性侵害、出卖、遗弃、虐待、暴力伤害未成年人，严重损害未成年人身心健康的；将未成年人置于无人监管和照看的状态，导致未成年人面临死亡或者严重伤害危险，经教育不改的；拒不履行监护职责长达6个月以上，导致未成年人流离失所或者生活无着的；有吸毒、赌博、长期酗酒等恶习无法正确履行监护职责或者因服刑等原因无法履行监护职责，且拒绝将监护职责部分或者全部委托给他人，致使未成年人处于困境或者危险状态的；胁迫、诱骗、利用未成年人乞讨，经公安机关和未成年人救助保护机构等部门三次以上批评教育拒不改正，严重影响未成年人正常生活和学习的；教唆、利用未成年人实施违法犯罪行为，情节恶劣的；有其他严重侵害未成年人合法权益行为的。可见，这两部分的规定在详略上有差异，为了进一步增强可操作性，此条作出整合性规定。

124. 【监护资格的恢复】

原条文	建议修订条文（增加）
	第一百二十四条 未成年人的父母被人民法院撤销监护人资格一年内，除具有下列情形的外，确有

原条文	建议修订条文（增加）
	悔改表现的，经其申请，人民法院可以在尊重被监护人真实意愿的前提下，视情况恢复其监护人资格： （一）对未成年人实施故意犯罪，情节恶劣的； （二）已经依法被收养的； （三）有其他严重不利于未成年人身心健康行为的。

修订理由

比较法上，对于“监护恢复”各国立法例多采否定态度。例如，《韩国民法典》第937条规定，曾遭法院卸任的法定代理人、成年监护人，不得再担任监护人。《日本民法典》第847条亦同。各国之所以对于监护资格的恢复采取如此谨慎的态度，是因为监护撤销制度的启动是以发生了严重侵害被监护人合法权益的行为为前提，且为穷尽了其他救济途径之后的选择。若监护人可以恢复，极有可能对被监护人造成更为严重的伤害，影响被监护人的身心健康。因此，恢复制度在某种程度上不利于未成年人，使得未成年人处于一种不确定状态。但我国是一个注重家庭观念的国家，父母子女亲情关系在我国民众思想中占据重要之地位。因此，我国立法中试图给监护人再一次的机会。因此，我国《民法典》规定，原监护人被人民法院撤销监护资格后，除故意犯罪侵害未成年人的外，确有悔改情形的，经申请，人民法院可以视情况恢复期监护人资格，人民法院指定的新监护人与被监护人的监护关系同时终止。对此，学者有诸多批判。其理由在于，撤销监护的资格的事由均为发生了严重的侵害被监护人身心健康的事实，即使原监护人有悔改，对于被监护人而言造成的严重的心理伤害难以恢复，对于原监护人心理上也难以继续接受；当原监护人被撤销监护资格后，被监护人会与新的临时监护人一起生活，也形成了新的生活关系网，若随意地恢复原监护关系，将会破坏刚刚建立的新的监护关系，对于被监护人形成二次伤害。

对此，应当予以适当平衡，在平衡中坚持最有利于未成年人的原则，特对恢复监护资格的条件作出严格限定。首先，从主体方面而言，仅对于未成年人的父母有适用监护撤销的可能性。父母与子女之间的亲权并外化成监护关系，从根源上而言，并非源于法律的规定，而是始于血缘联系。在个体家庭上，父母承担子女的抚养、教育和监护，父母子女之间相互的信任是其他关系下无法企及的，因而父女子女之间关系通常也无法为其他关系所取代。因此，当满足特定情形下，给予父母子女以恢复监护资格的再一次机会。客观上，当父母被撤销监护之后，失职的父母有可能感受到失子之痛，从而出现真心悔改之可能。此种情形下，从被监护人对于亲情完整性的本能诉求来看，法律应给予失职的亲权监护人以特殊的考虑。除父母子女关系外的其他监护关系，其他原监护人的选择可替代性较大，无恢复撤销监护之必要。其次，需要尊重当事人的真实意志。再次，恢复监护有时间限制，即撤销监护资格一年内。《关于依法处理监护人侵害未成年人权益行为若干问题的意见》第 38 条规定，被撤销监护资格的侵害人应在其资格撤销后三个月到一年内。对于这样的时间限制，立法者可能的考虑因素在于，当被监护人与他人一起生活一年以上的时候，会形成其他相对稳定的生活，与新的监护人之间产生感情，此时再恢复原监护关系，有可能对未成年人造成二次伤害。最后，明确禁止恢复监护资格的情形，包括对未成年人实施故意犯罪的，已经依法被收养的或者有其他严重不利于未成年人身心健康行为的。

125.【民事保护】

原条文	建议修订条文（增加）
	第一百二十五条 人民法院审理涉及未成年人的离婚、抚养、收养、监护等民事案件，可以委托人民调解员或者社会工作人员等开展社会调查、心理辅导等工作，保护未成年人的合法权益。

修订理由

未成年人民事案件社会观护制度，是指在涉及未成年人案件中引入社会力量，由社会观护员对民事案件中的未成年人开展审前社会调查，为未成年人民事审判提供更为客观、全面的参考依据；在调解或判决结案后，由社会观护员进行回访，持续关心及维护未成年人的权益。该项制度强调在民事个案中对未成年人进行观察、保护，是我国改革和完善未成年人司法制度背景下探索保障未成年人利益的新举措，从一定程度上表明了我国少年法治工作的重心落脚点已经从实体法和少年刑事司法层面拓展至未成年人民事司法领域。

2006 年起，全国各地陆续成立涵盖刑事、民事、行政综合审判模式的未成年人案件综合审判部门，其中涉少民事案件的受理案件范围主要包括抚养费、变更抚养关系、探望权、同居关系子女抚养及未成年人侵权纠纷。2007 年，广州市黄埔区法院在审理一起抚养费纠纷案件时首次引入了社会观护制度，拉开了全国法院探索实践涉少民事案件社会观护制度的序幕。2010 年，最高人民法院《关于进一步加强少年法庭工作的意见》第 21 条提出："各级法院应当坚持对未成年人'特殊、优先'保护原则，大胆探索实践社会观护、圆桌审判、诉讼教育引导等未成年人民事和行政案件特色审判制度，不断开拓未成年人民事和行政案件审判的新思路、新方法。"此后，各地法院依据当地实际，围绕未成年人民事社会观护制度大胆探索，积累了丰富的经验，并逐渐确立相对成熟的机制。

涉少民事案件社会观护制度的理论依据主要在于"未成年人利益最大化"原则和社会参与原则。涉少民事案件具有特殊性，相较其他成年人民事案件，其主要基于血缘和婚姻关系，涉及亲情伦理和未成年人家庭成长环境。该类案件中，未成年人的父母双方作为当事人处于对立面，未成年人往往成为父母利益争夺的筹码和工具，缺乏自身利益的维护意识和能力，需要人民法院在遵从"儿童利益最大化"原则的基础上进行必要的司法干预，加强调查取证等工作的主动性，从而积极有效地维护未成年人合法权益。作为社会参与的一种形式，社会观护制度由国家司法权以外的社会力量介入诉讼，使司法活动体现社会关于秩序、自由、公正等价值标准，避免国家权力专断，其实质体现了司法权属于人民。在个案中，观护员可以协助法院开展庭前调查、庭中作证和调解、判后观护等工作，提高司法透明度和公正度，实现司法部门彼此借力和相互多赢的效果。

126.【讯问、询问中的保护】

原条文	建议修订条文（修改）
第五十六条 讯问、审判未成年犯罪嫌疑人、被告人，询问未成年证人、被害人，应当依照刑事诉讼法的规定通知其法定代理人或者其他人员到场。 公安机关、人民检察院、人民法院办理未成年人遭受性侵害的刑事案件，应当保护被害人的名誉。	**第一百二十六条** 询问未成年被害人、证人，讯问未成年犯罪嫌疑人，应当保护未成年人的隐私和名誉，根据其心理状态、情绪变化等情况采取适当方式，在适合其身心特点的场所进行。 询问、讯问未成年人，应当全程同步录音录像，不得对未成年人诱供、训斥、讥讽或者威胁。 询问未成年被害人、证人，必要时可以借助玩偶、图画等辅助工具，聘请熟悉未成年人身心特点的专业人员陪同和协助。

修订理由

保持与刑事诉讼法协调，对刑事诉讼法已经明确的规定不予重复。本条旨在加强刑事案件中讯问、询问未成年人时的保护，主要体现在场所、方式、参加人员和程序方面的特殊要求。

发展心理学研究表明，青春期是处于儿童期和成年期之间的一个发展阶段。一般开始于10岁左右，结束于19岁左右。这是个过渡的阶段，青少年不再被视为儿童，但也还不是成年人，这一阶段身体和心理将会出现显著变化和成长。一般而言，未成年人身心不成熟，心理也较为脆弱，这使得他们在讯问或者询问中，或者是对警察的提问理解不够透彻，甚至误解；或者由于记忆能力的欠缺而缺乏对整个事件的完整记忆；或者由于语言能力的不完善而表达欠佳，从而导致被误解等。与成年人相比，未成年人在讯问中呈现出如下三个特征：未成年人对权利告知内容往往不能充分理解；未成年人在讯问中表现出易受暗示性倾向；未成年人更易作出虚假的表述。因此，讯问或者询问未成年人应由熟悉未成年人身心特点的侦查人员进行，采用符合未成年人身心特点的方式展开。例如，讯问或者询问时，可以不着制服，采取圆桌或座谈的方式进行，语言要符合未成年人的认知能力，能够被未成年人充分理解，等等。不同的讯问或询问地点对未成年人的心理会产生不同的影响，既可以在专设的未成年人讯问或者询问室进行，也可以在未成年人及其法定代理人的住所、学校或者其他场所进行，如果后者更为适宜则优先考虑。最高人民检察院发布的《关于进一步加强未成年人刑事检察工作的通知》中指出，逐步建立讯问（询问）未成年人的录音、录像制度。为进一步推进，作出强制性要求，讯问或者询问未成年人时应当录音录像。

对年幼的未成年被害人或者证人，可以借助辅助工具或其他表述方式，比如玩偶娃娃等。被害人语言表达能力弱，无法描述被侵害经过，如幼童和智障者；被害人的描述过于混乱，需要澄清；需进一步了解更多侵害细节；被害人不愿说明，抗拒用口语表达。再如，运用绘图。儿童心理学研究成果显示，儿童在不同年龄段具有不同的能力，一般情况下，四周岁以上的儿童已具有完整的绘图能力和技巧，七周岁或八周岁儿童的图画可以展现出所画物体的细节特征。当被害人不愿或不能清楚描述被侵犯的动作时，也可以让被害人以绘画的方式表述，再借助图画进一步确认。又如，聘请熟悉未成年人身心特点的专业人员陪同和协助。

127. 【防止二次伤害】

原条文	建议修订条文（增加）
	第一百二十七条 公安机关、人民检察院、人民法院在办案中应当避免对未成年被害人造成二次伤害。 对遭受性侵害或者其他严重暴力行为伤害的未成年被害人，询问遵循一次性原则，确有必要进行二次询问的，应当针对新发现的事实或者需要进一步核实的事项；具备条件的，应当实行一站式取证和保护。

修订理由

近年来，我国对未成年被害人的司法保护工作不断增强。为避免不当刑事司法程序带来的“二次伤害”，2013年10月，最高法、最高检、公安部、司法部联合出台的《关于依法惩处性侵害未成年人犯罪的意见》将“不伤害原则”确立为询问未成年被害人的基本原则，从询问地点、询问方式和询问次数等方面作出了明确要求，对与性犯罪有关的事实，应当进行全面询问，以一次询问为原则，尽可能避免反复询问。

面对性侵害未成年人案件，对于办案人员来说，需要解决和应对的问题是复杂和多层面的。为了更好地保护和救助被性侵害的未成年人，有效预防和减少性侵害未成年人犯罪，我国多地探索形成专业化办案机制，推动建立性侵害案件未成年被害人“一站式”取证保护体系。强调在案发后的第一时间迅速反应，立即为遭受性侵害的未成年人提供科学化、全面化的处遇。具体而言：一是科学取证。案发后应及时开展现场勘查、提取物证、人身检查等取证工作，避免错失取证时效。取证应当符合未成年人的心智发育水平，交流时应采取其易于接受的方式。二是及时心理疏导。应及时开展心理疏导，将侵害行为对未成年人造成的心理创伤减到最小，避免因心理疏导不及时而出现的严重心理问题甚至自杀事件。三是针对性救助。应及时为有需要的未成年被害人提供经济救助、临时监护等措施，避免因救助不及时而使其陷入无家可归、无人监护、生活无着等困境。同时，强调为遭受性侵害的未成年被害人提供保护措施应立足于本人的实际需要，充分体现其个性化要求，避免保护措施的“一刀切”和模式化。

128.【未成年被害人综合保护】

原条文	建议修订条文（增加）
	第一百二十八条 对遭受性侵或者其他严重暴力伤害的未成年被害人，公安机关、人民检察院、人民法院应当组织有关部门和相关领域专业人员进行会商，采取心理辅导、身体康复协助、家庭功能修复、监护支持、司法救助等措施。

修订理由

对未成年被害人的保护一直以来是司法实践中的薄弱环节。如果未成年被害人得不到及时、有效的保护，不但有失司法公平，而且极有可能给被害人造成终生难以摆脱的痛苦或阴影，有的甚至因此患上了严重的心理疾病或者走上违法犯罪的道路。此条旨在从各个方面加强对未成年被害人的保护，促进其尽快恢复正常的生活和学习。

未成年被害人在遭受性侵害后，司法机关对于犯罪分子的惩处，只能使他们得到一部分心理上的满足，很难真正修复侵害行为对其造成的生理和心理创伤。甚至有的被害人因高额的医疗费用无法得到及时的医治、有的遭受监护人性侵害的被害人面临无人监护的困境，等等。对未成年被害人的司法保护问题，深层次的问题是要解决其因性侵害行为而带来的生存、健康等现实问题，包括指定医疗机构提供人身救助，指定心理康复机构提供心理救助，民政部门、司法机关等提供监护救助。上海、宁波、淮安、昆明等地公安机关、检察机关已进行有益探索，效果良好。

以上海为例，从落实法律援助、提供心理支持、协调社会救助等多方面推动完善对性侵案件未成年被害人综合救助保障体系。一是落实司法救助。性侵案件对未成年被害人带来的伤害不仅仅是身体的，更多的是精神伤害。但目前我国刑事法律将精神损害排除在附带民事诉讼范围之外，而且我国先刑后民的制度设计，不利于被害人民事赔偿的落实。受到性侵的未成年被害人及其家属，在案发后一段时间内多数不能及时获得犯罪分子的赔偿。针对这一情况，上海市未检部门在办案过程中与控申部门积极协调，并会同教育、民政、妇联、团委、社会团体、企业等外部资源，以“优先、从快、儿童利益最大化”为原则，落实司法救助资金，帮助其解决暂时的生活、医疗困难，切实保障未成年被害人的权益。如黄浦区院未检部门积极参与市妇联购买社会服务项目，中标基金设立“向阳花”关爱项目，为那些因性侵害受到伤害而又不能通过其他途径获得赔偿的未成年被害人实行司法救助，服务被不法行为侵害（包括性侵害）的未成年人及其家庭成员活动。浦东区院设立刑事案件未成年被害人救助项目，向浦东新区妇联申请20万元救扶基金，专项开展未成年被害人救助工作。二是提供法律援助。上海市未检部门立足对未成年被害人的保护理念，在实践中不断创新，积极为未成年被害人提供法律援助。上海市各级未检部门，积极与司法局协商合作，为性侵案件中的未成年被害人及其家属提供专业法律援助，简化性侵案件中未成年被害人申请法律援助的流程手续，降低提供此类法律援助的条件范围，争取为性侵案件中的每一个未成年被害人给予法援帮助。在“一站式”取证的过程中，要求侦查人员第一时间告知被害人及其家属申请法律援助的相关规定；切实维护未成年被害人的合法权利。上海市多个基层区院的未检部门均能提供申请即可落实的有力支持，对未成年被害人的法律援助落实与对涉罪未成年人的法律援助处于同一保护层级。三是配备医疗救助。性侵案件给未成年被害人带来的身体创伤是巨大的，需要及时治疗；而且此类案件证据薄弱，对被害人的身体伤害需要及时检查验伤鉴定，固定证据。上海市未检部门在探索“一站式”调查取证过程中，确信医疗救助对于未成年被害人具有极其有益的意义，各基层院探索实践，在“一站式”调查取证过程中联合医疗机构在侦查阶段及时为未成年被害人身体检查、治疗开辟绿色通道，开展医疗救助服务。如奉贤区院与区公安局达成共识指定医院为“一站式”取证场所提供医疗救助，成立未成年被害人医疗救助小组，并签订保密协议，维护被害人隐私。黄浦区院联合上海第411医院和瑞金医院等专业机构为未成年被害人及时开通绿色通道进行身体检查和治疗；浦东区院与医院签订《关于对刑事案件未成年被害人开展医疗救助的工作协议》，为性侵未成年被害人开辟绿色通道，确保及时检查治疗。四是提供心理救助。受到性侵的未成年被害人因为创伤较大，容易封闭心灵，不愿表达，自闭甚至抑郁，不单单是影响取证工作，更重要的是孩子心灵的扭曲对其身心健康带来极大的危害。上海市未检部门要求各基层未检部门指派有心理咨询师资质的检察官承办性侵未成年人案件，通过询问访谈、心理测评等形式，对未成年人的心理状态进行评估，适时开展疏导。同时，指导相关区院与高校、专业心理咨询机构建立合作机制，委托专业人员对心理问题严重的未成年人进行个案疏导。

再以浙江绍兴市越城区为例，对于未成年被害人的特殊、优先保护，主要做法有：一是落实法律援助，依法保障未成年人的诉讼权益。二是开展心理援助，着力化解未成年人心理危机。三是跟进司法救助，有效缓解未成年人经济困境。四是推动社会救助，保障未成年人就业、就学、生活需求。五是加大监护干预，全力解除未成年人的后顾之忧。

再以桐乡市为例，构筑“法律援助有保障、司法救助和心理救助相结合、社会救助来补充”的未成年被害人多元化救助体系，努力解决其法律、生活、教育、医疗等多方面的问题。一是构建法律援助商请机制，与司法局加强合作，为涉案未成年被害人提供法律援助；二是建立对未成年被害人特别司法救助机制，凡是涉及未成年被害人司法救助的案件，给予优先、重点考虑；三是建立心理疏导长效救助机制，深化与团市委合作，向“凡星”青少年社工事务所购买服务，由专业心理老师对被侵害的未成年人开展心理疏导；四是构建社会力量参与救助机制，联合相关行政部门和乡镇（街道）、村（社区）开展对未成年被害人的救助，推动落实身体康复、转移安置、技能培训、经济帮扶等综合救助工作。

129.【性侵害案件被害人的民事请求权保护】

原条文	建议修订条文（增加）
	第一百二十九条 未成年被害人因被告人的性侵害而遭受的精神损失，有权提起诉讼，人民法院应当受理。

修订理由

目前，我国未成年被害人只能通过提起附带民事诉讼获得赔偿，刑事附带民事诉讼程序亦存在“重追诉，轻保护”的现象，赔偿问题成为刑事审判后附带解决的问题。《关于依法惩治性侵害未成年人犯罪的意见》对赔偿范围进行了详细的规定：对于未成年人因被性侵害而造成的人身损害，为进行康复治疗所支付的医疗费、护理费、交通费、误工费等合理费用，未成年被害人及其法定代理人、近亲属提出赔偿请求的，人民法院依法予以支持。未成年人在幼儿园、学校或者其他教育机构学习、生活期间被性侵害而造成人身损害，被害人及其法定代理人、近亲属据此向人民法院起诉要求上述单位承担赔偿责任的，人民法院依法予以支持，但赔偿范围不包括对精神损害的赔偿。司法实践中，法院仅支持物质损失赔偿，以致未成年被害人获赔数额较低。虽然《关于依法惩治性侵害未成年人犯罪的意见》新增司法救助这一获赔途径，但司法救助能否实现尚受制于各地的经济发展等客观条件。此外，司法救助的启动需具备未成年被害人不能及时获得有效赔偿的前提条件，该条件可能成为被害人获得充分赔偿的枷锁。性侵未成年人是一种给未成年人造成严重精神损害的行为，这种精神损害或给未成年人带来劳动力丧失的风险，或导致未成年人自杀、自残的严重后果。因此，从保护未成年人的角度出发，应当确定性侵害案件中未成年被害人的精神损害赔偿请求权。

130.【对性侵害等违法犯罪的特别措施】

原条文	建议修订条文（增加）
	第一百三十条 成年人性侵害未成年人的犯罪，不受刑法关于追诉时效规定的限制。 对于性侵害不满十四周岁的未成年人或者多次性侵害未成年人的被告人或者服刑人员，人民法院可以根据人民检察院的建议或者依照职权决定在刑罚执行期间和刑罚执行完毕后对其采取信息登记、强制心理治疗、电子监控、定期报告等措施。

修订理由

为预防性侵害未成年人犯罪，国外出台了诸多措施。如美国的《梅根法案》规定：通过公众网站、报纸、宣传手册或其他形式，把性犯罪者的姓名、照片和犯罪事实等告知社区的公民。联邦通过的《亚当法案》根据性犯罪人的人身危险性和社会危险性，规定了不同的级别，根据不同的级别对犯罪人的信息予以不同层度的登记和信息披露，允许公众通过网络对相关信息予以查询。韩国对性侵未成年人的犯罪人实施“电子监督制度”，为性侵未成年人的刑满释放人员佩戴“脚环”，根据规定，凡是有两次以上性暴力犯罪史，或对未成年人实施性侵犯的刑满释放人员，以及获得假释或者缓期执行需监视居住的犯罪人员，都要强制佩戴电子脚环。同时，刑满释放的强奸犯禁止进入儿童保护区域。结合国外的立法例，立足我国的现实情况，可以对其采取禁止从业、信息登记、强制心理治疗、电子监控、定期报告等措施。

131.【对违法犯罪未成年人的处理原则】

原条文	建议修订条文（修改）
第五十四条 对违法犯罪的未成年人，实行教育、感化、挽救的方针，坚持教育为主、惩罚为辅的原则。 对违法犯罪的未成年人，应当依法从轻、减轻或者免除处罚。	**第一百三十一条** 对违法犯罪的未成年人，实行教育、感化、挽救的方针，坚持教育为主、惩罚为辅的原则。 对违法犯罪的未成年人，予以处罚时应当依法从轻、减轻或者免除。

修订理由

对违法犯罪的未成年人，简单惩罚不能从根本上解决其重犯问题。这在域外有犯罪学大量统计研究，也有神经科学、心理学和行为学等科学依据。因此，对违法犯罪的未成年人，更加强调专业干预和改善其家庭监护状况，适用《预防未成年人犯罪法》规定的措施。

132.【严格限制羁押和使用戒具】

原条文	建议修订条文（增加）
	第一百三十二条 对于涉嫌犯罪的未成年人，优先适用非羁押性强制措施；具备条件的，可以送观护基地观护。 除非具有现实危险性，对于未成年人不得使用戒具。

修订理由

羁押性强制措施对未成年人造成的身心影响或者伤害已经成为共识。《刑事诉讼法》规定，“对未成年犯罪嫌疑人、被告人应当严格限制适用逮捕措施”，这是未成年人刑事案件诉讼程序的一项原则性规定。据此，办理未成年人刑事案件，应当坚持“少捕慎捕”政策，严格把握逮捕的适用条件和遵守法定程序，尽可能减少对未成年人适用逮捕措施，做到“可捕可不捕的不捕”。对于已经被逮捕的未成年犯罪嫌疑人、被告人，随着诉讼进程而不再具有继续羁押必要时，办案机关应当及时将其释放或者变更为非羁押强制措施。《人民检察院刑事诉讼规则》《关于进一步加强未成年人刑事检察工作的决定》《人民检察院办理未成年人刑事案件的规定》《未成年人刑事检察工作指引（试行）》等司法解释和司法文件，为检察机关在实践中落实严格限制对未成年人适用逮捕措施这一原则性要求提供了更为具体明确的规范依据。当前，虽然公安司法机关已经取消以拘留率、逮捕率等作为办案工作的考核指标，但长期以来办案人员已经形成了拘留、逮捕的惯性思维，这在一定程度上限制了对未成年犯罪嫌疑人、被告人适用非羁押性强制措施。对此，应当进一步严格限制适用羁押措施。

刑事诉讼法没有规定对非羁押未成年人开展观护帮教的内容，最高人民检察院《关于进一步加强未成年人刑事检察工作的决定》《未成年人刑事检察工作指引（试行）》有所规定。最高人民检察院《关于进一步加强未成年人刑事检察工作的决定》第25条提出“有条件的地方要积极建议、促进建立健全社工制度、观护帮教制度等机制，引入社会力量参与对被不批捕、不起诉的未成年人进行帮教。”最高人民检察院《未成年人刑事检察工作指引（试行）》第163条要求，对于作出不批准逮捕决定的未成年犯罪嫌疑人，人民检察院应当进行帮教。必要时可以会同家庭、学校、公安机关或者社会组织等组成帮教小组，制定帮教计划，共同开展帮教。其中，涉罪未成年人观护是实践中证明比较有效的一种措施。涉罪未成年人观护，是指在刑事司法过程中对涉罪未成年人采用各种考察、帮教、看护等方法、措施的总称。我国未成年人刑事司法实践中，各地司法机关、政府机构以及社会力量都在不断探索试行各种观护办法，并在行之有效后将其逐渐发展为常态化、制度化工作措施，形成了具有中国特色的未成年人社会观护工作。1992年5月，上海市长宁区人民检察院率先开展探索观护员制度，为未成年犯在免诉以后的考察期或暂缓起诉对象在考验期中创造良好的改造环境。随后，多地检察院在此基础上，结合实际情况开始了观护工作的探索。

133. 【合适保证人】

原条文	建议修订条文（增加）
	第一百三十三条 公安机关、人民检察院、人民法院对于没有固定住所、无法提供保证人的未成年人适用取保候审的，应当指定合适的成年人作为保证人。

修订理由

实践中，本地未成年人与外来未成年人处遇不同。外来未成年人与本地未成年人相比司法适用上的不平等在大城市中更为明显。2005 年，北京市被移送起诉的未成年人中本地的为 142 人，其中 70 人进行了羁押；外来未成年人有 388 人，其中 301 人进行了羁押。审前羁押率分别为 49.3% 和 77.6%。外来被羁押的未成年人一度达到 80% 之多，与本地未成年人相比，两者相差近乎两倍。可见，与本地户籍未成年人因具有家庭监管条件而更容易获得审前非羁押的司法处遇相比，非本地户籍未成年人在适用非羁押强制措施方面往往面临制度上的障碍和现实中的困难，从而造成对非本地户籍未成年人适用逮捕措施的比例相对较高。因此，扩大对非本地户籍未成年人适用非羁押措施，有助于办案机关落实严格限制对未成年人适用逮捕措施原则，也关系到对流动未成年人基本权利的平等保护。

为了保障未成年人能够适用取保候审，避免被羁押，本条规定了合适保证人以及观护基地观护制度。合适保证人制度主要解决的是符合取保候审条件的涉罪未成年人无法提供有效保证而无法适用取保候审措施的问题，通过给涉罪未成年人提供合适保证人，使那些不具有逮捕社会危险性但客观上又无法提供符合法律规定的保证方式的涉罪未成年人避免被羁押的困境。从实践情况来看，合适保证人制度主要是由检察机关探索开展的，其适用对象主要是无监护人、无固定住所、无经济来源的“三无”涉罪外来未成年人，对于具有本地户籍但客观上缺乏有效监护条件而无法提供适格保证人的涉罪未成年人，也可以适用合适保证人。包括上海在内，全国多地已有探索，效果很好。比如，上海当前在徐汇、闵行等区院已经全面实行了合适保证人制度，据统计，2015 年全市检察机关批准逮捕未成年人 460 人，同比下降 23.5%，逮捕率下降 7.2%；起诉未成年人 589 人，同比下降 24.7%，起诉率同比下降 6.5%。在闵行区检察院，专门选聘了对未成年人权益保障关心且道德品质高尚的单位负责人作为志愿者承担合适保证人的相应职责，并组成了一支队伍对未成年人进行长期的帮扶。

134. 【社会调查与心理评估】

原条文	建议修订条文（增加）
	第一百三十四条 公安机关、人民检察院、人民法院办理未成年人犯罪案件，应当委托有关机构对未成年犯罪嫌疑人、被告人性格特点、家庭情况、社会交往、成长经历、实施被指控的犯罪前后的表现等情况进行调查，必要时也可以自行调查。 对于未成年犯罪嫌疑人、被告人、被害人，可以进行心理测评。

修订理由

各地进行社会调查的主体来源多样，具体包括：第一，公检法机关的办案人员亲自进行调查。有些地方检察院要求公安机关在报捕时必须提交社会调查报告，因此该项工作实际上主要由公安机关或者检察院进行调查。多地基本上属于这种情况。第二，司法行政机关人员进行调查。例如，陕西省咸阳市和山东省（枣庄市、莱阳市）完全与《关于进一步建立和完善办理未成年人刑事案件配套工作体系的若干意见》规定的调查主体一致，由司法行政机关进行社会调查。第三，由专业社会工作者进行社会调查。由于我国社工发展相对滞后，采取此种方式的并不多。最具有代表性的是北京市和上海市，北京市于 2010 年成立了北京超越青少年社工事务所，通过与相关司法机关签约合作，由专业社工开展社会调查和帮教考察。上海市于2004年成立了上海市阳光社区青少年事务中心，其后社工组织发展迅速。上海采取政府购买服务的方式，由司法社工负责开展社会调查。此外，昆明市红嘴鸥青少年事务服务中心、陕西指南针司法社工服务中心也在积极与当地司法机关合作，拓展参与社会调查。司法实践中调查主体的多样化，导致了重复委托的混乱现象，非专业的、独立的社工机构的社会调查报告流于形式，参考质量低。社会调查是一项专业性的工作，本条规定鼓励委托有关社会工作机构进行。

未成年人的心理状况是决定如何处置或者如何干预未成年人的关键性依据。心理测评在多地已有探索。因此，规定可以对未成年犯罪嫌疑人、被告人或者未成年被害人进行心理评估，以增强适用相关措施的科学性和针对性。对被害人心理伤害情况进行评估，一方面可以针对性地为被害人提供帮助，另一方面也有利于对犯罪人准确量刑及确定赔偿数额。

135.【分别关押管理教育】

原条文	建议修订条文（修改）
第五十七条（第一款） 对羁押、服刑的未成年人，应当与成年人分别关押。	**第一百三十五条** 对羁押、服刑的未成年人，应当与成年人分别关押、分别管理、分别教育。

修订理由

实践中，涉罪未成年人与成年人混合关押的情况不在少数。由于监室有限，被监管人员过多，对未成年犯罪嫌疑人、被告人基本上无法做到一人一室单独关押，而且大多数地方仍然存在着与成年犯罪嫌疑人、被告人混合关押的情况。另外，有些地方认为单独关押未成年人风险大，不愿意对其进行分别关押。未成年人身心仍然处于发育阶段，敏感好奇，极易受到外界影响，羁押本不是最佳的处遇方案。对于被羁押的未成年人，为了保障其合法权益和身心发展，应当将其与成年人隔离，并且根据未成年人的需要为其制定专门的管理和教育方案。因此，对被羁押的未成年人应当与成年人分别关押、分别管理、分别教育，并根据其生理和心理特点在生活和学习方面给予照顾。

136.【司法建议】

原条文	建议修订条文（增加）
	第一百三十六条 公安机关、人民检察院、人民法院、司法行政机关发现有关单位未尽到未成年人教育、管理、救助、帮助等保护职责的，应当向该单位提出建议。收到建议的单位应当及时调查核实并予以回复。

修订理由

公安司法机关在办理案件过程中，最容易也最有可能发现国家机关、社会团体以及有关组织在未成年人保护方面存在的不足以及漏洞。通过司法建议，督促有关主体切实履行职责，提升未成年人保护水平，有助于形成全面关爱保护未成年人的网络。

第八章　法律责任

137. 【一般规定】

原条文	建议修订条文（修改）
第六十条　违反本法规定，侵害未成年人的合法权益，其他法律、法规已规定行政处罚的，从其规定；造成人身财产损失或者其他损害的，依法承担民事责任；构成犯罪的，依法追究刑事责任。	**第一百三十七条**　违反本法规定，侵害未成年人的合法权益，造成人身财产损失或者其他损害的，依法承担民事责任；构成违反治安管理行为的，或者其他法律、法规已规定行政处罚的，依法给予行政处罚；构成犯罪的，依法追究刑事责任。

修订理由

作为法律责任的一般规定，分别规定民事责任、行政责任、刑事责任，在具体规定中不再赘述一般性的内容。

138. 【未履行报告义务的法律责任】

原条文	建议修订条文（增加）
	第一百三十八条　本法规定的单位和个人未履行报告义务，由上级机关、主管部门或所在单位予以

原条文	建议修订条文（增加）
	行业处分或行政处分；因未及时报告而造成严重后果的，同时追究主要负责人员、主管人员或者直接责任人员的责任。

修订理由

增加未履行报告义务的法律责任，以体现强制性。

139.【监护侵害的法律责任】

原条文	建议修订条文（修改）
第六十二条 父母或者其他监护人不依法履行监护职责，或者侵害未成年人合法权益的，由其所在单位或者居民委员会、村民委员会予以劝诫、制止；构成违反治安管理行为的，由公安机关依法给予行政处罚。	**第一百三十九条** 父母或者其他监护人不履行监护职责，侵害未成年人合法权益的，其所在单位或者居民委员会、村民委员会予以劝诫、制止，公安机关根据情况可以决定适用以下一种或几种措施： （一）训诫、责令改正； （二）责令接受亲职教育； （三）责令向代为履行监护职责的组织或个人支付相应的费用； （四）责令接受戒酒、戒毒、戒赌、精神疾病治疗等措施； （五）建议有关单位或个人申请撤销监护权。 人民检察院在办理案件时，发现父母或者其他监护人不履行监护职责，侵害未成年人合法权益的，可以对其适用第一款规定的措施。

原条文	建议修订条文（修改）
	人民法院对于父母或者其他监护人不履行监护职责，或者侵害未成年人合法权益的，除适用第一款规定的（一）至（四）项措施以外，还可以作出以下处置： （一）颁布禁止令等令状； （二）对于拒不履行民政部门有关监护的决定或者公安机关处罚决定的，予以强制执行； （三）公布姓名或者列入失信人员名单。

修订理由

细化父母或者其他监护人监护侵害的法律责任。一是增加公安机关的处置措施；二是明确人民检察院、人民法院的权限。

140.【教育培训照护服务等机构的法律责任】

原条文	建议修订条文（修改）
第六十三条 学校、幼儿园、托儿所侵害未成年人合法权益的，由教育行政部门或者其他有关部门责令改正；情节严重的，对直接负责的主管人员和其他直接责任人员依法给予处分。 学校、幼儿园、托儿所教职员工对未成年人实施体罚、变相体罚或者其他侮辱人格行为的，由其所在单位或者上级机关责令改正；情	**第一百四十条** 学校、婴幼儿照护服务机构、校外教育培训机构、校外托管机构违反本法规定，侵害未成年人合法权益的，由教育行政部门或者其他有关部门责令改正；情节严重的，对直接负责的主管人员和其他直接责任人员依法给予处分。 上述机构的教职员工或者工作人员对未成年人实施体罚、变相体罚、

原条文	建议修订条文（修改）
节严重的，依法给予处分。	虐待或者侮辱人格行为的，由其所在单位或者上级机关责令改正；情节严重的，予以辞退。

修订理由

扩大法律责任主体的范围，包括学校、婴幼儿照护服务机构、校外教育培训机构、校外托管机构。

141. 【剥夺未成年人享有优惠或照顾的法律责任】

原条文	建议修订条文（增加）
	第一百四十一条 有关单位和个人擅自以身高、身份等标准来剥夺未成年人应当依法享有的照顾或优惠的，由主管部门责令限期改正；拒不改正的，给予警告，并处一万元以上十万元以下罚款。

修订理由

针对新增加的义务，规定法律责任。

142. 【公共场馆和场所违反开放义务的法律责任】

原条文	建议修订条文（增加）
	第一百四十二条 公共场馆和公共场所未按有关规定对未成年人免费、优惠开放的，有关单位或个人违规租赁、挪用专供未成年人活动的场地、设施、器械的，由主管

原条文	建议修订条文（增加）
	部门责令限期改正；拒不改正的，给予警告，并处一万元以上十万元以下罚款。

修订理由

针对新增加的义务，规定法律责任。

143.【公共场馆和场所违反安全义务的法律责任】

原条文	建议修订条文（增加）
	第一百四十三条 未成年人集中活动的公共场馆和公共场所未采取符合标准的安全保护措施，对相关设施未标明适应年龄范围或注意事项、未设置提醒保护未成年人人身安全警示标志的，由主管部门责令限期改正；拒不改正的，给予警告，并处一万元以上十万元以下罚款；情节严重的，责令停产停业。 公共场馆和场所不按照规定建设公共安全图像信息系统，大型商场、超市、医院、图书馆、博物馆、科技馆等场所不按照规定设置搜寻走失儿童的安全警报系统或未及时履行搜索义务和报警义务的，由主管部门责令限期整改；拒不改正的，给予警告，并处一万元以上十万元以下罚款；情节严重的，责令停产停业。

修订理由

针对新增加的义务，规定法律责任。

144. 【向未成年人出售、传播暴力淫秽信息的法律责任】

原条文	建议修订条文（修改）
第六十四条 制作或者向未成年人出售、出租或者以其他方式传播淫秽、暴力、凶杀、恐怖、赌博等图书、报刊、音像制品、电子出版物以及网络信息等的，由主管部门责令改正，依法给予行政处罚。	**第一百四十四条** 制作或者向未成年人出售、出租或者以其他方式传播危害国家安全、破坏民族团结以及淫秽、色情、暴力、邪教、迷信、凶杀、恐怖、赌博等图书、报刊、影视节目、音像制品、电子出版物、声讯和网络信息等的，由主管部门责令改正，给予警告，并可处五万元以下罚款；情节严重或拒不改正的，处五万元以上五十万元以下罚款，并可责令停产停业、或者吊销执照或许可证。

修订理由

根据修改后的条文，调整法律责任的表述。

145. 【生产部门违反相关保护义务的法律责任】

原条文	建议修订条文（修改）
第六十五条 生产、销售用于未成年人的食品、药品、玩具、用具和游乐设施不符合国家标准或者行业标准，或者没有在显著位置标明注意事项的，由主管部门责令改正，依法给予行政处罚。	**第一百四十五条** 生产、销售用于未成年人的食品、饮料、药品、玩具、用具和游乐设施不符合国家标准或者行业标准，或者没有在显著位置标明注意事项的，由主管部门责令改正，给予警告，并可处五

原条文	建议修订条文（修改）
	万元以下罚款；情节严重或拒不改正的，处五万元以上五十万元以下罚款，并可责令停产停业、或者吊销执照或许可证。

修订理由

根据修改后的条文，调整法律责任的表述。

146. 【服务部门违反相关保护义务的法律责任】

原条文	建议修订条文（修改）
第六十六条 在中小学校园周边设置营业性歌舞娱乐场所、互联网上网服务营业场所等不适宜未成年人活动的场所的，由主管部门予以关闭，依法给予行政处罚。 营业性歌舞娱乐场所、互联网上网服务营业场所等不适宜未成年人活动的场所允许未成年人进入，或者没有在显著位置设置未成年人禁入标志的，由主管部门责令改正，依法给予行政处罚。	**第一百四十六条** 违反本法规定设置营业性歌舞娱乐场所、游艺娱乐场所、酒吧、互联网上网服务营业场所等不适宜未成年人活动的场所的，由主管部门给予警告，责令歇业、限期搬迁；拒不歇业或搬迁，或者情节严重的，责令关闭，吊销执照或许可证，并处五万元以上五十万元以下罚款。 营业性歌舞娱乐场所、酒吧、互联网上网服务营业场所等不适宜未成年人活动的场所允许未成年人进入，或者没有在显著位置设置未成年人禁入、限入标志的，由主管部门责令限期改正，给予警告，并处五万元以下罚款；拒不改正、情节严重或者多次发现允许未成年人

原条文	建议修订条文（修改）
	进入的，责令关闭，吊销执照或许可证，并处五万元以上五十万元以下罚款。 旅馆、宾馆、酒店等住宿接待场所未按相关要求对未成年人住宿进行查验和报告的，由主管部门给予警告，并处五万元以下罚款；情节严重、或多次违反查验报告义务的，吊销执照或许可证，并可处五万元以上五十万元以下罚款。

修订理由

根据修改后的条文，调整法律责任的表述。

147.【违反禁售烟酒、彩票、危险物品的法律责任】

原条文	建议修订条文（修改）
第六十七条 向未成年人出售烟酒，或者没有在显著位置设置不向未成年人出售烟酒标志的，由主管部门责令改正，依法给予行政处罚。	**第一百四十七条** 向未成年人出售烟酒、彩票或向未成年人提供和出售管制刀具、仿真玩具枪以及其他可能致人严重伤害的器具、器械和物品的，没有在显著位置设置不向未成年人出售烟酒、彩票标志的，或者未按照规定对难以判定是否为未成年人进行查验的，由主管部门责令改正，给予警告，并处五万元以下罚款；拒不改正、情节严重或者多次违反的，责令停产停业，吊销执照或许可证，并处五万元以

原条文	建议修订条文（修改）
	上五十万元以下罚款。 在未成年人集中活动的场所吸烟、饮酒的，由主管部门责令改正，可处五百元以下罚款；拒不改正或情节严重的，给予警告，并可处五百元以上一千元以下罚款。

修订理由

根据修改后的条文，调整法律责任的表述。

148.【违反网络购物注意义务的法律责任】

原条文	建议修订条文（增加）
	第一百四十八条　未经监护人同意向未成年人提供网络代购的个人、商家或组织，由主管部门责令改正，给予警告；拒不改正或情节严重的，暂扣或吊销执照、许可证，并处五千元以下罚款。

修订理由

针对新增加的义务，规定法律责任。

149.【非法用工的法律责任】

原条文	建议修订条文（修改）
第六十八条　非法招用未满十六周岁的未成年人，或者招用已满	**第一百四十九条**　非法招用未满十六周岁的未成年人，或者招用

原条文	建议修订条文（修改）
十六周岁的未成年人从事过重、有毒、有害等危害未成年人身心健康的劳动或者危险作业的，由劳动保障部门责令改正，处以罚款；情节严重的，由工商行政管理部门吊销营业执照。	已满十六周岁的未成年人从事过重、有毒、有害等危害未成年人身心健康的劳动或者危险作业的，由主管部门责令限期改正，给予警告，并处五万元以下罚款；拒不改正或情节严重的，责令停产停业，吊销执照、许可证，并处五万元以上五十万元以下罚款。

修订理由

根据修改后的条文，调整法律责任的表述。

150.【违反用工征信的法律责任】

原条文	建议修订条文（增加）
	第一百五十条 招用密切接触未成年人行业的从业人员时，用工单位未按照规定查看被招用人的征信记录，或者未按照规定要求其提供公安机关提供的无犯罪记录证明，以及未查询是否具有性侵害未成年人等违法犯罪记录的，由主管部门责令改正，给予警告，并处五万元以下罚款；拒不改正或情节严重的，责令停产停业，吊销执照、许可证，并处五万元以上五十万元以下罚款。 违反相关义务，录用具有性侵害等严重侵害未成年人行为记录的人员从事密切接触未成年人行业的，

原条文	建议修订条文（增加）
	由主管部门责令限期改正，给予警告，并处五万元以下罚款；拒不改正或情节严重的，责令停产停业，吊销执照、许可证，并处五万元以上五十万元以下罚款。

修订理由

针对新增加的义务，规定法律责任。

151.【不履行救助保护的法律责任】

原条文	建议修订条文（修改）
第七十条 未成年人救助机构、儿童福利机构及其工作人员不依法履行对未成年人的救助保护职责，或者虐待、歧视未成年人，或者在办理收留抚养工作中牟取利益的，由主管部门责令改正，依法给予行政处分。	**第一百五十一条** 社会团体、企业事业组织、居民委员会、村民委员会及其他组织和个人不依法履行对未成年人的救助保护职责，或者虐待、歧视未成年人，或者在保护未成年人合法权益、预防未成年人犯罪过程中存在过失，侵害未成年人的合法权益的，由主管部门责令改正，并可给予警告、五千元以下罚款；相关行为构成违反治安管理行为的，由公安机关依法处理；构成犯罪的，依法追究刑事责任。

修订理由

根据修改后的条文，调整法律责任的表述。

152. 【人身侵害的法律责任】

原条文	建议修订条文（修改）
第七十一条 胁迫、诱骗、利用未成年人乞讨或者组织未成年人进行有害其身心健康的表演等活动的，由公安机关依法给予行政处罚。	**第一百五十二条** 组织未成年人进行有害其身心健康的表演等活动的，由主管部门责令限期改正，给予警告，并处五万元以下罚款；拒不改正或情节严重的，责令停产停业，吊销执照、许可证，并处五万元以上五十万元以下罚款。

修订理由

根据修改后的条文，调整法律责任的表述。

153. 【违反网络不良信息管理义务的法律责任】

原条文	建议修订条文（增加）
	第一百五十三条 违反本法规定，制作、发布、传播不适宜未成年人接触的信息，未以显著方式进行浏览前提示的，由主管部门给予警告、责令限期改正、停止更新信息；情节严重的，并处三万元以上十万元以下罚款。 网络服务提供者违反本法规定，未对其所登载的不适宜未成年人接触的信息采取措施以显著方式进行浏览前提示的，由主管部门责令改正；拒不改正的，给予警告，并处三万元以上十万元以下罚款。

修订理由

针对新增加的义务，规定法律责任。

154. 【未安装上网保护软件的法律责任】

原条文	建议修订条文（增加）
	第一百五十四条 公益性场所违反本法规定，未安装未成年人上网保护软件的，由主管部门给予警告，可并处十万元以下罚款；情节严重的，责令停产停业。

修订理由

针对新增加的义务，规定法律责任。

155. 【违反上网保护软件预安装和告知义务的法律责任】

原条文	建议修订条文（增加）
	第一百五十五条 智能终端设备制造商、进口商违反本法规定，未安装未成年人上网保护软件且未在出厂时或销售前为预装未成年人上网保护软件提供便利并以显著方式告知的，由主管部门给予警告，责令限期改正，并处十万元以上五十万元以下罚款。

修订理由

针对新增加的义务，规定法律责任。

156. 【违反网络游戏沉迷防止义务的法律责任】

原条文	建议修订条文（增加）
	第一百五十六条　网络游戏服务提供者违反本法规定，未使用网络游戏产品年龄认证和识别系统，未进行身份注册或者未采取防沉迷措施的，由主管部门给予警告，责令限期改正，没收违法所得，并处一百万元以下罚款；拒不改正的，并可责令暂停或停止网络游戏服务；情节严重的，吊销网络文化经营许可证。

修订理由

针对新增加的义务，规定法律责任。

157. 【违反直播或者短视频提供服务注意义务的法律责任】

原条文	建议修订条文（增加）
	第一百五十七条　直播服务提供者、短视频发布服务提供者违反本法规定，为未成年人提供直播或短视频发布服务的，由主管部门给予警告，责令限期改正，没收违法所得，并处一百万元以下罚款；拒不改正的，责令暂停或者停止提供直播或者短视频发布服务；情节严重的，吊销网络文化经营许可证。

修订理由

针对新增加的义务，规定法律责任。

158.【违反个人信息安全义务的法律责任】

原条文	建议修订条文（增加）
	第一百五十八条 违反本法规定，通过网络收集、使用未成年人个人信息，未在醒目位置标注警示标识并征得未成年人或其监护人同意的，或拒绝删除、屏蔽未成年人个人信息的，由主管部门给予警告，责令限期改正，没收违法所得，并处一百万元以下罚款；拒不改正的，责令暂停或停止相关服务；情节严重的，吊销网络文化经营许可证。

修订理由

针对新增加的义务，规定法律责任。

159.【违反举报受理处理义务的法律责任】

原条文	建议修订条文（增加）
	第一百五十九条 网络信息服务提供者违反本法规定，未建立举报制度或不及时受理、处置举报的，由主管部门给予警告，责令限期改正，没收违法所得，并处一百万元以下罚款；拒不改正的，责令暂停或停止相关服务；情节严重的，吊销网络文化经营许可证。

修订理由

针对新增加的义务，规定法律责任。

160.【国家机关及其工作人员的法律责任】

原条文	建议修订条文（修改）
第六十一条 国家机关及其工作人员不依法履行保护未成年人合法权益的责任，或者侵害未成年人合法权益，或者对提出申诉、控告、检举的人进行打击报复的，由其所在单位或者上级机关责令改正，对直接负责的主管人员和其他直接责任人员依法给予行政处分。	**第一百六十条** 国家机关及其工作人员不依法履行保护未成年人合法权益的责任，或者侵害未成年人合法权益，或者对提出批评、建议、报案、控告、检举的人进行打击报复的，由其所在单位或者上级机关责令改正，对直接负责的主管人员和其他直接责任人员依法给予行政处分；构成职务违法或职务犯罪的，移交监察委员会处理。

修订理由

根据修改后的条文，调整法律责任的表述。

161.【违反个人信息保护和案情保密义务的法律责任】

原条文	建议修订条文（增加）
	第一百六十一条 公安机关、人民检察院、人民法院、司法行政部门、诉讼参与人以及其他组织和个人违反本法规定，公开涉案未成年人和未成年被害人的姓名、影像、住所、就读学校以及其他可能识别出其身份的信息，公开案件的证据材料和案件情况，恶意炒作或者发表歪曲、误导性的评论的，由上级机关或者所在单位、主管部门责令改正，对直接负责的主管人员和其他直接责任人员依法给予相应处分。

修订理由

针对新增加的义务，规定法律责任。

第九章　附　则

162.【用语含义】

原条文	建议修订条文（增加）
	第一百六十二条　本法中下列用语的含义： （一）“未成年身心受到侵害或者面临其他危险的情形”，包括：未成年人脱离监护单独居住生活或失踪；未成年人的监护人丧失监护能力、拒不履行监护责任或者下落不明；未成年人疑似遭受家庭暴力、遗弃、意外伤害、拐卖、其他不法侵害；未成年人疑似适龄却辍学、流浪；未成年人因家庭贫困导致生活、就医、就学等存在困难；未成年人因自身残疾导致康复、照料、护理和社会融入等存在困难；其他威胁或侵害未成年人人身安全和心理健康的情形。 （二）“密切接触未成年人行业”，是指由相关职能部门或群团组织举办或承担监管职责的，对未成

原条文	建议修订条文（增加）
	年人负有监护、教育、训练、救助、看护、医疗等特殊职责的单位、组织、机构等，包括：中小学校、幼儿园等教育机构及文化教育、职业技能等培训机构；文艺、体育等技能训练机构；福利院、儿童临时看护中心等儿童安置、救助机构；婴幼儿照护和儿童早期教育服务机构及晚托班、暑托班、夏令营等临时看护组织；为未成年人提供医疗服务的医疗机构。 （三）“密切接触未成年人行业的从业人员”，包括教师、培训师、教练、保育员、医生等直接对未成年人负有特殊职责的工作人员，以及密切接触未成年人行业的行政工作人员、保安、门卫、司机、厨师、保洁员以及招募的志愿者等具有密切接触未成年人工作便利的工作人员。 （四）“熟悉未成年人身心特点的专业人员”，是指具有专门知识或者经验，为未成年人及其家庭提供服务、支持的人员，包括高级社会工作师、社会工作师、助理社会工作师、心理治疗师、心理咨询师、心理辅导师以及医务人员等相关领域的人员。

修订理由

对新增加的用语的含义进行解释。

163. 【施行日期】

原条文	建议修订条文（修改）
第七十二条 本法自 2007 年 6 月 1 日起施行。	**第一百六十三条** 本法自××××年×月×日起施行。

修订理由

修改施行日期。

《预防未成年人犯罪法》

修订草案专家建议稿论证

第一章　总　则

1.【立法目的与根据】

原条文	建议修订条文（修改）
第一条　为了保障未成年人身心健康，培养未成年人良好品行，有效地预防未成年人犯罪，制定本法。	**第一条**　为了保障未成年人身心健康，培养未成年人良好品行，有效地预防未成年人犯罪，促进家庭幸福安宁和社会安定有序，根据宪法，制定本法。

修订理由

预防未成年人犯罪具有双重目的，一方面是保障未成年人健康成长，另一方面是促进社会公共秩序，二者根本上具有一致性。未成年人是国家民族的未来，实现未成年人最大利益，就是促进社会最大利益的过程。

2.【预防未成年人犯罪的含义】

原条文	建议修订条文（修改）
第二条　预防未成年人犯罪，立足于教育和保护，从小抓起，对未成年人的不良行为及时进行预防和矫治。	**第二条**　预防未成年人犯罪，是指根据未成年人成长发育规律，通过一般预防、临界预防和再犯预防，促进未成年人遵纪守法的一系列工作。

修订理由

一直以来，实务界对预防未成年人犯罪的含义存在不同认识甚至是错误认识，影响了法律的贯彻落实。因此，建议进一步明确预防未成年人犯罪的含义，以统一认识，保障法律的正确实施。由于未成年人时期就是不断试错、纠错，逐步建立规则意识，成长为合格公民的过程。要实现犯罪预防的目标，应当根据具体情形及时干预，开展前期预防、临界预防和再犯预防工作。

3. 【方针和原则】

原条文	建议修订条文（修改）
第二条 ……从小抓起……	**第三条** 预防未成年人犯罪，应当从小抓起，防微杜渐，防治结合，坚持分级预防、综合施策、教育和保护并重的原则。

修订理由

未成年人犯罪往往是一个由轻及重、心理行为偏常日益严重的结果。因此，预防未成年人犯罪，应当重视苗头性问题，及早发现，及早干预，分级预防、防治结合。同时，预防未成年人犯罪，应当充分保障未成年人的权利，坚持以人为本，采取多种措施并举，多管齐下，消除影响未成年人犯罪的各种内因和外因，既要进行教育矫治，又要开展保护救助，保障他们成长为守法的合格公民。大量数据和案件表明，我国未成年人实施犯罪行为之前，多有不良行为或违法行为，且其早期不良行为或违法行为多数没有得到及时有效的干预。因此，未成年人实施犯罪行为，与之前的不良行为或违法行为未能得到有效及时且专业干预有密切关联。因此，对未成年人的早期不良行为或违法行为，应当及时进行有效干预，使其回归正途。

4. 【治理方式】

原条文	建议修订条文（修改）
第三条 预防未成年人犯罪，在各级人民政府组织领导下，实行综合治理。 政府有关部门、司法机关、人民团体、有关社会团体、学校、家庭、城市居民委员会、农村村民委员会等各方面共同参与，各负其责，做好预防未成年人犯罪工作，为未成年人身心健康发展创造良好的社会环境。	**第四条** 预防未成年人犯罪，是全社会的共同责任，实行综合治理。 家庭、学校、政府及有关部门、司法机关、有关社会组织和企事业单位、居民委员会、村民委员会等各负其责、相互配合，形成国家主导、社会协同和公众参与相结合，政府直接提供和购买服务并重的工作体系。

修订理由

党的十九大报告指出，加强社会治理制度建设，完善党委领导、政府负责、社会协同、公众参与、法治保障的社会治理体制，提高社会治理社会化、法治化、智能化、专业化水平。这是新时代开展社会治理工作的根本方向。

预防未成年人犯罪是一项系统工程，是社会治理的重要环节，既需要系统思维、专业知识、科学方法，更需要党委政府和社会力量协同共治，各方相互配合。

教育矫治问题未成年人，是一项专业性很强的工作，除了政府直接提供服务以外，购买社会专业服务是保障专业化的重要措施。

5. 【工作要求】

原条文	建议修订条文（修改）
第五条 预防未成年人犯罪，应当结合未成年人不同年龄的生理、心理特点……	**第五条** 预防未成年人犯罪，应当结合未成年人不同年龄的生理、心理特点及其成长环境，尊重未成年人的人格尊严，保护未成年人的隐私和个人信息。

修订理由

预防未成年人犯罪，特别是教育矫治问题未成年人，需要防止泄露未成年人的隐私和个人信息，避免公开后可能造成的歧视和回归社会的困难。

6.【预防工作负责地】

原条文	建议修订条文（增加）
	第六条 预防未成年人犯罪，由未成年人户籍所在地负责；未成年人居住地与户籍所在地不一致的，由居住地负责，户籍所在地开展预防工作更有利于未成年人的，可以由户籍所在地负责。 未成年人户籍所在地、居住地无法确定的，由其监护人居住地负责。未成年人户籍所在地、居住地以及监护人居住地均无法确定的，由该未成年人的发现地负责。

修订理由

随着我国城镇化的加剧，人口流动是未来一个时期的重要特征。对于流动的未成年人，需要明确预防犯罪工作的负责地，以解决实践中个别地方相互推诿的现象。

通常情况下，犯罪预防工作由户籍所在地负责。如果出现流动，负责地则会出现变化，原则上由居住地负责，除非户籍地负责更有利于预防的。

对于流浪且无法查清户籍地和居住地的未成年人，由其监护人居住地负责，主要原因有二：一是有利于监护人照管未成年人，开展预防教育；二是监护人在居住地工作和生活，为当地的社会经济发展作出了贡献，应当由居住地负责其子女的犯罪预防工作。

对于流浪且无法确定户籍地和居住地、监护人的，应当按照属地原则，由未成年人的发现地负责。

7. 【工作协调机制】

原条文	建议修订条文（修改）
第四条 各级人民政府在预防未成年人犯罪方面的职责是： （一）制定预防未成年人犯罪工作的规划； （二）组织、协调公安、教育、文化、新闻出版、广播电影电视、工商、民政、司法行政等政府有关部门和其他社会组织进行预防未成年人犯罪工作； （三）对本法实施的情况和工作规划的执行情况进行检查； （四）总结、推广预防未成年人犯罪工作的经验，树立、表彰先进典型。	**第七条** 国家明确统筹协调预防未成年人犯罪工作的机构，履行以下职责： （一）推动完善和宣传贯彻预防未成年人犯罪的法律法规； （二）制定和组织实施预防未成年人犯罪工作规划； （三）出台预防未成年人犯罪的政策措施； （四）协调解决预防未成年人犯罪工作中存在的问题； （五）检查和考核有关部门预防未成年人犯罪的工作； （六）总结和推广预防未成年人犯罪的经验。

修订理由

预防未成年人犯罪，需要各方密切配合，这决定了要有高效的统筹协调机制。很长一段时间以来，预防未成年人犯罪纳入了社会治安综合治理工作，从中央到地方均设立了预防青少年违法犯罪专项组及办公室。随着党和国家机构新一轮改革，综治委并入政法委，群团组织去机关化、行政化，应根据实际情况和工作需要，调整预防未成年人犯罪的统筹协调机制，进一步明确具体职责。

党的十九大报告指出，建设平安中国，加强和创新社会治理，维护社会和谐稳定，确保国家长治久安、人民安居乐业。《中共中央关于全面推进依法治国若干重大问题的决定》指出，推进多层次多领域依法治理，深入推进社会治安综合治理，坚持把全民普法和守法作为依法治国的长期基础性工作，深入开展法治宣传教育，引导全民自觉守法、遇事找法、解决问题靠法。预防未成年人犯罪，需要从小培养未成年人的法治意识，健全未成年人法律体系，政府依法履职，司法予以保障，社会共同参与，应在推进平安中国建设和法治国家、法治政府、法治社会一体建设中统筹安排。

8.【人民政府的职责及保障措施】

原条文	建议修订条文（修改）
第三条（第一款） 预防未成年人犯罪，在各级人民政府组织领导下，实行综合治理。 **第四条** 各级人民政府在预防未成年人犯罪方面的职责是： （一）制定预防未成年人犯罪工作的规划； （二）组织、协调公安、教育、文化、新闻出版、广播电影电视、工商、民政、司法行政等政府有关部门和其他社会组织进行预防未成年人犯罪工作； （三）对本法实施的情况和工作规划的执行情况进行检查； （四）总结、推广预防未成年人犯罪工作的经验，树立、表彰先进典型。	**第八条** 县级以上人民政府领导有关部门依法开展预防未成年人犯罪的工作，将预防未成年人犯罪工作纳入经济社会发展规划，经费列入财政预算，相关工作项目纳入政府购买服务指导性目录。 各级公安、教育、民政、文化旅游、市场监督管理、网信、司法行政、卫生健康、人力资源和社会保障、新闻出版、广播电影电视等部门应当明确预防未成年人犯罪的工作内容，向社会公布，受理相关线索举报，接受公众监督。 乡镇人民政府、街道办事处应当指定人员负责辖区内预防未成年人犯罪的工作，保障合理经费。 经费保障以及有关部门履行职责情况作为考核预防未成年人犯罪的重要指标。

修订理由

预防未成年人犯罪，是各级人民政府的重要职责，应当分别明确各级人民政府及其职能部门的工作保障措施和职责。具体来说包括五个方面：一是将预防未成年人犯罪工作纳入经济社会发展规划；二是经费列入财政预算；三是相关工作项目纳入政府购买服务指导性目录；四是政府职能部门向社会公布预防未成年人犯罪的工作内容，受理相关线索举报，接受公众监督；五是经费保障以及有关部门履行职责情况作为考核预防未成年人犯罪的重要指标。

9.【公检法司的职责及保障措施】

原条文	建议修订条文（修改）
第四十五条（第一款） 人民法院审判未成年人犯罪的刑事案件，应当由熟悉未成年人身心特点的审判员或者审判员和人民陪审员依法组成少年法庭进行。	**第九条** 公安机关、人民检察院、人民法院、司法行政机关建立多部门联动协调机制，结合未成年人违法犯罪案件的办理，向未成年人提供法治教育，帮助违法犯罪未成年人回归社会，开展预防未成年人犯罪工作。 具备条件的地区，可以设置未成年人法院、未成年人检察院。

修订理由

办理未成年人案件是一项系统性很强的工作，需要公检法司的协调配合，发挥合力。因此，应当建立多部门联动协调机制。同时，考虑到资源的有效利用，鼓励具备条件的地区，探索建立专门检察院和法院。

10.【专门教育】

原条文	建议修订条文（增加）
	第十条 专门教育是对未成年人开展针对性教育，矫治未成年人心理行为偏常，预防未成年人犯罪的重要制度。 专门教育是国家教育体系的重要组成部分，纳入国家教育改革和发展规划纲要，保障发展所需的人员和经费。

修订理由

多年实践经验已经证明，专门教育（工读教育）在预防未成年人犯罪、教育矫治未成年人心理行为偏常方面效果显著。据调查，经专门学校教育，未成年人回归社会情况良好，转化率达95%，有些高达98%。对此，应当从立法上肯定专门教育的价值和存在的必要性，明确专门教育的法律地位，予以继承、发展和完善。

明确专门教育的地位和功能。一直以来，专门教育作为义务教育的重要组成部分和补充形式，依附于义务教育之下。由此，在办学过程中遇到很多难题，比如按照义务教育接受考核（比如升学率、合格率等）和配备师资（办学经费、师生配比、教师工资待遇），既不符合专门学校的定位，不利于实现专门学校的教育矫治功能，又无法满足专门学校的实际需要。因此，应当首先明确，发展专门教育，举办专门学校，核心目的是教育矫治有心理行为偏常的未成年人，而不是让特定的未成年人接受义务教育。当然，在专门学校的教育矫治工作中，对于适龄未成年人开展义务教育是其中不可或缺的内容。除此以外，还有其他大量针对性的教育。可见，专门教育应当是与义务教育、特殊教育、职业教育、继续教育相并列的一类教育门类，有着区别于其他教育门类的功能、规律以及现实需求。

11. 【专门学校】

原条文	建议修订条文（增加）
	第十一条　专门学校是实施专门教育的主要机构。 县级以上人民政府及有关部门根据本地区预防未成年人犯罪的需要，可以设置专门学校，也可以参与建设辐射周边区域的专门学校，以保障所辖区域内符合法定条件的未成年人可以接受专门教育。具备条件的，探索专门学校与职业院校的合作机制，支持职业学校、技工学校等参与专门教育工作。

原条文	建议修订条文（增加）
	省级人民政府及有关部门指定辖区内一所或者两所具备条件的专门学校设立管教部、教养部。管教部派驻未成年犯管教所，负责教育矫治服刑人员。教养部实行独立配置，负责教育矫治被强制教养的未成年人。 国务院及有关部门应当按照科学设置、合理布局、形式多样的原则，制定专门学校的发展规划，出台关于专门学校办学标准、管理制度和考核评价等规范。

修订理由

针对实践中专门学校发展中遇到的困难和问题，提出有效的法律保障措施。具体包括以下措施：

首先，对于专门学校的建设，既要有办学标准、建设规划等顶层设计，也要考虑合理布局，形式多样，由各地根据实际灵活设置，或单独举办专门学校，或辐射周边集中办学。对于实践中出现的民办专门学校，应当予以鼓励、规范、引导，加强监督。

其次，充分发挥专门学校专门教育的优势，探索与职业院校的合作机制，让未成年人有机会、有渠道接受职业教育或者技能培训，解决在校生结束学习后的升学、就业等问题。比如实践中有的与职业院校建立对口升学机制，有的在职业学校、技工学校引入专门教育机制，效果良好。

最后，专门学校除了教授文化知识以外，在开展针对性教育、管理学生、矫治行为方面有着丰富的经验，完全有能力参与未成年犯管教所服刑人员的教育工作，参与执行收容教养（强制教养）。实践中，全国范围内未成年犯管教所服刑人员的义务教育普遍存在缺乏师资保障，收容教养（强制教养）缺乏执行场所。对此，省级教育行政部门和司法行政部门可以联合办学，实现资源互补。一方面，由未成年犯管教所所在地且具备条件的的专门学校设立管教部，负责在所服刑人员的义务教育等工作。在这方面，广东等地已经进行了有益探索，取得了良好的效果。另一方面，在省级辖区内，根据需要选择具备条件的一所或两所专门学校，设置教养部，配备独立的场所、设备和人员（教师、警察、心理咨询师等），实行隔离管理，用于执行收容教养（强制教养）。广东英德、湖南等地探索在有条件的专门学校执行强制教养，取得了良好的效果。

12. 【社会参与】

原条文	建议修订条文（增加）
	第十二条 未成年人社会工作服务机构和未成年人社会观护机构是预防未成年人犯罪的重要力量。 各级人民政府及有关部门、人民检察院、人民法院以及共产主义青年团、妇女联合会等群众团体组织，应当结合各自工作职能，培育和发展多种类型的未成年人社会工作服务机构和未成年人社会观护机构，鼓励、引导、规范和监督它们依法参与预防未成年人犯罪工作。

修订理由

预防未成年人犯罪，教育矫治有心理行为偏常的未成年人，需要由专业力量进行。这直接决定着帮教能否成功以及后续效果。

未成年人社会工作机构，是指依法设立的运用专业化社会工作方法与技巧，为未成年人及其家庭提供针对性指导与服务的组织。未成年人社会观护机构，是指政府设立或者企事业单位以及其他社会组织依托自身场所设立，受有关部门委托对未成年人开展教育、监督、观察、保护、管束等帮教工作的组织。实践表明，未成年人社会工作机构、未成年人社会观护机构越发达、越专业的地方，预防未成年人犯罪方面的效果越明显。比如，上海、北京、江苏、浙江等地已经有了一套相对成熟的做法。纵观美国、日本等发达国家，同样有着发达的社会工作机构等组织。可见，发展未成年人社会工作机构、未成年人社会观护机构等组织是预防未成年人犯罪的需要。尽管我国地区差异较大，经济社会发展水平不一，但法律应当尊重预防犯罪的规律，顺应发展趋势，为实践指明未来发展的方向。

13.【税收优惠】

原条文	建议修订条文（增加）
	第十三条 对于积极开展和参与预防未成年人犯罪工作的组织和个人，各级人民政府和有关部门给予表彰和奖励。

修订理由

预防未成年人犯罪是一项社会化的工作，应当充分发挥群众的力量积极参与。实践中，许多爱心企事业单位、组织、个人积极参与未成年人犯罪预防工作，为平安建设作出了重要贡献，各级人民政府和有关部门应当给予表彰和奖励。

14.【支持研究】

原条文	建议修订条文（修改）
第五条 预防未成年人犯罪……加强青春期教育、心理矫治和预防犯罪对策的研究。	**第十四条** 国家鼓励和支持开展预防未成年人犯罪的研究，设置和发展相关学科和专业，加强相关专业的人才培养。 国家支持预防未成年人犯罪的国际交流与合作。

修订理由

理论研究、专业人才队伍是推动实践发展的重要支持。我国未成年人相关学科的研究成果和专业人才严重不足，重要原因之一是关于预防未成年人犯罪的研究滞后，缺乏学科设置、建设和相关专业人才的培养机制，远远无法满足实践需求。因此，国家应当加大投入，鼓励和支持相关学科发展，大力培养相关专业人才。

15.【法律监督】

原条文	建议修订条文（增加）
	第十五条 人民检察院对预防未成年人犯罪工作实行法律监督。

修订理由

人民检察院是国家的法律监督机关，对法律的实施进行监督。我国四级检察院设立了未成年人检察工作部门，其中检察监督、预防未成年人犯罪是两项重要工作内容，而且以往检察机关在监督预防未成年人犯罪工作中一直发挥着积极作用，取得了良好效果，这也成为我国未成年人司法的鲜明特点，因此法律应当总结成功经验，予以制度化。

第二章　一般预防

16.【一般预防的界定】

原条文	建议修订条文（增加）
	第十六条　未成年人及其家庭、学校、政府、司法机关、社会等应当及时发现和消除导致未成年人违法犯罪的不良因素，改善未成年人生活和学习环境，引导未成年人养成良好品行。

修订理由

一般预防是一级预防，对于预防未成年人犯罪具有基础性作用。通过释明定义，明确前期预防的主体包括未成年人及其家庭、学校、政府、司法机关、社会等各方面，内容包括加强正面引导、消除不良因素和环境两个方面，重点关注特殊群体和特定场所。本章条文设计主要围绕此展开。

17.【未成年人的自我防范】

原条文	建议修订条文（未修改）
第四十条　未成年人应当遵守法律、法规及社会公共道德规范，树立自尊、自律、自强意识，增强辨别是非和自我保护的能力，自觉抵制各种不良行为及违法犯罪行为的引诱和侵害。	**第十七条**　未成年人应当遵守法律、法规及社会公共道德规范，树立自尊、自律、自强意识，增强辨别是非和自我保护的能力，自觉抵制各种不良行为以及违法犯罪行为的引诱和侵害。

18.【监护人的直接责任】

原条文	建议修订条文（修改）
第十条 未成年人的父母或者其他监护人对未成年人的法制教育负有直接责任……	**第十八条** 父母或者其他监护人对预防未成年人犯罪负有直接责任。 发现未成年人出现或者疑似出现心理行为问题的，父母或者其他监护人应当及时提供帮助和指导，必要时引导、帮助未成年人接受专业辅导或者治疗。 未成年人主动提出接受辅导或者治疗意向的，父母或者其他监护人应当提供帮助。

修订理由

家庭是未成年人生活的主要场所。根据监护职责，父母或者其他监护人对预防未成年人犯罪有着直接责任。据调查，百分之八九十的未成年人违法犯重罪跟家庭因素导致心理问题有密切关系。大量的案例和数据表明，未成年人犯罪的一个主要原因是父母或者其他监护人没有切实履行监护职责，特别是忽视未成年人出现的苗头性心理行为困扰或者问题。因此，第二款和第三款明确了父母或者其他监护人的及时帮助职责。

19.【特殊家庭的职责】

原条文	建议修订条文（增加）
	第十九条 困境儿童或者农村留守儿童的家庭、流动人口家庭、残疾儿童家庭、服刑人员或其他人身自由受到限制人员的家庭等有需

原条文	建议修订条文（增加）
	求时，应当主动联系并接受有关部门和组织提供的指导服务和支持，帮助未成年人正确应对生活、学习中的压力和问题。

修订理由

大量案例表明，流动人口家庭、困境儿童或者农村留守儿童的家庭、服刑人员或其他人身自由受到限制人员的家庭等特殊家庭的未成年人身心面临更多的风险和压力，一旦对未成年人关注和帮助不够，在受到外界不良因素和环境的影响时，很有可能走向违法犯罪的道路。因此，应当加强对这些特殊家庭的指导和支持，同时父母或者其他监护人应当主动配合，积极接受家庭指导和支持。

20.【实际照管人的预防责任】

原条文	建议修订条文（修改）
第二十二条 继父母、养父母对受其抚养教育的未成年继子女、养子女、应当履行本法规定的父母对未成年子女在预防犯罪方面的职责。	**第二十条** 在预防未成年人犯罪、培养未成年人品行方面，实际照护人与未成年人的父母或者其他监护人负有同等职责。

修订理由

继父母、养父母与未成年继子女、养子女是监护关系，无须进行另行规定。

在很多情况下，未成年人并未与父母或者其他监护人共同生活，实际上是由其他家庭成员或者亲戚、朋友照管。在这种情况下，法律上有必要明确实际照管人在预防未成年人犯罪方面的责任。

21. 【学校的预防犯罪教育】

原条文	建议修订条文（修改）
第六条（第二款） 预防未成年人犯罪的教育的目的，是增强未成年人的法制观念，使未成年人懂得违法和犯罪行为对个人、家庭、社会造成的危害，违法和犯罪行为应当承担的法律责任，树立遵纪守法和防范违法犯罪的意识。 **第七条** 教育行政部门、学校应当将预防犯罪的教育作为法制教育的内容纳入学校教育教学计划，结合常见多发的未成年人犯罪，对不同年龄的未成年人进行有针对性的预防犯罪教育。 **第八条（第二款）** 学校应当结合实际举办以预防未成年人犯罪的教育为主要内容的活动……	**第二十一条** 学校对未成年人的法治教育负有主导责任。 教育行政部门、学校应当将法治教育纳入学校总体发展规划和年度工作计划，开设专门课程，组织主题教育；将预防犯罪教育作为法治教育的重要内容，结合常见多发的未成年人犯罪，根据不同年龄学生的认知特点进行有针对性教育，举办以预防未成年人犯罪的教育为主要内容的活动，使未成年人懂得违法犯罪行为对个人、家庭、社会造成的危害，违法犯罪行为应当承担的法律责任，树立遵纪守法和防范违法犯罪的意识。

修订理由

法治教育对预防未成年人犯罪有着关键性作用。《青少年法治教育大纲》（2016年6月）规定，青少年法治教育要充分发挥学校的主导作用。各级各类学校是实施法治教育的主体，要将法治教育纳入学校总体发展规划和年度教学工作计划，重点在师资配备、课程实施、经费支持、制度机制等方面予以保障，做好法治教育的落实工作。

22.【法治教育的师资保障】

原条文	建议修订条文（修改）
第九条 学校应当聘任从事法制教育的专职或者兼职教师。学校根据条件可以聘请校外法律辅导员。	**第二十二条** 学校应当聘任至少一名受过专业培养或者经过专门培训，能够胜任法治教育任务的专职教师。 学校根据条件可以聘请兼职法治教师、校外法治辅导员、法治教育志愿者。

修订理由

参考《青少年法治教育大纲》的规定，要大力加强法治教育师资队伍建设，逐步建设高水平的法治教育教师队伍。通过多种途径，保证每所中小学校要至少有一名受过专业培养或者经过专门培训，可以胜任法治教育任务的专职教师。建立中小学法治教育骨干教师培养机制，完善对法治教育教学成果的支持和奖励制度。提高全体教师的法治素养和法治教育能力，充分挖掘各学科教学内容的法治内涵，提升教师群体的法治意识。完善法治副校长（辅导员）制度，进一步明确职责，完善相关工作机制，充分发挥法官、检察官、律师、高校法律院系教师等法律工作者的力量，健全高校学生法治教育志愿者制度，建设稳定的兼职法治教育师资队伍，为中小学法治教育提供支持。

23.【法治副校长制度】

原条文	建议修订条文（增加）
	第二十三条 学校应当从人民法院、人民检察院等国家机关中聘任法治副校长，协助学校制定法治教育计划，组织法治讲座和法治实践活动，开展法治教育，必要时配合学校对学生进行管教。

修订理由

实践证明，法治副校长在提升学校法治教育方面发挥了重大作用，对此，法律应当予以明确。同时，根据防控校园欺凌的相关文件，法治副校长在管教学生方面可以配合学校发挥重要作用。

24. 【学校的心理健康教育和辅导】

原条文	建议修订条文（增加）
	第二十四条 学校应当开设心理健康课程，开展心理健康专题教育，配备经过资格认定的专职或者兼职心理健康教育教师，建立心理辅导室和心理健康筛查机制，对于有心理困扰或问题的学生，开展科学有效的心理辅导。

修订理由

根据学校对学生的心理测评，学生心理问题检出率每年都在上升，因此对该问题应当予以高度重视。中小学生正处在身心发展的重要时期，随着生理、心理的发育和发展、社会阅历的扩展及思维方式的变化，特别是面对社会竞争的压力，他们在学习、生活、自我意识、情绪调适、人际交往和升学就业等方面，会遇到各种各样的心理困扰或问题。有些问题如不能及时解决，将会对学生的健康成长产生不良影响，严重的还会使学生出现行为障碍或人格缺陷，极容易走上违法犯罪的道路。大量案例表明，学生的心理健康是预防未成年人犯罪的重要指标。因此，预防未成年人犯罪，应当运用有关心理教育方法和手段，增强调控情绪、承受挫折、适应环境的能力，培养学生健全的人格和良好的个性心理品质；注重预防和解决发展过程中的心理行为问题，对有心理困扰或心理问题的学生，进行科学有效的心理辅导，及时给予必要的危机干预。

25.【心理健康问题识别报告制度】

原条文	建议修订条文（增加）
	第二十五条 学校发现学生有严重心理障碍或者心理疾病的，应当立即通知其父母或者其他监护人，引导和帮助转介至专业心理诊治机构。紧急情况下，学校可采取必要的看管措施。

修订理由

根据我国学校现状和学生心理生活实际，学生的心理问题一般可分为心理偏差、心理障碍和心理疾病三个层次。心理偏差是比较轻微而又极其普遍的心理问题。心理障碍是中等程度的心理问题，是在诸多心理偏差的基础上累积起来，出现了心理要素的结构性失衡。心理疾病是较严重的心理问题，是个体生理和心理受到了较严重的创伤，出现了诸多有违常理、常情、常规的言论和行为。严重心理障碍或者心理疾病，应当接受专业心理辅导或者治疗。因此，学校发现后，应当立即通知父母或者其他监护人，引导和帮助转介至专业心理诊治机构。

26.【学生欺凌和校园暴力预防教育和预防机制】

原条文	建议修订条文（增加）
	第二十六条 学校应当定期开展防治学生欺凌和校园暴力的专题教育和培训，培养校长、教师、学生及家长等不同群体积极预防和自觉反对学生欺凌的意识，健全日常安全管理制度，及时排查可能导致学生欺凌和校园暴力事件发生的各种隐患。

修订理由

《加强中小学生欺凌综合治理方案》规定，坚持教育为先，预防为主。

学生欺凌是发生在学生之间、同学之间的一种失范行为，相互带有欺凌，但不是犯罪。校园暴力则是犯罪或者是违法行为。二者之间有时会有一些交集。因此，从预防未成年人犯罪出发，应当加强学生欺凌和校园暴力预防教育和预防机制建设。

27. 【驻校社工制度】

原条文	建议修订条文（增加）
	第二十七条 学校根据需要可以聘任专职或者兼职的社会工作人员，长期或者定期巡回进驻学校，协助开展德育教育、法治教育和心理健康教育，参与处理学生欺凌和校园暴力事件，为有需求的学生提供服务。 寄宿制学校应当聘任专职社会工作人员，具备条件的可以设立社会工作服务站，配备相应的场所与设备。

修订理由

驻校社工独立于学校与学生，是一个第三方身份。在学校中，社工有着区别于教师和心理辅导员的角色，且不可替代。班主任，一方面做好科任教学任务，另一方面关注学生在校表现，包括成绩、纪律、人际、住宿等综合方面。心理老师，主要给学生上心理课程，做好预防性工作；同时开放心理辅导室，为有咨询需求的学生做心理层面的辅导工作。而驻校社工，则是通过个案、小组、活动三大手法，为项目服务对象提供预防性、发展性、治疗性的服务。虽然三者的工作重点各有侧重，但目标是一致的——协助有需要的学生调节好个人与环境的平衡，更好地融入初中生活，度过青春期。

进入初中，有些学生首次长时间离开父母，开始校园住宿生活，容易遇到学习压力、情绪管理、人际交往、生涯规划、家庭关系等方面的问题，在不能及时得到父母家人疏导的情况下，寄宿学校对社工服务更有着现实需求。在寄宿学校设置驻校社工，可以联动学校德育处及各班班主任，为有需求的学生提供个案咨询与辅导，以专业技巧与平等对话的“朋友”身份帮助学生走出困扰。

香港从1971年开始推行学校社会工作，1977年学校社会工作正式确立。1982年全港中学获得了学校社会工作服务。到2000年，全港全部实行“一校一社工”的制度。驻校社工已经开始在内地的中小学校纷纷起步，例如北京、上海和广州等地区开始尝试将专业社工引入学校，形成大量有益经验，取得了良好效果。

28.【家校教育配合制度】

原条文	建议修订条文（修改）
第十条 ……学校在对学生进行预防犯罪教育时，应当将教育计划告知未成年人的父母或者其他监护人，未成年人的父母或者其他监护人应当结合学校的计划，针对具体情况进行教育。 **第二十四条** 教育行政部门、学校应当举办各种形式的讲座、座谈、培训等活动，针对未成年人不同时期的生理、心理特点，介绍良好有效的教育方法，指导教师、未成年人的父母和其他监护人有效地防止、矫治未成年人的不良行为。	**第二十八条** 学校在对学生进行法治教育、预防犯罪教育、防控学生欺凌和校园暴力等专题教育时，应当将教育计划告知未成年人的父母或者其他监护人，举办各种形式的讲座、座谈、培训等活动，指导未成年人的父母或者其他监护人结合学校的计划，针对具体情况进行教育，巩固教育效果。

修订理由

学校对未成年人的法治教育、预防犯罪教育、防控学生欺凌和校园暴力专题教育，对于预防犯罪发挥着重要作用。要达到这些教育的预期效果，需要得到家庭教育的配合，父母或者其他监护人应当结合学校教育情况开展针对性教育，以巩固在学校接受教育的效果。

29. 【教育行政部门的考核评价机制】

原条文	建议修订条文（修改）
第八条（第二款） ……教育行政部门应当将预防未成年人犯罪教育的工作效果作为考核学校工作的一项重要内容。	**第二十九条** 教育行政部门应当将预防未成年人犯罪教育的综合情况纳入学校年度考核，制定科学、合理的工作效果考核评价指标体系，不得以在校学生违法犯罪数作为考核内容。

修订理由

未成年人违法犯罪原因十分复杂。学校考评应当重在机制建设和具体预防工作是否落实，出现违法犯罪如何及时启动有关程序，而不是该学校是否发生了学生违法犯罪。原条文在实施过程中，有的地方出现了仅仅以学校违法犯罪的数量来评价预防犯罪工作效果的错误做法，这既不科学，不符合实际，导致有的学校不及时处置、报告或者设法隐瞒学生违法犯罪的情况，也不利于保护学生权益，维护校园安全，还容易导致变相劝退或者简单转学等现象。因此，应当进一步明确科学、合理地考核学校开展的预防犯罪工作。

30. 【普法责任】

原条文	建议修订条文（修改）
第八条（第一款） 司法行政部门、教育行政部门……应当结合实际，组织、举办展览会、报告会、演讲会等多种形式的预防未成年人犯罪的法制宣传活动。	**第三十条** 县级以上人民政府及有关部门、人民法院、人民检察院应结合普法责任，深入学校、社区组织、举办、参与多种形式的预防未成年人犯罪的法治宣传活动，为学校、社区提供相应的法治教育资源和实践机会。

修订理由

根据政府及司法机关的普法责任，规定开展预防未成年人犯罪的相关活动。

31.【法治教育基地建设】

原条文	建议修订条文（增加）
	第三十一条 县级以上人民政府及有关部门、人民法院、人民检察院应当根据需要建设或者参与建设未成年人法治教育实践基地，为区域内中小学校以及其他需要的群体提供法治教育服务和支持。

修订理由

参考《青少年法治教育大纲》的规定，各地要根据实际，积极建设综合性的青少年法治教育实践基地，在司法机关、相关政府部门或者有关组织、学校建立专项的法治教育基地。实践证明，综合性的未成年人法治教育实践基地和专项的法治教育基地，在预防未成年人犯罪方面发挥着重要作用。各类基地仍处于不断发展完善中，法律应当明确这一措施，为法治教育基地的可持续发展提供法律保障。

参考《依法治教实施纲要（2016—2020年）》的规定，积极推进青少年法治教育实践基地建设。整合各种社会资源，争取财政专项支持，积极推动青少年法治教育实践基地建设。实践基地要建设成为集实践性、参与性、趣味性为一体的综合性校外法治教育场所，以相对集中的方式，为区域内的中小学校实施法治教育提供支持和服务。教育部将建设若干示范性基地，研制标准化的实践基地教学内容、课件资源和管理办法等，逐步加以推广。到2020年，争取在每个地级市至少建立一个实践基地。采取政府购买服务等方式，推动中小学生以多种方式参加法治教育社会实践。

32. 【闲散等未成年人群体服务工作】

原条文	建议修订条文（增加）
	第三十二条 县级以上人民政府及有关部门应当掌握辖区内未升学或者无就业等未成年人群体的基本情况，开展针对性的服务，为他们提供生活规划、职业教育、就业或者创业等方面的帮助和支持。 乡镇人民政府、街道办事处应当调动居民委员会、村民委员会、社区社会组织、志愿者等力量，向辖区内重点未成年人群体及其家庭宣传有关政策，提供就业、就学等信息，根据需要可以由社会工作人员或者志愿者提供服务和支持。

修订理由

有统计数据表明，在未成年罪犯中，闲散未成年人等重点群体所占的比例为61.2%，在流动未成年人犯罪中，闲散人员犯罪高达75.65%。闲散青少年群体不隶属于任何一个单位或组织，处于社会游离和边缘状态，学校管不到、社会管不了、家长管不好，对这一群体的服务管理面临着新的问题和挑战。对此，应当在法律上明确如下对策：

首先，政府及职能部门要从学生毕业离校前做起，掌握毕业不能升学的应届初、高中毕业生的基本情况，防止这些人过早流入社会，失去管理。

其次，要构建学校、社区、教育管理、劳动培训等部门紧密衔接的信息共享和继续教育管理机制，让初中毕业未升学未成年人能够在职业高中、中专、职业教育机构继续学习，避免闲散状态的产生。

再次，要科学制定闲散青少年群体职业技能培训项目，加强职业介绍、信息咨询等服务，拓展就业渠道，帮助闲散青少年群体实现就业。

最后，应当构建以社区为依托的信息管理网络，将这一群体工作纳入社区（村）综治工作大平台，动员各种社会力量，对他们进行思想、人格、技能等方面的全程跟踪管理，努力帮助他们摆脱不良心理，树立克服困难、积极健康的生活态度，促进这一群体融入社会。

33.【服刑人员等未成年子女的安置】

原条文	建议修订条文（增加）
	第三十三条 公安机关、人民检察院、人民法院、司法行政部门、刑罚执行以及强制医疗、强制隔离戒毒等部门，应当及时掌握人身自由受到限制人员未成年子女的情况，协助民政部门做好未成年人子女中无人照管人员的安置。根据需要，可以安排他们在寄宿制学校就读。

修订理由

服刑人员等群体的未成年子女中无人照管人员很容易辍学失管，一旦过早地进入社会，可能受到各种不良因素的影响。因此，对于这部分群体，相关部门需要做好衔接工作，及时发现并妥善安置，既要保障生活照料，又要保障接受教育。

34.【治安管理】

原条文	建议修订条文（修改）
第二十七条 公安机关应当加强中小学校周围环境的治安管理，及时制止、处理中小学校周围发生的违法犯罪行为……	**第三十四条** 公安机关应当加强中小学校、幼儿园周围环境的治安管理，对发现的隐患和问题，及时通知学校，采取相应防范措施。

原条文	建议修订条文（修改）
	在治安情况复杂、问题较多的学校周边，公安机关可以设置警务室或治安岗亭，密切与学校的沟通协作，实现预防未成年人犯罪的预测预警和动态管理。

修订理由

增加公安机关的提醒义务和防范职责。

参考教育部等九部门《关于防治中小学生欺凌和暴力的指导意见》（2016年11月），进一步加强校园及周边地区社会治安防控体系建设，作为公共安全视频监控建设联网应用示范工作的重要内容，推进校园及周边地区公共安全视频监控系统全覆盖，加大视频图像集成应用力度，实现对青少年违法犯罪活动的预测预警、实时监控、轨迹追踪及动态管控。公安机关要在治安情况复杂、问题较多的学校周边设置警务室或治安岗亭，密切与学校的沟通协作，积极配合学校排查发现学生欺凌和暴力隐患苗头，并及时预防处置。要加强学生上下学重要时段、学生途经重点路段的巡逻防控和治安盘查，对发现的苗头性、倾向性欺凌和暴力问题，要采取相应防范措施并通知学校和家长，及时干预，震慑犯罪。

参考国务院办公厅《关于加强中小学幼儿园安全风险防控体系建设的意见》（国办发〔2017〕35号），进一步健全警校合作机制。各级教育部门、公安机关和学校要在信息沟通、应急处置等方面加强协作，健全联动机制。公安机关要进一步完善与维护校园安全相适应的组织机构设置形式和警力配置，加强学校及周边警务室建设，派出经验丰富的民警加强学校安全防范工作指导。要将校园视频监控系统、紧急报警装置接入公安机关、教育部门的监控或报警平台，并与公共安全视频监控联网共享平台对接，逐步建立校园安全网上巡查系统，及时掌握、快速处理学校安全相关问题。

35. 【毒品防控】

原条文	建议修订条文（增加）
	第三十五条 公安机关应当会同有关部门建立学校、家庭和社区的毒品预防教育衔接机制，采取措施加强对未成年人的毒品预防教育，提高未成年人自觉抵制毒品的能力。

修订理由

毒品问题对未成年人影响极大。我国贩毒、吸毒群体低龄化趋势越来越严重，青少年吸毒贩毒群体的人数正在以每年两位数的百分比增长。因此，公安机关应当同有关部门建立衔接机制，开展毒品预防教育。

36. 【综合治理和联合执法】

原条文	建议修订条文（增加）
	第三十六条 公安、文化和旅游、市场监督管理、网信、新闻出版管理等部门建立专门的联合执法检查机制，开展以预防未成年人犯罪为内容的综合治理，检查有关场所和企事业单位，消除有可能导致未成年人违法犯罪的各种因素和隐患。 对于法律禁止未成年人出入的场所以及经营不得向未成年人出售商品的营业场所，有关部门应当建立实名认证的网络监督机制，发现违法线索的，依法予以处理。

原条文	建议修订条文（增加）
	公民对相关线索的举报，有关部门应当受理，根据情况核查处理或者移送其他有关部门。

修订理由

社会上存在的各种不良因素和隐患是导致未成年人违法犯罪的重要外因。由于相关部门分工负责，彼此缺乏高效配合，导致很多时候执法不及时或者执法存在漏洞和死角。因此，相关部门应当建立联合执法检查机制，做到信息互通共享，加强综合治理，特别是要对法律禁止未成年人出入的场所以及经营不得向未成年人出售商品的营业场所加强动态监管和执法检查。

37.【居委村委的预防工作】

原条文	建议修订条文（修改）
第十三条 城市居民委员会、农村村民委员会应当积极开展有针对性的预防未成年人犯罪的法制宣传活动。 **第二十七条** ……城市居民委员会、农村村民委员会应当协助公安机关做好维护中小学校周围治安的工作。 **第二十八条** 公安派出所、城市居民委员会、农村村民委员会应当掌握本辖区内暂住人口中未成年人的就学、就业情况。对于暂住人口中未成年人实施不良行为的，应当督促其父母或者其他监护人进行有效的教育、制止。	**第三十七条** 居民委员会、村民委员会应当积极开展有针对性的预防未成年人犯罪的法治宣传活动，协助公安机关做好维护中小学校周围治安的工作，掌握本辖区内暂住人口中未成年人的就学、就业情况，积极培育为重点未成年人群体服务的社区社会组织，有条件的，可以吸纳社会工作者提供服务。

修订理由

实践中，有的社区培育了为重点未成年人群体服务的社区社会组织，吸纳社会工作者为未成年人及其家庭提供支持和服务，取得了良好的效果。

社区社会组织是由社区居民发起成立，在城乡社区开展为民服务、公益慈善、邻里互助、文体娱乐和农村生产技术服务等活动的社会组织。培育发展社区社会组织，对加强社区治理体系建设、推动社会治理重心向基层下移、打造共建共治共享的社会治理格局，具有重要作用。为贯彻落实党的十九大关于“加强和创新社会治理”的精神，根据中央有关文件要求，民政部就大力培育发展社区社会组织提出一系列意见。其中，明确发展重点。加快发展生活服务类、公益慈善类和居民互助类社区社会组织。重点培育为老年人、妇女、儿童、残疾人、失业人员、农民工、服刑人员或强制戒毒等限制自由人员的未成年子女、困难家庭、严重精神障碍患者、有不良行为青少年、社区矫正人员等特定群体服务的社区社会组织。鼓励支持有条件的社区社会组织吸纳社会工作专业人才，发挥“三社联动”优势。加快农村社区社会组织发展，引导它们有序参与乡村治理体系建设，在脱贫攻坚、就业创业、生产互助、卫生健康、文化体育、社会治安、纠纷调解、生活救助、减灾救灾、留守人员关爱等方面发挥作用。支持高校毕业生、复转军人和返乡创业农民工创建农村社区社会组织或到农村社区社会组织中就业。

38. 【群团组织的参与】

原条文	建议修订条文（修改）
第八条（第一款） ……共产主义青年团、少年先锋队应当结合实际，组织、举办展览会、报告会、演讲会等多种形式的预防未成年人犯罪的法制宣传活动。	**第三十八条** 共产主义青年团、少年先锋队、妇女联合会、关心下一代工作委员会等群众性团体组织应当结合实际，组织、举办展览会、报告会、演讲会等多种形式的预防未成年人犯罪的法治宣传活动。

修订理由

进一步明确群团组织的范围和职责。

39.【校外场所法治宣传】

原条文	建议修订条文（未修改）
第十一条 少年宫、青少年活动中心等校外活动场所应当把预防未成年人犯罪的教育作为一项重要的工作内容，开展多种形式的宣传教育活动。	**第三十九条** 少年宫、青少年活动中心等校外活动场所应当把预防未成年人犯罪的教育作为一项重要的工作内容，开展多种形式的宣传教育活动。

40.【培训机构用人单位法治宣传】

原条文	建议修订条文（未修改）
第十二条 对于已满十六周岁不满十八周岁准备就业的未成年人，职业教育培训机构、用人单位应当将法律知识和预防犯罪教育纳入职业培训的内容。	**第四十条** 对于已满十六周岁不满十八周岁准备就业的未成年人，职业教育培训机构、用人单位等应当将法律知识和预防犯罪教育纳入职业培训的内容。

41.【媒体的宣传预防】

原条文	建议修订条文（增加）
	第四十一条 广播电台、电视台、报刊、互联网平台等应当宣传预防未成年人犯罪的法律、法规，播出或者刊登有关预防未成年人犯罪的公益广告，引导未成年人抵制违法犯罪行为和各种不良行为的诱惑。

修订理由

媒体是预防犯罪宣传的重要渠道。对此，应当明确媒体的社会责任，宣传引导未成年人自觉遵纪守法。

第三章　临界预防

第一节　对不良行为的干预

42.【不良行为界定】

原条文	建议修订条文（修改）
第十四条　未成年人的父母或者其他监护人和学校应当教育未成年人不得有下列不良行为： （一）旷课、夜不归宿； （二）携带管制刀具； （三）打架斗殴、辱骂他人； （四）强行向他人索要财物； （五）偷窃、故意毁坏财物； （六）参与赌博或者变相赌博； （七）观看、收听色情、淫秽的音像制品、读物等； （八）进入法律、法规规定未成年人不适宜进入的营业性歌舞厅等场所； （九）其他严重违背社会公德的不良行为。	**第四十二条**　本法所称“不良行为”，是指下列不利于未成年人身心健康成长，不予干预会日益严重的行为： （一）吸烟、饮酒； （二）多次旷课、逃学； （三）无故夜不归宿、离家出走； （四）沉迷网络，影响正常学习和生活； （五）与社会上具有不良习性的人交往，组织或者参加具有不良行为的团伙； （六）进入法律、法规规定禁止未成年人进入的场所； （七）参与赌博或者变相赌博，或者参加封建迷信等不良活动；

原条文	建议修订条文（修改）
第十五条　未成年人的父母或者其他监护人和学校应当教育未成年人不得吸烟、酗酒。 任何经营场所不得向未成年人出售烟酒。	（八）观看、收听含有色情、淫秽、暴力、恐怖、极端等内容的读物、音像制品或者网络信息； （九）其他不利于身心健康的行为。 未成年人打架斗殴、欺凌辱骂他人等，情节显著轻微，危害不大的，可以作为不良行为处理。

修订理由

依据危害性和危险性程度的差异，我国将未成年人早期的问题行为分为“不良行为”和“严重不良行为”，并适用严厉程度不同的处置措施。但是，这两个概念界限和逻辑关系不清晰，实践中也无法准确掌握标准。这种概念的包容与交叉，在实践中导致种种矛盾和混乱。对此，建议对“不良行为”进行重新界定，将其概括为未成年人自害行为，类似于域外的虞犯行为或者身份罪错行为。

根据域外相关法律制度，虞犯行为是指依照其性格或者环境，将来有可能犯罪或者做出触犯刑罚法令的行为，概括起来主要有以下情形：一是有不服从保护人正当监督的恶习的；二是无正当理由离开家庭的；三是与有犯罪习性的人或者不道德的人交往，或者出入可疑场所的；四是有损害自己或者他人的品行恶习的。虞犯行为本身多数并不对他人或社会造成危害，但这种不良习性使行为人处于违法犯罪的边缘，极有可能导致其实施违法犯罪行为，因此成为少年法的适用对象。虞犯在英美国家也被称为“身份罪错”，即未成年人不应为而为的行为。这是一种基于未成年人特定身份而界定的特殊行为，因为它是导致更加严重的违法行为甚至犯罪行为的危险先兆，基于保护未成年人和预防犯罪的考虑，需要提前采取措施予以干预。

考虑到未成年人的一些轻微危害他人的行为，比如打架斗殴、欺凌辱骂他人等，往往实践中也不作为违法行为处理，所以可以视为不良行为。

43. 【监护人管教】

原条文	建议修订条文（修改）
第十四条 未成年人的父母或者其他监护人和学校应当教育未成年人不得有下列不良行为： ……	**第四十三条** 未成年人的父母或者其他监护人发现未成年人不良行为的，应当及时制止，加强管教。 未成年人的父母或者其他监护人不予管教的，村民委员会、居民委员会应当采取措施，教育和帮助其履行管教义务；仍不管教的，根据情况向乡镇人民政府、派出所、民政部门报告，督促其履行监护职责。村民自治章程、村规民约、居民公约有相关规定的，从其规定。

修订理由

尽管不良行为的问题较轻，一般不会造成严重后果，但是从预防犯罪的角度来看，仍需要及时教育管束。不过，不良行为往往属于自害行为，一般情况下不宜由公权力强力介入。域外有些国家对于虞犯行为、身份罪错行为进行司法干预的做法，一直存在争议，而且相关国际公约的精神也不支持。

父母或者其他监护人的监护职责的内容之一就是对未成年人进行管教。从这个角度出发，当未成年人有不良行为时，父母应当履行监护职责，对未成年人进行管教。如果父母或者其他监护人不予管教的，可以从督促履行监护职责的角度采取一定的措施。

44. 【学校管教】

原条文	建议修订条文（修改）
第二十三条 学校对有不良行为的未成年人应当加强教育、管理，不得歧视。	**第四十四条** 学校对有不良行为的未成年人应当开展批评教育，可以根据具体情节予以纪律处分，但不得歧视。 对情节严重或者拒不改正的，学校应当采取管教措施： （一）由学校德育工作负责人、法治教师或者法治辅导员予以训导； （二）制定并要求其遵守特定的行为规范，不得进入特定场所、接触特定人员或者从事特定活动； （三）要求其接受校规校纪、道德法治、心理健康、行为规则等专题教育； （四）要求其承担校内公共服务； （五）接受心理健康教育教师的心理辅导； （六）由社会工作者、专门学校的教师或者其他专业人员进行帮教。 未成年人的父母或者其他监护人应当积极配合学校实施管教措施，参加家长学校组织的家庭教育指导和家庭教育实践活动。

修订理由

未成年学生与学校之间存在着教育关系，其中一项重要内容就是管理，促进未成年学生遵纪守法。当未成年学生出现不良行为时，往往都是违反校规校纪的，由学校处理。同时，从育人的角度出发，学校应当采取一系列管教措施，帮助他们改正不良行为。结合有关文件和实践中的做法，特别明确了六种管教措施。此外，未成年学生的父母或者其他监护人也应当积极配合学校实施管教措施，参加家长学校组织的家庭教育指导和家庭教育实践活动。

45.【对旷课逃学的干预】

原条文	建议修订条文（修改）
第十六条（第一款） 中小学生旷课的，学校应当及时与其父母或者其他监护人取得联系。	**第四十五条** 中小学生旷课、逃学的，学校应当及时与其父母或者其他监护人取得联系，了解有关情况。

修订理由

增加“逃学”的表述。

46.【对夜不归宿的干预】

原条文	建议修订条文（修改）
第十六条（第二款） 未成年人擅自外出夜不归宿的，其父母或者其他监护人、其所在的寄宿制学校应当及时查找，或者向公安机关请求帮助。收留夜不归宿的未成年人的，应当征得其父母或者其他监护人的同意，或者在二十四小时内及时通知其父母或者其他监护人、所在学校或者及时向公安机关报告。	**第四十六条** 未成年人无故夜不归宿的，其父母或者其他监护人、所在的寄宿制学校应当及时查找，或者向公安机关请求帮助。 收留夜不归宿未成年人的，应当征得其父母或者其他监护人的同意，或者及时通知其父母或者其他监护人、所在学校或者及时向公安机关报告。

修订理由

将“擅自”修改为“无故”，更为严谨。将本款单列一条，并分为两款。

47.【对离家出走的干预】

原条文	建议修订条文（修改）
第二十条 未成年人的父母或者其他监护人对未成年人不得放任不管，不得迫使其离家出走，放弃监护职责。 未成年人离家出走的，其父母或者其他监护人应当及时查找，或者向公安机关请求帮助。	**第四十七条** 未成年人离家出走的，父母或者其他监护人应当及时查找，或者向公安机关请求帮助。

修订理由

删除与《未成年人保护法》重复的规定。

48.【救助保护措施】

原条文	建议修订条文（增加）
	第四十八条 对夜不归宿、离家出走或者流落街头的未成年人，公安机关、公共场所管理机构等发现或者接到举报后，应当采取有效保护措施，并及时通知其父母或者其他监护人、学校领回，必要时应当护送其返回住所。无法与其父母或者其他监护人取得联系的，公安机关、公共场所管理机构等应当将其护送到未成年人救助保护机构。

修订理由

增加公安机关、公共场所管理机构、救助机构等对夜不归宿、离家出走或者流落街头的未成年人的救助保护措施。

49. 【对不良团伙的干预】

原条文	建议修订条文（未修改）
第十七条 未成年人的父母或者其他监护人和学校发现未成年人组织或者参加实施不良行为的团伙的，应当及时予以制止。发现该团伙有违法犯罪行为的，应当向公安机关报告。	**第四十九条** 未成年人的父母或者其他监护人和学校发现未成年人组织或者参加具有不良行为的团伙的，应当及时予以制止。发现该团伙有违法犯罪行为的，应当向公安机关报告。

50. 【禁止教唆、胁迫、引诱未成年人实施不良行为】

原条文	建议修订条文（修改）
第十八条 未成年人的父母或者其他监护人和学校发现有人教唆、胁迫、引诱未成年人违法犯罪的，应当向公安机关报告。公安机关接到报告后，应当及时依法查处，对未成年人人身安全受到威胁的，应当及时采取有效措施，保护其人身安全。 **第二十九条** 任何人不得教唆、胁迫、引诱未成年人实施本法规定的不良行为，或者为未成年人实施不良行为提供条件。	**第五十条** 任何人不得教唆、胁迫、引诱未成年人实施不良行为，或者为未成年人实施不良行为提供条件。 未成年人的父母或者其他监护人和学校发现有人教唆、胁迫、引诱未成年人实施不良行为的，应当向公安机关报告。公安机关接到报告后，应当及时依法查处，对未成年人人身安全受到威胁的，应当及时采取有效措施，保护其人身安全。

修订理由

未成年人身心发育不成熟，很容易受到他人的教唆、胁迫或者引诱而实施不良行为。为了防止这种情况，法律予以明确禁止。同时，发现这种情况的，监护人和学校应当立即向公安机关报告，公安机关应及时采取措施。

第二节　对严重不良行为的矫治

51. 【严重不良行为界定】

原条文	建议修订条文（修改）
第三十四条　本法所称“严重不良行为”，是指下列严重危害社会，尚不够刑事处罚的违法行为： （一）纠集他人结伙滋事，扰乱治安； （二）携带管制刀具，屡教不改； （三）多次拦截殴打他人或者强行索要他人财物； （四）传播淫秽的读物或者音像制品等； （五）进行淫乱或者色情、卖淫活动； （六）多次偷窃； （七）参与赌博，屡教不改； （八）吸食、注射毒品； （九）其他严重危害社会的行为。	**第五十一条**　本法所称“严重不良行为”，是指未成年人危害社会的下列行为： （一）违反治安管理行为，即未成年人违反治安管理处罚法有关规定的违法行为； （二）不予刑事处罚行为，即未成年人违反刑法有关规定，因不满十六周岁不予刑事处罚的行为。

修订理由

考虑到我国法律将危害社会行为区分为"违法"(违反《治安管理处罚法》)与"犯罪"(即触犯《刑法》)的二元立法模式,依据行为性质和危险程度,立足我国的法律体系和法律用语,本着具有可操作性、容易区分识别的原则,将未成年人的严重不良行为予以重新界定,并分为两类,即违反治安管理行为和不予刑事处罚行为。如此一来,实践中一旦识别为违反治安管理行为或不予刑事处罚行为,公安机关、人民检察院、人民法院可以依法适用教育监管措施。

52.【严重不良行为的报告与紧急处置】

原条文	建议修订条文(修改)
第三十五条(第一款) 对未成年人实施本法规定的严重不良行为的,应当及时予以制止。 **第四十二条** 未成年人发现任何人对自己或者对其他未成年人实施本法第三章规定不得实施的行为或者犯罪行为,可以通过所在学校、其父母或者其他监护人向公安机关或者政府有关主管部门报告,也可以自己向上述机关报告。受理报告的机关应当及时依法查处。	**第五十二条** 任何组织和个人发现未成年人有严重不良行为的,应当及时向公安机关报告。公安机关接到报告后,应当及时进行调查,制止未成年人的严重不良行为,责令其父母或者其他监护人和学校相互配合,采取措施严加管教,通过赔偿损失、恢复原状、停止侵害等方式消除或者减轻违法后果,争取被侵害人的谅解。

修订理由

严重不良行为已经是危害社会的违法行为,公安机关介入后,应当及时调查和制止。本着及早干预的原则和恢复性司法理念,应第一时间化解矛盾,为未成年人改正自己的严重不良行为创造积极的条件。

53. 【教育监管措施】

原条文	建议修订条文（修改）
第三十五条（第二款） 对有本法规定严重不良行为的未成年人，其父母或者其他监护人和学校应当相互配合，采取措施严加管教，也可以送工读学校进行矫治和接受教育。 **第三十七条** 未成年人有本法规定严重不良行为，构成违反治安管理行为的，由公安机关依法予以治安处罚。因不满十四周岁或者情节特别轻微免予处罚的，可以予以训诫。 **第三十八条** 未成年人因不满十六周岁不予刑事处罚的，责令他的父母或者其他监护人严加管教；在必要的时候，也可以由政府依法收容教养。	**第五十三条** 未成年人有严重不良行为的，可以采取以下教育监管措施： （一）训诫； （二）责令管教； （三）督促矫治； （四）专门教育； （五）强制教养。

修订理由

如何处置严重不良行为是一个复杂的问题。设计相关制度，既要坚持科学的理念，符合预防未成年人犯罪工作的规律，借鉴域外的有益做法，更要立足我国的现实情况和国情，充分吸收地方探索中有效果、可复制、可推行的经验。

首先，未成年人实施了严重不良行为，需要根据其身心特点来承担法律责任，但这一法律责任的内核是接受教育矫治，手段可以包括多种，必要时可以使用惩戒措施。

其次，“保护处分”“教育处分”等是翻译介绍域外法律制度时所使用的术语，加之学界对这些术语存在争议，认为保护处分、教育处分等内在理念存在冲突。基于此，应当使用中性词语来概括未成年人承担法律责任的内容，故采用“教育监管”。一方面这些措施的目的是教育，另一方面这些措施具有一定的强制性，具有监管属性。

最后，教育监管措施的种类设计，最主要的是结合我国的实际，科学、可行、管用。鉴于现行法律规定，以及实践中多地探索的“训诫—帮教—矫治”模式、专门学校教育取得了良好的效果，立法应予以完善和提炼。另外，对于未达刑事责任年龄的严重暴力行为，域外均存在相类似的收容措施，所以继续保留收容教养并将其名称调整为强制教养，完善、规范其适用程序和决定、执行。

鉴于以上理由，建议我国未成年人教育监管措施体系，可以针对不同行为，分层级，由轻到重，包括训诫、责令管教、督促矫治、专门教育、强制教养，前三种是社会化措施，专门教育是半机构化的教育监管措施，强制教养是机构化的教育监管措施，对未成年人的管束程度、行为矫治力度逐渐递增。

54.【比例原则】

原条文	建议修订条文（增加）
	第五十四条 适用教育监管措施，应以实现矫正目的为必要，与未成年人行为的事实、性质、情节、危害程度以及人身危险性相当。

修订理由

明确适用教育监管措施的核心原则，即比例原则和相称性原则。需要注意的是，这里的比例和相称性不仅仅是行为的危害程度，而是综合事实、性质、情节、危害程度以及人身危险性，且以矫正目的为必要。

55. 【训诫的适用与执行】

原条文	建议修订条文（增加）
	第五十五条 公安机关、人民检察院、人民法院对未成年人予以训诫的，应当采取适当的方式，必要时可以邀请未成年人父母或者其他监护人、社会工作服务人员、所在学校或者专门学校的教师等参加。 训诫应当制作训诫书，送达未成年人及其父母或者其他监护人。

修订理由

训诫作为一类教育监管措施，应当明确其操作方式，必要时吸收有关人员参与，以便更好地对未成年人进行批评教育。

56. 【责令管教的适用与执行】

原条文	建议修订条文（增加）
	第五十六条 公安机关、人民检察院、人民法院适用责令管教的，应当责令未成年人的父母或者其他监护人、实际照护人接受家庭教育指导，提交加强或者改进管教的书面方案，并接受监督。

修订理由

一直以来，责令加强管教，很多时候会流于形式，起不到预期作用。对此，应当增加责令加强管教的约束力和可操作性。

在很多情况下，一方面是疏于管教，另一方面是管教方式有问题。对此，应当根据情况责令父母加强管教，或者改进管教。

对于一些监护意识薄弱、监护知识匮乏、管教方式错误的父母或者其他监护人，在要求其接受亲职教育和辅导后，应当提交书面体会，以保障接受教育和辅导的效果。

57.【督促矫治的适用】

原条文	建议修订条文（增加）
	第五十七条 公安机关、人民检察院、人民法院适用督促矫治的，应当为未成年人制定一定期限的矫治计划，矫治计划可以包括以下要求： （一）赔偿损失、赔礼道歉、具结悔过； （二）遵守法律法规，服从监督； （三）定期报告思想状况和活动情况； （四）遵守行为规范或者行为禁令； （五）参加专题教育或者专题辅导； （六）接受心理矫治或者其他治疗； （七）参加校内公共服务或者社会服务、公益活动； （八）接受未成年人社会观护机构的观护帮教； （九）促进遵纪守法的其他要求。

原条文	建议修订条文（增加）
	矫治计划的制定和执行，可以全部或者部分委托未成年人社会工作服务机构、未成年人社会观护机构、未成年人保护组织、所在学校、居民委员会、村民委员会或者其他适合的社会组织进行，公安机关、人民检察院、人民法院予以指导和监督。

修订理由

督促矫治是监督和促使未成年人及其父母或者其他监护人通过遵守一系列针对性要求来改正行为的社会化措施。

首先，域外法律均有类似措施，而且措施手段较为丰富。比如，我国澳门地区对年满十二岁尚未满十六岁犯罪或违法的青少年，适用教育制度包括：训诫、命令作出某些行为或者履行某些义务、教育上之跟进（制定并执行一项个人教育计划）、半收容、收容。《澳门违法青少年教育监管制度》对这一措施体系又进行了细化，包括警察警诫、司法训诫、复和、遵守行为守则、社会服务令、感化令、入住短期宿舍、收容。其中，感化令措施是指执行一项个人教育计划，该计划应包含法官对青少年所定的、符合其需要的活动，以及法官对青少年的父母、监护人或实际照顾青少年的实体所定的义务。又如，德国少年刑法规定的教育处分，即责付（如接受教育或工作处所的安排），参加社会培训课程，教育协助，教养院教育/集体生活教育；惩戒处分（即训诫），课以负担（如将损害恢复原状），劳动服务，向公益设施捐款，少年拘禁。再如，日本规定的保护处分包括三类：交付保护观察所进行保护观察；移送儿童自立支援设施或者儿童养护设施；移送少年院。其中，保护观察就会督促少年履行一系列要求。再如，我国台湾地区规定的保护处分措施包括：训诫，并得予以假日生活辅导；交付保护管束并得命为劳动服务；交付安置于适当之福利或教养机构辅导；令入感化教育处所施以感化教育。同时，少年有下列情形之一者，得处以下列处分：少年染有烟毒或吸用麻醉、迷幻物品成瘾，或有酗酒习惯者，令入相当处所实施禁戒；少年身体或精神状态显有缺陷者，令入相当处所实施治疗。可见，域外教育矫治未成年人的社会化措施中，具体要求呈现多样化。

其次，督促矫治是社会化教育监管措施，目的是帮助未成年人实现正常社会化，促进他们遵纪守法。因此，这一措施的执行需要社会力量特别是专业社会组织的参与。域外类似措施的执行，同样有社会工作人员等专业人员的参与。鉴于我国现实情况，地区差异较大，专业社会组织发展不平衡，可以考虑参与执行的社会力量多元化，特别是要充分发挥多地普遍设立的社会观护机构的力量。

58. 【专门教育的适用】

原条文	建议修订条文（修改）
第三十五条（第三款） 对未成年人送工读学校进行矫治和接受教育，应当由其父母或者其他监护人，或者原所在学校提出申请，经教育行政部门批准。	**第五十八条** 具有下列情形之一的，公安机关、人民检察院、人民法院应当决定适用专门教育： （一）适用训诫、责令管教、督促矫治不足以实现矫正目的的； （二）违反治安管理行为情节严重的； （三）不予刑事处罚行为情节较为严重的。 对于具有第一款规定情形之一的，父母或者其他监护人或者所在学校也可以申请将其转入专门学校，由教育行政部门批准。 决定或者批准转入专门学校以前，应当听取未成年人及其监护人、所在学校的意见。听取意见过程中，未成年人及其监护人提出异议时，应当组织社会工作服务人员或者其他熟悉未成年人身心特点的专业人员进行评估。

修订理由

实践中，各地在专门学校的入学机制上作了一定探索，其中一个最大的障碍就是强制入学问题。具体来说，父母不同意，没有任何机关和个人可以强制将未成年人送入专门学校。专门学校教育作为一项教育监管措施，应当具有法律上的约束力，需要明确决定机构。

专门教育具有一定的强制性，涉及人身自由的限制，应由具有相应执法权或者司法权的机关来决定，这是法治的基本原则。一方面，需要转入专门学校的未成年人实施了严重不良行为，办理案件的机关是公安机关或者人民检察院、人民法院。办案机关已经掌握他们违法犯罪的原因，也了解他们及其家庭的情况，由三机关依各自职权决定送专门学校，作为替代处罚的措施，更具有合理性。另一方面，对于已经实施了严重不良行为的未成年人，父母或者其他监护人或者所在学校也可以申请，由教育行政部门批准。

决定的程序要保障公正性。为了防止入校决定的随意性，保障学生及其监护人的知情权，应当设计一套公正的决定程序。作出决定前应当充分听取未成年人及其监护人的意见。对于未成年人或其监护人有不同意见的，公安机关、人民检察院和人民法院应当做好释法说理工作，经过评估，由心理学、教育学方面的专业人员评估送专门学校的必要性。

59.【专门教育的执行】

原条文	建议修订条文（修改）
第三十六条 工读学校对就读的未成年人应当严格管理和教育。工读学校除按照义务教育法的要求，在课程设置上与普通学校相同外，应当加强法制教育的内容，针对未成年人严重不良行为产生的原因以及有严重不良行为的未成年人的心理特点，开展矫治工作。 家庭、学校应当关心、爱护在工读学校就读的未成年人，尊重他	**第五十九条** 转入专门学校以后，教育和管理等工作由原所在学校委托专门学校进行，期间形成的记录和材料不纳入学生档案，学籍保留在原所在学校，毕业证书由原所在学校核发。 专门学校对未成年人进行针对性的教育矫治，必要时可以采取行为管束措施，保证适龄的未成年人继续接受义务教育，根据未成年人

原条文	建议修订条文（修改）
们的人格尊严，不得体罚、虐待和歧视。工读学校毕业的未成年人在升学、就业等方面，同普通学校毕业的学生享有同等的权利，任何单位和个人不得歧视。	的需要为完成义务教育的提供高中教育、职业教育、技能培训、就业指导。

修订理由

为了避免专门学校标签化，很多地方在专门学校的管理方面作了很多有益探索。对这些实践证明有效的去标签化机制，法律应予以明确规定，专门学校和原所在学校是委托关系，学籍和毕业等事宜仍有原所在学校负责。同时，这种安排也有利于在符合条件时，学生再行转回原所在学校。

专门学校教育不同于义务教育。专门学校的主要目的是心理行为矫治，同时保障未成年人接受义务教育。如果专门学校学生已经完成义务教育，专门学校可以根据情况为他们接受高中教育、职业教育、技能培训以及就业指导提供帮助和渠道。

60.【转回普通学校】

原条文	建议修订条文（增加）
	第六十条　专门学校就读满一学年以后，未成年人及其父母或者其他监护人可以提出转回普通学校的申请，由专门学校组织评估并作出书面建议，原决定机关作出决定。 决定转回普通学校的，原所在学校不得拒绝接收；有其他特殊情况，不适宜在原所在学校继续学习的，由教育行政部门安排转学。

修订理由

专门学校教育作为一种半机构化的教育监管措施，对于教育矫治心理行为偏常有很大帮助，同时在很多方面与普通学校存在差异。为了保障未成年人的合法权益，促进他们健康成长，激励他们在专门学校学习期间认真学习、改正行为，特规定转回普通学校的条件以及程序。

61. 【强制教养的适用条件】

原条文	建议修订条文（增加）
	第六十一条 不予刑事处罚行为具有下列情形之一的，人民法院可以决定强制教养： （一）已满十周岁未满十四周岁的未成年人实施故意杀人、故意伤害致人重伤或者死亡、强奸、抢劫、贩卖毒品、放火、爆炸、投毒行为的； （二）已满十四周岁不满十六周岁的未成年人实施刑法规定的可能判处三年以上有期徒刑的行为，适用其他教育监管措施不足以防止发生社会危险性的。

修订理由

近年来，面对一些低龄未成年人故意杀人等恶性事例，实践中存在无计可施的情况，包括但不限于：被害人是父母或者实际监护人的，未成年人是没有监护人或者没有家庭的流浪人员的，未成年人年龄过低尚不完全具备生活自理能力的，等等。在此类事例中，将未成年人送普通专门学校接受教育矫治，明显不合适。专门学校是教育矫治轻微违法犯罪的专门性学校，但专门学校的教育矫治离不开父母，家庭教育的配合不可或缺。虽然专门学校实行寄宿制，但学校不具备完全的养育、照料功能，无法招收尚不具备生活自理能力的未成年人。另外，由于安全管理方面的因素，将长期缺乏管教、人身危险性很大的低龄未成年人送入普通的专门学校，不具有现实可行性。这种情况下，强制教养的必要性便凸显出来。

强制教养是一种机构化的教育监管措施。为了有效开展教育矫治，执行强制教养的机构实行封闭化管理，这已经达到限制未成年人人身自由的程度。因此，强制教养的适用范围宽严应适当。适用范围主要有两类：一类是径行强制教养的，即已满十周岁未满十四周岁的未成年人实施故意杀人、故意伤害致人重伤或者死亡、强奸、抢劫、贩卖毒品、放火、爆炸、投放危险物质行为的；另一类是评估后强制教养，即未满十六周岁的未成年人实施根据刑法有关规定可能判处3年以上有期徒刑的行为，适用其他教育监管措施不足以防止发生社会危险性的。

62.【强制教养的决定】

原条文	建议修订条文（增加）
	第六十二条 公安机关发现符合强制教养条件的，应当出具强制教养意见书，移送人民检察院。人民检察院对于公安机关移送的或者在审查起诉过程中发现符合强制教养条件的，应当向人民法院提出强制教养的申请。人民法院在审理案件过程中发现符合强制教养条件的，可以作出强制教养的决定。 人民法院审理强制教养案件时，应当通知被申请人的父母或者其他监护人、被害人及其近亲属或者被害一方委托的人员、所在学校、社会工作服务人员等到场和参加案件的审理，由各方就认定事实、风险评估、适用法律等发表意见。被申请

原条文	建议修订条文（增加）
	人没有委托诉讼代理人的，人民法院应当通知法律援助机构指派律师为其提供法律帮助。人民法院经审理，对于被申请人符合强制教养条件的，应当在一个月以内作出强制教养的书面决定，确定强制教养的期限，并说明强制教养的理由。 强制教养的决定书副本应当送达该未成年人及其父母或者其他监护人。

修订理由

参照依法不负刑事责任的精神病人的强制医疗程序，设计一套司法化的强制教养启动和决定程序，强制教养由人民法院作出决定。

63.【强制教养的执行】

原条文	建议修订条文（修改）
第三十九条 未成年人在被强制教养期间，执行机关应当保证其继续接受文化知识、法律知识或者职业技术教育；对没有完成义务教育的未成年人，执行机关应当保证其继续接受义务教育。	**第六十三条** 强制教养决定作出以后，由人民法院移交专门学校的教养部执行。 教养部实行封闭式管理，场所和教职人员独立配置。司法行政部门、教育行政部门和民政部门分工负责，相互配合，共同做好教养工作。 强制教养期间，对未成年人的生活和学习进行合理安排和科学管理，针对其行为原因和心理特点制定并实施个性化的矫治方案。

原条文	建议修订条文（修改）
解除强制教养、劳动教养的未成年人，在复学、升学、就业等方面与其他未成年人享有同等权利，任何单位和个人不得歧视。	被强制教养未成年人的父母或者其他监护人可以探视；根据矫治情况和需要，未成年人可以在合适的成年人陪同下探亲。

修订理由

强制教养的核心是教育矫治，执行强制教养的机构理论上应当是一类特殊的教育机构。参考借鉴域外设立的少年感化院、少年院等类似机构，考虑我国的实际情况、适用强制教养的现实需要以及人数、实践中的探索以及专门教育的资源优势，建议在省级范围内选择具有条件和能力的一所或几所学校设立教养部，实行教育行政部门和司法行政部门联合办学，民政部门积极参与，专门负责执行强制教养。教养部实行单独管理，场所和设置以及人员独立配置，教师负责教育教学，司法行政人员负责管理和行为矫治，民政部门工作人员负责养育，三者优势互补，相互合作和配合。

强制教养过程中，未成年人主要是接受学习、心理辅导和行为矫治，定期对人身危险性、教育矫治情况等进行评估，实行分级管理。执行期间，保障被强制教养未成年人及其父母或者其他监护人的权利，包括接受义务教育、接受探视以及符合条件时探亲。

64.【强制教养期限的变更与解除】

原条文	建议修订条文（增加）
	第六十四条　教养部应当定期对被强制教养的未成年人进行评估。 人民法院根据评估意见，可以依法决定延长或者缩短强制教养期限，提前或者期满解除强制教养。 被强制教养未成年人的父母或者其他监护人可以向人民法院申请提

原条文	建议修订条文（增加）
	前解除强制教养。 对于已不具有人身危险性，不需要继续强制教养的，人民法院应当及时决定解除强制教养。对于解除强制教养以后需要接受专门教育的，可以决定转入专门学校。

修订理由

设置科学合理的弹性期限制度和解除制度。在人民法院决定强制教养期限后，应当定期对未成年人进行评估，符合条件的可以缩短期限或者提前解除，或者根据需要延长期限，以切实发挥强制教养的预期功能。

65.【解除强制教养后的安置帮教】

原条文	建议修订条文（增加）
	第六十五条 解除强制教养的，应当提前通知其父母或者其他监护人按时接回，协助落实安置帮教措施。 没有父母或者其他监护人、无法查明其父母或者其他监护人的，应当提前通知未成年人户籍所在地或者居住地的司法行政部门组织相关人员按时将其接回，所在地人民政府和有关部门、居民委员会、村民委员会应当对未成年人进行妥善安置，落实帮教措施。

修订理由

解除强制教养后，如何帮助未成年人回归社会是不容忽视的后续问题。首先，与其父母或者其他监护人对接，保障他们能够处在有效的监护中。其次，如果无法联系到父母或者其他监护人的，政府有关部门和群众自治组织应当采取措施予以安置和帮教，避免他们在社会上流浪或者处于无人监护的状态。

66. 【临时性约束措施】

原条文	建议修订条文（增加）
	第六十六条 适用专门教育或者强制教养的决定作出以前，为防止缺乏监护条件或者有效管束的未成年人再次实施危害社会的行为，公安机关、人民检察院、人民法院可以采取临时保护性约束措施。

修订理由

在决定适用教育监管措施的过程中，有一些未成年人的人身危险性大，再犯的可能性也比较大。为了保护未成年人，避免再次危害社会，对于具有现实危险性的，可以先行采取临时保护性约束措施。

67. 【异议与救济】

原条文	建议修订条文（增加）
	第六十七条 未成年人及其父母或者其他监护人对适用的教育监管措施有异议的，可以在决定作出以后的七日以内向决定机关的上一级机关提出复议。

原条文	建议修订条文（增加）
	复议受理机关应当在十五日以内将复议结果书面通知申请人。 未成年人及其父母或者其他监护人可以聘请律师或者申请法律援助，协助提出和参与复议。

修订理由

对教育监管措施的适用应当设置救济机制。教育监管措施是教育矫治严重不良行为的重要手段，既不是行政处罚，也不是刑事处分。因此，参考其他法律对相类似措施的救济（比如强制医疗程序），规定可以提出复议。

68.【禁止体罚、虐待与歧视】

原条文	建议修订条文（修改）
第三十六条（第二款） 家庭、学校应当关心、爱护在工读学校就读的未成年人，尊重他们的人格尊严，不得体罚、虐待和歧视……	**第六十八条** 适用教育监管措施，应当尊重未成年人的人格尊严，不得体罚、虐待和歧视未成年人。 适用训诫、责令管教、督促矫治的未成年人在校学习的，不得擅自停止其上课，不得强迫或者变相强迫其退学、转学。

修订理由

整合相关条文。防止教育监管措施的异化和对未成年人身心带来负面影响，以保障未成年人的合法权益，促进未成年人身心健康发展。同时，增加保障未成年人在校接受教育的规定。

69. 【教育监管记录封存】

原条文	建议修订条文（修改）
第三十六条（第二款） ……工读学校毕业的未成年人在升学、就业等方面，同普通学校毕业的学生享有同等的权利，任何单位和个人不得歧视。 **第三十九条（第二款）** 解除收容教养、劳动教养的未成年人，在复学、升学、就业等方面与其他未成年人享有同等权利，任何单位和个人不得歧视。	**第六十九条** 适用教育监管措施的记录应当严格保密，予以封存，不得纳入个人档案和违法犯罪查询系统。 适用教育监管措施的未成年人在复学、升学、就业等方面与其他未成年人享有同等权利，任何单位和个人不得歧视。

修订理由

教育监管措施记录不应当纳入个人档案和违法犯罪查询系统，不应当成为减损未成年人权利的理由，以便更有利于未成年人就学就业，顺利融入社会和防止再犯。

70. 【执法司法建议】

原条文	建议修订条文（增加）
	第七十条 公安机关、人民检察院、人民法院处理严重不良行为时，发现有关单位未尽到未成年人教育、管理、救助、帮助等保护职责的，应当向该单位提出建议。收到建议的单位应当及时调查核实并予以回复。

修订理由

处置未成年人的严重不良行为，公安机关、人民检察院、人民法院很容易发现社会治理中存在的漏洞和诱因。从最大程度预防未成年人犯罪出发，应当将办案中发现的线索移送给有关单位，及时调查处理。

71.【参照适用】

原条文	建议修订条文（增加）
	第七十一条 未成年人有其他违反行政管理秩序行为的，有关部门可以参照适用除强制教养以外的其他教育监管措施。

修订理由

除违反治安管理外，未成年人很多违反行政管理秩序的行为也需要干预，参照适用教育监管措施。

第四章　再犯预防

72. 【再犯预防的含义】

原条文	建议修订条文（修改）
第四十四条（第一款）　对犯罪的未成年人追究刑事责任，实行教育、感化、挽救方针，坚持教育为主、惩罚为辅的原则。	**第七十二条**　办理未成年人犯罪案件，应当贯彻教育、感化、挽救方针，坚持教育为主、惩罚为辅的原则，促进未成年人回归社会，预防再次违法犯罪。

修订理由

再犯预防，是预防未成年人犯罪体系中的特殊预防环节。对于犯罪的未成年人，适用刑法和刑事诉讼法以及刑事执行时应当充分体现教育、感化、挽救，有相关的制度和措施，为他们回归社会创造条件。

73. 【非罪化处理】

原条文	建议修订条文（增加）
	第七十三条　未成年人危害社会和他人的行为情节轻微，依法不需要判处刑罚或者免除刑罚，或者应当受刑事处罚，但主观恶性不大，未造成严重后果，不定罪更有利于

原条文	建议修订条文（增加）
	未成年人教育矫治的，可以不认定为犯罪，根据情况适用除强制教养以外的教育监管措施。

修订理由

实践中，办理未成年人犯罪的刑事案件，如何把握情节显著轻微危害不大、犯罪情节轻微不需要判处刑罚或者免予刑事处罚的情形，公安司法机关面临着诸多困难。如果认定并作出相应处理，通常会担心非罪化和非刑罚化后对未成年人无任何有效管束措施，很容易再次违法犯罪。如果认为是犯罪或者处以刑罚，明显偏重，不符合法律规定和刑事政策，不利于未成年人回归社会。为了防止后者的出现，避免简单机械地将未成年人的某些行为作为犯罪处理，最高人民法院2005年出台了《关于审理未成年人刑事案件具体应用法律若干问题的解释》，具体明确了对未成年人的某些盗抢行为等不认为是犯罪，或者免予刑事处罚。

为贯彻教育、感化、挽救，预防再犯，对于已经查明情节显著轻微危害不大不认为是犯罪的，或者犯罪情节轻微不需要判处刑罚或者免予刑事处罚的，应当鼓励依法认定，同时应当消除公安司法机关的担忧，根据情况可以适用本法规定的教育监管措施。

74. 【羁押性强制措施的限制适用与亲情会见】

原条文	建议修订条文（增加）
	第七十四条　未成年犯罪嫌疑人、被告人适用强制措施时，应当严格限制适用拘留、逮捕。 对于无羁押必要的未成年犯罪嫌疑人、被告人，可以将其送至未成年人社会观护机构，实施符合其身心特点的观察保护。

原条文	建议修订条文（增加）
	对于被羁押的未成年犯罪嫌疑人、被告人，可以安排其与本案无牵连的法定代理人、近亲属等人员会见。未成年犯罪嫌疑人、被告人有权提出会见请求；符合条件的，应当及时安排会见，不符合条件的，应当予以说明和解释。

修订理由

办理未成年人涉罪案件的司法实践中，多地探索了诉讼程序中的观护，不仅为适用非羁押措施、附条件不起诉创造了条件，而且在帮教方面效果显著，有利于未成年人回归社会。

为了缓解被羁押未成年人的紧张和焦虑情绪，有利于教育、感化、挽救，对符合条件的，可以安排其与本案无牵连的法定代理人、近亲属等人员会见。

75.【附条件不起诉与教育监管措施】

原条文	建议修订条文（增加）
	第七十五条 对于可能判处三年有期徒刑以下刑罚，符合起诉条件，但有悔罪表现的未成年犯罪嫌疑人，人民检察院可以作出附条件不起诉的决定；监督考察期间，人民检察院根据预防犯罪和考察帮教的需要，可以将其送至未成年人社会观护机构，适用除强制教养以外的教育监管措施。

修订理由

为了保障附条件不起诉的适用，监督考察期间可以进行观护。对于监督考察期满作出不起诉的，为保障未成年人能够彻底改正问题行为，作出与教育矫治措施的衔接。

76.【审理方式】

原条文	建议修订条文（修改）
第四十五条（第二款） 对于审判的时候被告人不满十八周岁的刑事案件，不公开审理。	**第七十六条** 人民法院审理未成年人犯罪案件，应当采取圆桌审判的方式，寓教于审，一律不公开进行；经未成年被告人及其法定代理人同意，未成年被告人所在学校和未成年人保护组织可以派代表到场。

修订理由

为实现再犯预防的目的，审理未成年人犯罪案件的方式有三个特殊安排：一是圆桌方式，二是寓教于审，三是一律不公开进行。但为了保障未成年人的权益，经未成年被告人及其法定代理人同意，未成年被告人所在学校和未成年人保护组织可以派代表到场。

77.【不公开宣判和法庭教育】

原条文	建议修订条文（增加）
	第七十七条 判决未成年被告人有罪的，一律不公开宣判。宣判后，合议庭可以组织到庭的诉讼参与人对未成年被告人进行教育。未成年人的其他成年近亲属或者教师等参加有利于教育、感化未成年人的，合议庭可以邀请他们参加宣判后的教育。

修订理由

审理未成年人犯罪案件，为保护未成年被告人的相关信息，有利于后续的犯罪记录封存，宣判也不能公开。同时，宣判后需要组织开展法庭教育。

78. 【非刑罚措施】

原条文	建议修订条文（增加）
	第七十八条 未成年人犯罪案件的事实清楚，证据确实、充分，可能判处三年有期徒刑以下刑罚，有悔罪表现的，人民法院可以判决不予刑事处罚，适用除强制教养以外的教育监管措施。

修订理由

适用刑罚的重点是惩治，是对以往行为的制裁，而未成年人司法的重点是关注行为人，关注如何处理才更有利于其回归社会。因此，对于一些轻罪案件，增加法院适用非刑罚措施的规定。

79. 【刑罚的适用】

原条文	建议修订条文（增加）
	第七十九条 判处未成年人刑事处罚的，人民法院应当充分考虑是否有利于未成年人的教育矫正和回归社会。 量刑应当充分考虑未成年人实施犯罪行为的动机和目的、犯罪时的年龄、是否初次犯罪、犯罪后的悔罪表现、个人成长经历和一贯表现、是否与被害人达成和解或者获

原条文	建议修订条文（增加）
	得被害人谅解、社会危险性与再犯可能性等因素，依法从轻或者减轻处罚。 未成年人犯罪行为罪行极其严重的，才可以适用无期徒刑。已满十四周岁不满十六周岁的人犯罪，不适用无期徒刑。

修订理由

明确对未成年人量刑时的特殊考虑的情节和情形，以有利于未成年人的教育矫正和回归社会，防止他们再犯。

80.【适用缓刑】

原条文	建议修订条文（增加）
	第八十条 判处未成年人刑事处罚的，符合刑法规定，同时具有下列情形之一，对其适用缓刑确实不致再危害社会的，应当宣告缓刑： （一）初次犯罪的； （二）积极退赃或赔偿被害人经济损失的； （三）具备监护、帮教条件的。

修订理由

明确对未成年人应当适用缓刑的条件和情形，以尽可能减少不必要的监禁刑实刑。

81.【犯罪记录封存】

原条文	建议修订条文（增加）
	第八十一条 公安机关对犯罪记录封存的案件，应当在查询系统设置查询权限。 被封存犯罪记录的人员因复学、升学、就业等需要相关证明时，除涉及国家安全等重大利益的情形以外，应当出具无犯罪记录证明。

修订理由

实践中，公安机关的违法犯罪记录查询系统可以在不予授权的情况查询到被封存的记录。为了保障犯罪记录封存的制度效果，应当予以明确在查询系统中设置权限。同时，对于已经依法封存的记录，不能作为拒绝出具无犯罪记录证明的理由。

82.【未成年人社区矫正】

原条文	建议修订条文（增加）
	第八十二条 未成年人接受社区矫正的，社区矫正机构应当参考社会调查等材料，结合其年龄、心理特点、身心发育需要和家庭情况，采取有针对性的矫正措施，与成年社区服刑人员分别管理、分别教育、分别评价。 未成年人的父母或者其他监护人应当配合社区矫正机构采取的矫正措施；不予配合或者妨碍实施社

原条文	建议修订条文（增加）
	区矫正的，社区矫正机构可以会同有关部门和社会组织对其父母或者其他监护人开展家庭教育指导服务。 未成年人接受社区矫正，适用电子定位等监督管理措施时，不得影响其生活、就学、就业。

修订理由

由于未成年人的身心特殊，对其社区矫正应当符合其特点，突出教育矫治的效果，防止给其生活、学习和工作产生标签，消除导致再次违法犯罪的风险和因素。

83.【社区矫正中的观护】

原条文	建议修订条文（增加）
	第八十三条 根据未成年人家庭监护状况、接受学校教育等情况，社区矫正机构可以要求未成年人接受社会观护机构的观护，实施符合其身心特点的矫正措施，开展评估、考察和帮教。

修订理由

针对实践中流动未成年人或者父母不在身边未成年人的社区矫正，作出与观护的衔接性规定，以保障社区矫正的效果。

84. 【监禁刑的执行场所】

原条文	建议修订条文（增加）
	第八十四条 犯罪时未满十八周岁，依法被判处五年以下有期徒刑的未成年人，可以在未成年人管教所服刑，直至服刑期满。

修订理由

适当扩大在未成年犯管教所服刑的人员范围。对于犯罪时不满十八周岁的未成年人，服刑期间已满十八周岁的，应当尽可能保障教育、感化、挽救的可持续性。而且在实践中，多地未成年人管教所关押的未成年人数量不多，存在一定程度闲置，具备已满十八周岁服刑人员继续留所服刑的现实条件。因此，对于犯罪时未满十八周岁，判处5年以下有期徒刑的，可以在未成年犯管教所服刑直至刑满释放。

85. 【监禁刑执行的原则】

原条文	建议修订条文（修改）
第四十六条 ……未成年犯在被执行刑罚期间，执行机关应当加强对未成年犯的法制教育，对未成年犯进行职业技术教育。对没有完成义务教育的未成年犯，执行机关应当保证其继续接受义务教育。	**第八十五条** 未成年人管教所应当采取针对性的教育矫治措施，安排的活动应当符合未成年人的身心特点；组织适龄服刑人员从事习艺劳动的，严格控制工作时间和强度，不得简单地以工作量来考核评价其表现。 专门学校的管教部应当结合服刑人员的身心特点开展教学工作，保障未完成义务教育的继续接受义

原条文	建议修订条文（修改）
	务教育，为完成义务教育的提供职业教育、技能培训、就业指导，为即将离所的服刑人员提供适应社会的相关培训和心理辅导。

修订理由

未成年人管教所更加注重教育矫治，在定位、功能和管理方面都有别于成年人监狱。对此，明确未成年人管教所执行监禁刑的原则和具体教育矫治工作，以防止和纠正成人监狱化。明确保障他们接受义务教育和职业教育以及技能培训，做好离所释放前的过渡性培训辅导，为他们回归社会创造积极条件。

86.【在所探视与离所探亲】

原条文	建议修订条文（增加）
	第八十六条 父母或者其他监护人应当定期探视未成年人管教所服刑人员，配合对其进行教育矫治。 服刑人员被判处有期徒刑且执行原判刑期三分之一以上，表现良好，离所后不致再危害社会的，未成年人管教所可以根据情况准其离所探亲。 离所探亲的服刑人员必须由其父母或者其他监护人接送。

修订理由

明确在所探视和离所探亲，充分发挥父母的作用，对其进行教育矫治，促进他们回归社会。

87.【出所后的过渡性辅助安排】

原条文	建议修订条文（增加）
	第八十七条 服刑人员即将刑满释放的，征求其父母或者其他监护人的意见后，未成年人管教所可以作出过渡性辅助安排，联系社会工作组织或者社会观护基地，帮助未成年人出所后适应和回归社会。

修订理由

为了帮助未成年人出所后适应和回归社会，可以作出过渡性辅助安排。但这一安排不具有强制性，需要征求其父母或者其他监护人的意见。

88.【出所后的安置帮教落实】

原条文	建议修订条文（增加）
	第八十八条 服刑人员刑满释放的，未成年人管教所应当提前通知其父母或者其他监护人按时接回，协助落实安置帮教措施。 没有父母或者其他监护人、无法查明其父母或者其他监护人的，应当提前通知未成年人居住地的司法行政部门组织相关人员按时将其接回，居住地人民政府和有关部门、居民委员会、村民委员会应当对未成年人进行妥善安置，落实帮教措施。

修订理由

离所释放后的一个时期是预防再犯的关键，应当明确安置帮教工作的落实。

89. 【社会帮教措施】

原条文	建议修订条文（修改）
第四十七条 未成年人的父母或者其他监护人和学校、城市居民委员会、农村村民委员会，对因不满十六周岁而不予刑事处罚、免予刑事处罚的未成年人，或者被判处非监禁刑罚、被判处刑罚宣告缓刑、被假释的未成年人，应当采取有效的帮教措施，协助司法机关做好对未成年人的教育、挽救工作。 城市居民委员会、农村村民委员会可以聘请思想品德优秀，作风正派，热心未成年人教育工作的离退休人员或其他人员协助做好对前款规定的未成年人的教育、挽救工作。	**第八十九条** 学校、居民委员会、村民委员会应当采取有效的帮教措施，协助有关机关做好对涉罪未成年人的教育、感化、挽救工作。 居民委员会、村民委员会可以聘请品德优秀，作风正派，热心未成年人教育工作的离退休人员或者其他人员协助做好对涉罪未成年人的教育、感化、挽救工作。

修订理由

简化条文，明确学校、居民委员会、村民委员会的社会帮教责任。

90. 【同等权利】

原条文	建议修订条文（修改）
第四十八条 依法免予刑事处罚、判处非监禁刑罚、判处刑罚宣	**第九十条** 涉罪未成年人回归社会，在复学、升学、就业等方面

原条文	建议修订条文（修改）
告缓刑、假释或者刑罚执行完毕的未成年人，在复学、升学、就业等方面与其他未成年人享有同等权利，任何单位和个人不得歧视。	与其他未成年人享有同等权利，任何单位和个人不得歧视。

修订理由

保障涉罪未成年人回归社会时的同等权利。

第五章　法律责任

91.【一般规定】

原条文	建议修订条文（增加）
	第九十一条　有关单位和个人违反本法有关规定，构成治安违法的，依法予以行政处罚；构成犯罪的，依法追究刑事责任。

修订理由

增加法律责任的一般规定，构成治安违法的，依法予以行政处罚；构成犯罪的，依法追究刑事责任，后面具体条文不再赘述。

92.【父母或者监护人的法律责任】

原条文	建议修订条文（修改）
第四十九条　未成年人的父母或者其他监护人不履行监护职责，放任未成年人有本法规定的不良行为或者严重不良行为的，由公安机关对未成年人的父母或者其他监护人予以训诫，责令其严加管教。	**第九十二条**　公安机关、人民检察院、人民法院发现未成年人的父母或者其他监护人不依法履行监护职责，放任未成年人有本法规定的不良行为、严重不良行为和犯罪行为的，应当予以训诫，适用未成年人保护法规定的措施。

修订理由

明确父母或者其他监护人不依法履行监护职责，放任未成年人有本法规定的不良行为、严重不良行为和犯罪行为的法律责任。

93. 【学校的法律责任】

原条文	建议修订条文（修改）
第二十五条 对于教唆、胁迫、引诱未成年人实施不良行为或者品行不良，影响恶劣，不适宜在学校工作的教职员工，教育行政部门、学校应当予以解聘或者辞退；构成犯罪的，依法追究刑事责任。	**第九十三条** 学校违反本法的规定，不履行预防未成年人犯罪职责的，由教育行政部门责令限期改正，通报批评；情节严重的，同时对直接负责的主管人员和其他直接责任人员依法给予处分。 教职员工教唆、胁迫、引诱未成年人实施不良行为，影响恶劣，不适宜在学校工作的，教育行政部门、学校应当予以解聘或者辞退。

修订理由

明确学校不履行预防未成年人犯罪职责的法律责任。

94. 【专门学校的法律责任】

原条文	建议修订条文（增加）
	第九十四条 专门学校对未成年人实施体罚、变相体罚、虐待、歧视或者其他侮辱人格尊严行为的，由有关部门责令限期改正，通报批评，对直接负责的主管人员和其他直接责任人员依法给予处分。

修订理由

明确专门学校体罚、虐待、歧视未成年人或者其他侮辱人格尊严行为的法律责任。

95.【企事业单位和社会组织的法律责任】

原条文	建议修订条文（增加）
	第九十五条 有关企事业单位、社会组织参与预防未成年人犯罪工作时，侵害未成年人合法权益的，由主管部门予以警告，责令限期改正或者停止活动，并可以责令撤换直接负责的主管人员；情节严重的，将其列入严重违法失信名单，吊销法人登记证书或者营业执照。

修订理由

明确企事业单位和社会组织不履行预防未成年人犯罪职责的法律责任。

96.【国家机关及其工作人员的法律责任】

原条文	建议修订条文（修改）
第五十一条 公安机关的工作人员违反本法第十八条的规定，接到报告后，不及时查处或者采取有效措施，严重不负责任的，予以行政处分；造成严重后果，构成犯罪的，依法追究刑事责任。	**第九十六条** 国家机关及其工作人员在预防未成年人犯罪工作中不履行法定职责，或者滥用职权、玩忽职守、徇私舞弊的，由上级机关督促其履行职责或者纠正违法行为，对直接负责的主管人员和其他直接责任人员，依法给予处分。

修订理由

明确国家机关及其工作人员不履行预防未成年人犯罪职责的法律责任。

97. 【泄露封存犯罪记录的法律责任】

原条文	建议修订条文（增加）
	第九十七条 公安机关、人民检察院、人民法院、司法行政部门及其工作人员违反本法规定，擅自提供或者披露未成年人被封存的记录的，由上级机关责令纠正违法行为，采取措施消除影响；情节严重的，对直接负责的主管人员和其他直接责任人员依法给予处分。

修订理由

明确泄露封存犯罪记录的法律责任。

98. 【歧视的法律责任】

原条文	建议修订条文（增加）
	第九十八条 违反本法规定，在复学、升学、就业等方面歧视或变相歧视有不良行为、严重不良行为、犯罪行为未成年人的，由主管部门予以警告，责令限期改正。

修订理由

明确歧视有不良行为、严重不良行为、犯罪行为未成年人的法律责任。

第六章　附　则

99.【施行日期】

原条文	建议修订条文（修改）
第五十七条　本法自1999年11月1日起施行。	**第九十九条**　本法自××××年××月××日起施行。

修订理由

修改施行日期。